MEMORIAS
de un
INFILTRADO

No Ficción

Roman Caribe
Robert Cea

MEMORIAS
de un
INFILTRADO

La historia del agente encubierto
más importante de América

Los nombres y características de algunos individuos mencionados en la obra han sido modificados.

Memorias de un infiltrado
La historia del agente encubierto más importante de América

Título original: *Confidential Source 96*

Primera edición: junio, 2018

D. R. © 2017, ZOMNP Entertainment LLC

D. R. © 2018, derechos de edición mundiales en lengua castellana:
Penguin Random House Grupo Editorial, S. A. de C. V.
Blvd. Miguel de Cervantes Saavedra núm. 301, 1er piso,
colonia Granada, delegación Miguel Hidalgo, C. P. 11520,
Ciudad de México

www.megustaleer.mx

D. R. © 2018, Pedro J. Acuña, por la traducción

ISBN: 978-607-316-777-2

Impreso en México – *Printed in Mexico*

El papel utilizado para la impresión de este libro ha sido fabricado a partir de madera procedente
de bosques y plantaciones gestionadas con los más altos estándares ambientales, garantizando
una explotación de los recursos sostenible con el medio ambiente y beneficiosa para las personas.

Penguin
Random House
Grupo Editorial

Para Jesús, mi señor y salvador. Para mi hermosa esposa y mis maravillosos hijos. Ustedes son la razón de que me decidiera por el buen camino y sea el hombre que soy hoy.

ROMAN CARIBE • ROBERT CEA

pistoleros y la ocasional prostituta; todos me miraban con sospecha; la paranoia amenazaba con devorar cualquier otra cosa dentro de mí.

En el camino, me quisieron vender desde una grapa hasta medio o un gramo completo de «primo perrico», cocaína. Me ofrecieron un oral por veinte dólares, sexo por cuarenta o, el especial de la tarde, los dos por cincuenta. Estoy seguro de que si les preguntara a cualesquiera de esos vagos dónde comprar un lanzacohetes, en diez minutos estaría en un callejón decidiendo entre un RPG ruso o norcoreano. Pero no podía perder el tiempo platicando con aquellos y aquellas *entrepreneurs*; tenía que atender mis propios negocios.

Nuestro punto de encuentro era el restaurante de mi cliente en la Segunda Avenida, el Caribbean Sea Cuisine. Entre más me acercaba, más tenía que secarme el sudor del cuello y de la cara. Me preocupaba que me siguieran, pero no volteaba. Lo último que quiere alguien en mi situación es parecer nervioso, porque estos tipos huelen el miedo a kilómetros de distancia. Y en una transacción de 400 mil dólares y con casi media tonelada de marihuana en juego, el miedo sería la diferencia entre que estos rastas me torturaran hasta que los llevara a mi Mercedes de 90 mil dólares, tomaran la mota y me dispararan en la cabeza, o entre que el intercambio fuera amistoso y llevara a mejores negocios, al menos para mí.

Mucho antes de bajarme del jet en el JFK, sabía ya quién y qué era Anthony Makey. Su reputación como un despiadado sicario jamaiquino, así como de distribuidor de marihuana y estafador, era legendaria en todo el país. Me lo presentó una pandilla de vendedores de cocaína de Los Ángeles que había trabajado con él. Mi reputación era de un consolidado

intermediario con buenas relaciones con el cártel Beltrán.*
Desde donde se viera, yo era un hombre de negocios responsable que podía conseguir la cantidad necesaria (hasta toneladas), incluso con un día de anticipación.

Analicé a Makey y a su banda de estafadores y asesinos de la misma forma que lo haría con cualquier vendedor o comprador antes de hacer negocios: practiqué la venta una y otra vez en mi cabeza. Había hablado con Makey por lo menos una docena de veces y lo había visto una vez en Santa Bárbara, California, en lo que llamamos un *meet and greet*, aunque mi verdadera intención era verlo a los ojos y medirlo, averiguar si podía ser el siguiente con quien cerrar un trato. Mi veredicto fue que, antes que asesino, era un negociante. Mi primera impresión de él fue que no mataba por diversión. La segunda, que siempre cargaba una pistola, como todos los inmigrantes jamaiquinos de su equipo de seguridad . Tal vez yo nunca traje un arma, pero mi as bajo la manga —y Makey lo sabía— era que representaba a personas muy peligrosas y con mucho poder. Si algo me pasaba a mí o a la marihuana que vendía, estos jamaiquinos, incluidas sus familias, serían rastreados, secuestrados y torturados, con un único lujo: una bala entre los ojos.

Mientras me acercaba al Caribbean Sea Cuisine, me di cuenta de que la fachada del restaurante estaba igual de

---

* Nota del editor: En cuanto al cártel Beltrán, Roman Caribe asegura que trabajó para ellos y que era dirigido por dos hermanos. Sin embargo, los nombres de dichos dirigentes no se corresponden con ninguno de los cuatro hermanos narcotraficantes que lideraron el famoso y sanguinario cártel Beltrán-Leyva. Asumimos que el cártel Beltrán descrito por Caribe y Cea es otro distinto, a pesar de las similitudes en cuanto al nombre con aquél.

descuidada que el resto del vecindario. Se encontraba entre dos edificios de cuatro pisos de la preguerra. Estaban las luces prendidas y desde la calle no se veían clientes más que tres negros, dos con *dreads* tan largos como lianas y un tercero, de lentes y a rape, a quien reconocí de inmediato: Anthony Makey.

Parecía que conversaban tranquilos, en una mesa para cuatro junto a la barra.

Así no debía ser. Se suponía que vería *solamente* a Makey. Cuando me enseñara el dinero, iría por mi auto, regresaría y haría el intercambio. Era sospechoso que un cliente cambiara las reglas justo antes del encuentro, pero si me iba, seguro le avisarían y, al dar vuelta a la esquina, me atraparían. No, ahora tenía que improvisar, como él.

El restaurante parecía otra *fast food* caribeña más. Sobre la barra, tras un plexiglás manchado de grasa, tenían fotos viejas de pollo asado, cola de buey, asado *roti* y otros platillos jamaiquinos que no reconocí y que no se me antojaron mucho.

A un par de metros del restaurante, saqué mi celular y fingí llamar. Lo puse en modo grabadora para tener registro de todo lo que pasara.

Hablé por la bocina y dije la dirección exacta y una breve descripción de los hombres dentro del restaurante.

Como cualquier otro *dealer* en el planeta, Makey se había vuelto muy paranoico a causa de la tecnología que la ley tenía a su alcance. Mis colegas me garantizaron que mi celular no sería detectado como intervenido —de hecho, le pasaron un escáner frente a mí y no sucedió nada—; parecería un teléfono normal.

Entré al restaurante y, aunque estoy seguro de que Makey sabía de mi llegada en cuanto pisé la Segunda Avenida —o desde que estacioné mi auto—, fingió sorpresa.

Makey tenía un encanto que rivalizaba con su maldad. Se levantó, me abrazó bien fuerte, como si fuéramos viejos amigos, y con su marcado acento jamaiquino, dijo:

—Acá está el *mon* que viene desde la soleada costa de California. Roman, te presento a mis compañeros de negocio: Zeek y Colin.

Ambos hombres tenían la mirada fría, con los ojos vidriosos y rojos, sin embargo, a pesar de la aparente fiesta en la que estaban y de su aspecto anémico, noté que me ponían mucha atención y que me analizaban por completo. Me miraron fijo, pero me saludaron con la cabeza para seguirle el juego a su jefe.

Tenía que recabar toda la información posible de la situación: con quién estaba, si había armas a la vista o dinero y dónde estaba, en qué bolsa y de qué color. Todo esto sin parecer que traía un micrófono escondido. Un encuentro de uno a uno hubiera sido ya suficientemente tenso como para apenas tenerlo controlado.

Les di la mano a Zeek y a Colin.

—Carajo, ¿cuánto tiempo les costó tener así los *dreads*? Fue lo mejor que pude decir bajo las circunstancias.

Makey dijo que me sentara y me ofreció algo de comer, lo cual rechacé.

De repente, dejó el tono amistoso y se puso reflexivo. Después de un agonizante y largo silencio, dijo:

—Quieres hacer negocios y quieres hacerlos ya. Lo respeto. Ok.

Se levantó y fue a una de esas máquinas de sodas, llenas de agua y el infaltable jamaiquino de todos los restaurantes caribeños: cerveza Red Stripe. Miró el refrigerador por un segundo y luego me dijo:

—Vamos, entonces.

No sabía qué pensar: estaba parado frente a una máquina contra la pared. ¿A dónde quería que fuera?

Sin avisar, Makey jaló el aparato y me di cuenta de que tenía ruedas. Sin esfuerzo, se deslizó y detrás de él había un agujero tan grande que uno podía caminar a través de él.

Salir del restaurante y entrar al edificio de al lado era un problema. Si mi celular dejaba de transmitir y si estos rastas tenían intenciones de robarme y matarme, no habría nadie que me cuidara la espalda.

Antes de entrar al agujero, el que se llamaba Colin, con sus manos, me indicó que iba a revisarme, algo que, por supuesto, esperaba. Saqué del bolsillo la mano que apretaba mi celular y la dejé a la vista. Mientras me tocaba noté algo que parecía una Beretta 9mm bajo su camisa; mi nivel de paranoia se estaba saliendo de control. Debía informar de esto de inmediato. Se me secó la garganta.

Me detuve y dije:

—Esperen, vamos a ir un poco más lento. Un agujero detrás de una máquina de refresco. ¿En serio? Antes de ir al otro edificio, quiero saber exactamente a dónde demonios me llevan.

Mientras decía esta información, oí que la cortina de metal del restaurante se cerraba. Era un sonido de roce metálico que terminó con un ¡bang! y que de seguro cortó la señal de mi teléfono. Sin lugar a duda, estaba completamente solo.

—Por cierto —dije mientras me volvía hacia Colin—. No hay necesidad de las malditas armas, *bro*. ¿Notaste que vengo sin nada?

La metáfora de entrar en un oscuro agujero negro no me pasó desapercibida. Ojalá mis camaradas al otro lado de la línea entendieran esto.

En ese momento, Colin señaló mi celular. Se lo entregué para que lo revisara. Para mi sorpresa y horror, le quitó la batería y me lo regresó. Mi vida, mi única esperanza de comunicarme más allá de estas paredes, se extinguió. Sentí ese escalofrío familiar correr por mi espalda.

El plan de emergencia era que si no salía del restaurante y no regresaba a mi auto por la marihuana en quince minutos, uno de mis camaradas entraría a ver el menú. Ese plan ya no aplicaba, pues el restaurante estaba cerrado y con la cortina abajo.

Estaba en las manos de Makey. Él y sus amigos me habían engañado a la perfección; eran profesionales. Yo sólo esperaba estar a su altura.

Seguí a Makey y a Zeek por unas escaleras oscuras y llenas de basura; había jeringas, ampolletas de crack, vidrio roto; de pronto, me llegó esa peste inolvidable: el olor a carne muerta. El cadáver de un gato estaba siendo devorado por una horda de ratas tan grandes como él.

¡Boom! Una rata explotó a menos de un metro de mí. Casi me desmayo mientras las otras huían. Miré a Colin mientras regresaba la Beretta humeante a sus pantalones.

—¡Qué carajo! —le grité—. ¡Si vas a disparar, avísame antes, hermano!

Makey y Zeek se rieron.

—Oye, ¿te comieron la lengua los ratones? —dijo Makey.

Tenía que tomar el mando. Dejé de seguirlos.

—¡No, no, no! Esto no está bien, *bro*. ¿A dónde demonios me llevan? Se supone que nada más seríamos tú y yo en el restaurante, Makey, y ahora te estoy siguiendo a ti y a estos dos a un edificio abandonado. No, hermano, así no es como yo hago negocios.

Makey me miró desde el descanso de las escaleras. Estaba de nuevo tranquilo, de nuevo en el papel del negociante. Me dijo que el dinero era demasiado como para mostrármelo en el restaurante. Íbamos a un apartamento en la planta superior y quería enseñarme la marihuana jamaiquina que esperaban que me llevara a Los Ángeles.

—Está bien —dije—. Vamos a hacer esto. Me enseñas el dinero y te traigo el maldito material.

No sé si fue el disparo, que todavía reverberaba en mis oídos, la rata explosiva, las otras ratas, el gato a medio comer, el edificio escalofriante o la locura absoluta de esos tres matones, pero empecé a temblar. Antes de entrar con ellos a un cuarto iluminado, tenía que calmarme; mi vida dependía de que me calmara.

Llegamos al piso superior, donde dos puertas se alzaban lado a lado; entramos por la de la izquierda. El apartamento, igual de sucio que los pasillos y las escaleras, era estilo *railroad*, abandonado, con las paredes sin pintura y sin puertas en los armarios. Dentro de uno de ellos, había un tubo de bombero que bajaba directo al primer piso; una posible ruta de escape. Había un pasillo angosto; a la derecha, una cocina; más allá, una habitación; y otra más, con un baño a lado, en la parte de atrás. En el piso de la sala, se extendía un colchón *king-size* lleno de sangre.

Makey jaló una cadena de estilo antiguo y un horrible foco fluorescente regresó a la vida con un parpadeo. Noté un cable que desaparecía a través de la pared; tal vez el foco estaba conectado a la electricidad del restaurante.

Makey me sostuvo la mirada no por poco tiempo. Luego se volvió y de atrás de una pared sacó una bolsa grande con cierre y la abrió para que viera: fajos de billetes. Movió sus manos con elegancia para que pudiera ver el dinero: todos de cien dólares, en paquetes con cintas que decían «$10,000».

Ahí estaba todo.

—No lo tengo que contar, ¿cierto? —reí, un poco aliviado.

De repente, Makey hizo algo que me paralizó. Sacó un cuchillo de cocina y lo puso muy cerca de mi rostro. No me iba a disparar, me iba a abrir la garganta. ¿Cómo pude ser tan tonto, venir a esta cita y creer que podría vencer a una leyenda como Makey?

Estaba a punto de golpearlo con una patada voladora y bajar por el tubo de bombero lo más rápido posible, pero se agachó y sacó un tabique enorme de marihuana. Estaba envuelto en plástico y parecía un paquete de pan integral. Me lo entregó junto con el cuchillo.

—Vamos, huélela —dijo—. La mejor *ganja* jamaiquina en el planeta.

Abrí el tabique y sentí que estaba cortando un bloque de plastilina, aunque el olor era inconfundible. Lo partí, lo olí y lo miré de nuevo. Entonces fue cuando se apagaron las luces y todo se fue al diablo.

Me puse en cuclillas contra la pared y con el cuchillo levantado. Al primero que se pusiera enfrente de mí, le iba a rajar la cara. Mi corazón corría como loco. Esto no podía estar pasando, pero estaba. Esperaba el sonido de un disparo para saber a quién tenía más cerca. Si iba a morir, me llevaría conmigo a alguno de estos malditos.

Intentaba ver algo, con el cuchillo en mi mano sudorosa. De repente, la luz regresó.

Colin y Makey estaban en la misma posición que antes del apagón. No veía ni a Zeek ni la bolsa de dinero. Cuando me vieron agachado y aterrorizado, con el cuchillo tembloroso, se empezaron a reír.

Sentía que las orejas me pulsaban. Quería levantarme y cortarlos en pedazos, pero me calmé. Esto no era una estafa, sino un plan elaborado para que *yo* no los estafara. Ahora estaba a cargo de la situación.

Miré a Anthony Makey a los ojos y me reí también con una risa histérica, loca.

¿Y por qué no? No me reía por la misma razón que estos tipos (que el negocio había salido bien). Me reía porque, antes de salir del edificio y de supuestamente ir por la marihuana mexicana que esperaban, me pararía en la puerta y fingiría recoger una moneda —una señal acordada con mis compañeros— y, en cuanto estuviera en la seguridad de la calle, cerca de cincuenta agentes federales y policías rodearían el lugar como un enjambre. Cuando a ellos les estuvieran tomando las huellas digitales, yo iría en un jet hacia California, con 40 mil dólares en billetes de mil bajo la ropa, los mismos que me habían enseñado en la bolsa.

I
El escape

Hielo fino

MANEJÉ A LA CASA DE SEGURIDAD EN TEMECULA, CALIFORNIA, a 64 kilómetros al noreste de mi casa. Era un enorme y peligroso suburbio de San Diego, que se encontraba en el centro del «Inland Empire», una región que cruzaba dos condados: el lugar perfecto para el narcotráfico. Estaba más allá de cualquier control de aduanas y era un punto perfecto para salir hacia el norte del país.

Trabajaba para Tony Geneste, quien a menudo se llamaba a sí mismo «Tony *Loco* Tony» por razones que se hacían rápidamente obvias cuando lo conocías. Mi trabajo era coordinar la logística de nuestra operación: diseñar las complicadas y no convencionales rutas que usábamos para transportar miles de millones de dólares en drogas ilegales que distribuíamos para el cártel Beltrán en México; todo esto para evitar las redadas al norte del Inland Empire. Y yo era excelente en eso: conocía la ubicación de las estaciones de policía, de las oficinas del Sheriff, de los cuarteles de los estatales, de los puntos de revisión y de las cámaras de velocidad. Después de semanas, tal vez meses, de espionaje y disciplina, supe incluso los nombres y turnos de los policías que trabajaban en la mayoría de las comisarías y oficinas del sheriff por las que conducían mis hombres: pueblos perdidos y suburbios y zonas conurbadas de ciudades chicas y grandes. Sí, por *mis* rutas, el material tardaba más en llegar, pero si se seguían a la letra, funcionaba.

Encontrar a alguien que siga órdenes no es tan fácil como parece. El problema más grande de Tony y mío era encontrar y entrenar choferes sobrios, temerarios y listos, hombres y mujeres que pudieran improvisar y no flaquear durante una revisión de rutina de su persona o de su auto o camión. Y nuestra imposibilidad de reclutar buenos conductores era el motivo por el cual estaba a 64 kilómetros de casa.

Mientras me estacionaba en el tranquilo y común y corriente callejón, noté que Tony daba vueltas enfrente de la casa de seguridad, con el celular en la oreja y en una conversación acalorada. Lo cual era extraño, porque Tony *nunca* hablaba por teléfono. Prefería los radios portátiles o los *beepers*. Al fin y al cabo, eran conversaciones de sí o no.

El líder de nuestro cártel americano, subsidiado por el poderoso y temido cártel Beltrán, Tony Geneste, parecía un mafioso salido de un molde. Si lo encontraras en la calle o en una discoteca, de un vistazo conocerías la vida entera de este hombre, y a él eso no le importaba, porque Tony siempre tenía cuidado y era muy peligroso. Exudaba ese aire de *aléjate o muere*.

Por el paso de Tony, adiviné que la llamada no era lo que esperaba. Movía frustrado su enorme cuerpo de aquí para allá. Tenía la espalda ancha, bíceps descomunales, pectorales depilados llenos de tatuajes carcelarios y muslos tan gruesos como troncos. Sus manos callosas eran capaces de apretar una cabeza humana hasta reventarla. Usaba bigote al estilo de Pancho Villa, que le cubría ambos labios y, cuando lo dejaba crecer, le caía ridículamente hasta el mentón. Su peinado, siempre hacia atrás, terminaba en una cola de caballo.

Tony nació para su profesión y tenía la voluntad para ello: alguna vez lo vi destrozar a un hombre miembro por miembro con sus propias manos. Si había alguna forma de lastimar a alguien sin usar armas, él era el indicado: Tony *era* el arma, cada pulgada de su cuerpo.

Más allá de su búsqueda de ser el *peor hijo de puta* del planeta —que, según yo, ya era; y, créeme, no es nada de qué enorgullecerse—, Tony era una cosa rara. No tenía nada de buen gusto para vestir. Quisiera decir que su estilo era *retro* pero, hasta el día de hoy, no puedo decir de qué época. Le encantaban las botas de piel de cocodrilo de colores, los jeans negros deslavados y planchados y camisas de seda abiertas hasta el pecho. Usaba joyería llamativa incluso para un narcotraficante, gruesas cadenas de oro con crucifijos de diamante, unas no tan pequeñas AK47 también incrustadas con diamantes y una cabeza de Cristo dorada del tamaño de un puño de bebé, con su corona de espinas adornada de joyas y rubíes de siete quilates.

A pesar de su apariencia extraña, a Tony le desagradaba perder el tiempo, así que no podía más que preguntarme qué le estaría diciendo a la persona al otro lado de la línea. Incluso durante sus diecisiete años en prisión, no perdió ni un minuto. Estoy seguro de que tuvo muchos tiempos muertos para hacer lo que los asesinos psicópatas anormalmente fuertes hacen: abusar del resto de los internos con golpizas, contratar asesinos a sueldo y corromper a los custodios. Pero Tony no hizo nada de eso. En su lugar, mientras estuvo encerrado, estudió para asistente legal. Si no hubiera sido un ladrón y asesino convicto, se habría recibido de abogado en cualquier universidad del país.

Estacioné mi auto y caminé con cuidado hacia él. Cuando cerró el teléfono, sonó como si una calibre .25 apuntara a mi cabeza. Tony ni siquiera me miró, sólo gritaba:

—¡Puta *pandejo*!

Conocía demasiado bien los cambios de humor de Tony; era mejor dejarlo desahogarse y no decir nada. Mientras se calmaba, lo vi caminar en círculos, al tiempo que decía una maldición como de santería cubana. Escuché el nombre del destinatario: *Raúl*. Ahí supe que el día se había arruinado.

Raúl, uno de nuestros conductores y nuestra eterna piedra en el zapato, era el hermano mayor del mejor amigo y compañero de trabajo de Tony, Héctor, y ésa era la única razón por la que seguía respirando. Raúl era un *junkie* que a veces —para su uso personal— le robaba algo de mercancía a Tony y fumaba crack por cuatro o cinco días seguidos. Resultó que por esto me habían llamado aquella mañana de domingo a la casa de seguridad del rey suicida.

Héctor y Tony tenían una amistad tan vieja que ni siquiera las tonterías de Raúl se interponían entre ellos. Héctor había presentado a Tony con Abel y Eliseo Beltrán, nuestros benefactores en el negocio de las drogas, quienes también eran asesinos implacables. Tony, el más agresivo entre él y Héctor, les había causado una buena impresión a los hermanos y relevó a Héctor en el papel de su asesor y, por tanto, se convirtió en el líder de la distribución del cártel Beltrán en los Estados Unidos. Yo sabía que esto le había afectado a Héctor y me preguntaba cuánto duraría su tensa alianza. Tony y Héctor parecían poder cooperar mientras les pagaran.

Pero Héctor y su hermano Raúl eran dos tipos distintos de hombre. Si bien Héctor no lucía tan amenazador como Tony, era igual de peligroso y despiadado; mientras que Raúl tenía un carácter pasivo y, como dije, era un adicto.

El trabajo de Héctor era tratar con los subordinados de los Beltrán, encargarse de que las drogas pasaran sin problemas por la frontera de San Ysidro, San Diego, y luego enviarlas a Los Ángeles, donde serían puestas a resguardo —sin incidentes— en nuestras casas de seguridad. Una vez ahí, mi trabajo era supervisar que se dividieran en porciones manejables, que se escondieran en camiones refrigerados y que se llevaran a través del país a nuestros muchos clientes en el este, principalmente en Nueva York y Detroit. Después de la entrega, yo tomaba un vuelo hacia allá, cobraba, me aseguraba de que las cuentas estuvieran claras, metía la masiva cantidad de dinero en *pallets* y se lo enviaba de regreso a Héctor en San Diego en los mismos camiones refrigerados. Héctor apartaba el monto de los Beltrán, les entregaba un balance y regresaba la ganancia a las casas de seguridad que teníamos por todo California. Era una operación sencilla que producía decenas de millones de dólares netos al año.

Pero nunca era tan simple. Al principio, ése era el trabajo de Tony, pero empezó a quedarse cada vez más tiempo en Nueva York, así que delegó esta importantísima parte del negocio a Héctor; ése fue el mayor de sus errores. En algún momento, pensé que eso nos costaría la vida.

Cuando Tony estaba en San Diego, se encargaba de entregarle el dinero a los enviados del cártel, y las consecuencias de darle a Héctor tanta libertad nos golpearon en la cara en uno de esos viajes. En ese momento, Tony salía con una hermosa mujer de casi treinta años, Rosaria, que, para nuestra desgracia, también era de Sinaloa, el cuartel general de los hermanos Beltrán y el lugar en el que todo mundo se conoce, sobre todo si andas en este *tipo de vida*. Ella era la gerente de un hermoso hotel boutique, el Agua Dulce, en la playa de San Diego. El Agua Dulce no estaba en ninguna lista de agencias de viajes; debías tener un contacto con alguien de la gerencia para conseguir una habitación. No es necesario decir que los huéspedes eran mexicanos y sudamericanos millonarios que buscaban mantener un perfil bajo mientras estaban en Estados Unidos. En efecto, todos eran amigos de los Beltrán y, también, la mayoría estaba en uno o en otro escalón del negocio del narcotráfico. El hotel Agua Dulce fue financiado y construido por los Beltrán, pero si lo usaban para lavar dinero o como un refugio discreto, muy cerca de la frontera, para relajarse mientras estaban en la ciudad, nunca lo sabré.

Creíamos que el Agua Dulce era el lugar ideal para esperar el siguiente cargamento de drogas desde México. Una tarde, justo antes de la cena, nos relajábamos en el malecón y mirábamos el atardecer sobre el Pacífico. Con bebidas en la mano, discutíamos sobre un posible cliente en Miami, Florida; la vida era muy buena en ese momento. Tan buena, de hecho, que nos preguntábamos si eran necesarios más clientes. Decidimos que la respuesta era no. Teníamos clientes leales y comprometidos que nos hacían ricos más allá de cualesquiera de nuestras más locas fantasías. Éramos adinerados, el negocio se manejaba tan bien como cualquier compañía que saliera en la lista de las 500 empresas de *Fortune* y éramos aparentemente intocables.

Alguien tocó suavemente a la puerta. Tony y yo nos miramos, perplejos, pues un toque a la puerta en este hotel era rarísimo. Y lo era porque el trato implícito entre los huéspedes del hotel y la gerencia, que todo el tiempo tenía la seguridad en mente, consistía en nunca enviar a ningún trabajador del hotel u otros invitados a las habitaciones, a menos que fueran solicitados. Tony y yo nos pusimos alertas de inmediato. No teníamos armas y eso hacía la situación peor. Busqué algo que pudiera usar como una en caso de que éste fuera un intento de secuestro: después de todo, estábamos en el negocio del narcotráfico, y donde hay drogas, hay mucho, mucho dinero.

En silencio, me acerqué a la puerta y me asomé por la mirilla. Me quedé blanco cuando me di cuenta de quiénes eran aquellos hombres bien vestidos fuera de la habitación: los hermanos Beltrán, Eliseo y Abel, cabezas de un imperio mundial de narcotráfico, que valía millones de dólares al año gracias a distribuidores como Tony y como yo.

Ahora todo tenía sentido. Éstos eran los únicos hombres, sin órdenes de cateo y sin un montón de agentes federales, que podían romper las reglas de *su* hotel, con un poco de ayuda de Rosaria, de Sinaloa.

Un poco confundido y preocupado, susurré:

—Son los hermanos.

Tony se enderezó de inmediato y se arregló la camisa y los pantalones; estaba emocionado por la visita. En su cabeza, debía ser obvio: les hacíamos ganar un montón de dinero, siempre pagábamos a tiempo y nuestra base de clientes aumentaba sin cesar el tamaño de los pedidos. Estaban en la ciudad, Rosaria les dio el número de nuestra habitación y querían pasar a saludar.

Por otro lado, yo no sentía la cálida euforia de Tony. No, en nuestro mundo, una visita sorpresa de estos dos sería como si el alcalde de Nueva York fuera corriendo a Macy's para entregar la llave de la ciudad al guardia por atrapar a un ladrón. Simplemente no tenía sentido. Sí, les hacíamos ganar millones y millones de dólares a los hermanos, pero éramos unos de muchos. Éramos clientes y ellos, dioses en el mundo del narcotráfico. Los hermanos Beltrán eran una mezcla de Pablo Escobar, Pol Pot y Atila, el Huno.

Eliseo y Abel entraron a la habitación y hablaron de cosas intrascendentes. Tony les sirvió unas bebidas a estos asesinos despiadados, responsables de miles de homicidios en México y en Estados Unidos. Eran dos de los hombres más ricos del mundo, aunque la revista *Forbes* no los tendría en su lista hasta años después. Dos asesinos psicóticos de la misma familia, miles de millones de dólares en sus sangrientas manos, con jueces, políticos y agentes mexicanos federales y locales en nómina. Con exactitud, éstos no eran los jefes que querías que te visitaran de sorpresa. Los hermanos encontraron un partido de futbol en la tele, y cuando Eliseo alzó su brazo para señalar algo en la pantalla, noté que tenía puesto un complicado mecanismo con una pistola calibre .45.

Cuando Tony les trajo sus bebidas, nos pusieron atención.

—Vamos a los negocios, ¿*sí*? —dijo Eliseo—. Aparentemente, hay un serio problema con la contabilidad.

Eliseo miró a Tony con una mueca mientras movía su mano llena de joyas entre ellos.

Vi cómo cambió la cara de Tony en un parpadeo; pasó de alegre y relajado a nervioso y enojado. Éste no era el presidente de la compañía que bajaba del cielo con buena voluntad y saludos para su vendedor estrella; era lo opuesto.

Tony no iba a recular ni a rogarle a *nadie* por su vida. No era su naturaleza. Prefería morir peleando que besarle los pies a *nadie*.

Tony se levantó.

—¿De qué demonios hablas? ¿Contabilidad? Les he pagado cada dólar que les debo —dijo, sin miedo a las consecuencias.

Abel negó con la cabeza.

—Nos deben 2 millones 466 mil dólares.

Eliseo se enderezó en su silla, sacó una pistola enorme y la colocó sobre la mesa de cristal enfrente de él. Todas las miradas se dirigieron al arma. Tony respingó la nariz, casi como si retara a Eliseo a que la tomara. Sentí que el corazón se me subía a la garganta. Tony era rudo pero tampoco hacía milagros; si Eliseo se cansaba de este interrogatorio, podía tomar la .45 en un segundo y matarnos a ambos.

Tony me miró totalmente sorprendido, preguntándose si sabía de qué estaban hablando; por supuesto que yo no sabía nada. Negó con la cabeza.

—Hay un error con sus cuentas. Como dije, pagamos lo que debemos, ¿cuál sería el punto? Hemos hecho negocios con ustedes por casi veinte años; podríamos ganar esa cantidad en unas semanas. ¿Por qué los engañaríamos con tan poco dinero? ¡Tiene que haber un maldito error, *man*!

No les hablaba a ellos directamente: pude ver que intentaba procesar esto. *¿Cómo podíamos deberles dinero a estos* «pandejos»? Mis ojos regresaron a la pistola en la mesa.

Abel continuó.

—Cada semana es una historia diferente. Tuvieron que sobornar a alguien, un envío fue confiscado, un *puta* no pagó a tiempo, tuvieron que…

Tony se levantó, interrumpiéndolo. Su cara estaba roja de furia. De nuevo, busqué algo en la habitación que pudiera servir de arma; no encontré nada. Tony dijo:

—No sé de dónde sacaron esa cantidad, pero tiene que haber un error…

Ahora Eliseo fue el que interrumpió a Tony, dio un manotazo sobre la mesa y nos hizo saltar un poco en nuestros lugares.

Abel continuó, aumentando el volumen con cada palabra.

—¡Sí! Cada semana, Héctor nos da otra excusa. Les pagamos lo que falta la otra semana y, entonces, es otra maldita semana más; semana tras semana tras semana. Ya se acabó. Queremos el dinero *esta noche*. Ocho meses de estas estupideces.

Aplaudió unas veces para dejar claro su punto.

—¡El tiempo se acabó!

Tony y yo enmudecimos, pues nos habíamos dado cuenta de que Héctor, en quien confiábamos tanto, nos había robado justo bajo nuestras narices. Tony sacudió la cabeza.

—No sé nada de esto, pero voy a averiguar en este momento qué demonios está pasando.

Tony tenía que calmarse para esta llamada; lo último que quería era advertir a Héctor de que *los* hermanos Beltrán estaban sentados justo enfrente de él, con las armas listas y reclamando el dinero, porque si Héctor *estaba* robando y sabía que los hermanos estaban enfrentando a Tony, tendría que esconderse para siempre. Tony se sirvió un vaso de escocés de primera calidad, lo vació y esperó unos momentos antes de marcar el número de Héctor.

Héctor contestó al primer tono. Tony estaba calmado, pero le puso un poco de urgencia a su voz. Tony le dijo que había una emergencia con una entrega y que necesitaba verlo en el Agua Dulce de inmediato. No esperó a que respondiera, colgó y esperamos.

Mientras lo hacíamos, los hermanos se concentraron otra vez en el juego. Se divertían, pateaban las mesas de centro, celebraban a los jugadores como si estuvieran ahí con ellos en la habitación, se relajaban, lo que era opuesto a su verdadera misión: posiblemente asesinar a tres de sus distribuidores por robarles dinero. Entre más entretenidos y ruidosos veían el juego, más ansioso me ponía yo. Para ellos, matarnos era mera rutina para mantener el negocio sano. No parecía importarles que los hubiéramos estafado; estaban ahí para recuperar su dinero y mandarles un mensaje a todos los otros distribuidores: *esto es lo que pasa cuando te metes con la organización de los Beltrán*. Tres cuerpos mutilados, en el portaequipaje de un auto en medio de una calle desolada, de seguro llegarían a las noticias con un mensaje muy claro y escalofriante para todos los otros distribuidores.

Tony caminaba de un lado a otro como un tigre enjaulado.

Alguien tocó la puerta con una serie de rápidos golpes. Tony corrió hacia ella y la abrió de golpe. Regresó a la habitación mientras Héctor lo seguía sin darse cuenta de quiénes estaban sentados a unos metros de él. Me coloqué detrás de Héctor, cerré la puerta y me quedé frente a ella por si acaso decidía huir.

Estaba confundido y le preguntó a Tony cuál era la emergencia; entonces, notó a los dos hombres sentados frente a la televisión. Ellos lo miraban fijamente, sin emoción. Uno de los hermanos apagó la pantalla. Héctor comenzó a temblar, su labio inferior se movía tan rápido que parecía que iba a llorar o escapar.

Tony rompió el insoportable silencio, mantuvo su actitud relajada hasta que le reveló la verdad.

—Estoy oyendo por primera vez algo muy molesto y, Héctor, si me mientes, que Dios me ayude…

No terminó la amenaza, no era necesario. Héctor conocía a Tony mejor que nadie, sabía todo lo que había hecho.

Sólo tenía una opción: decir la verdad y rogar que fuera Tony quien lo matara, porque los Beltrán lo usarían de ejemplo: lo torturarían por semanas antes de terminar con su vida en un barril con casi 40 litros de ácido clorhídrico. Temblaba sin control, como si su temperatura corporal hubiera bajado cerca de la hipotermia. Entonces, empezó a llorar, tartamudeaba y explicaba que necesitaba el dinero para pagar por la pensión de los hijos que tenía por todo el país, pero que regresaría todo. Y siguió y siguió. Yo ni siquiera lo veía; miraba a Tony, que bajó la cabeza y dejó caer los hombros, como si todo el aire hubiera escapado de su interior.

La excusa de Héctor era parcialmente verdadera —sí tenía doce o más hijos con varias mujeres—, pero también sabía que Héctor tenía otros negocios fuera del de la droga.

Había invertido en casas y terrenos en todo el país y también le gustaba gastar a lo grande.

La estafa de Héctor ni siquiera era buena. Debía saber que descubriríamos sus mentiras tarde o temprano, o simplemente se había engañado y creyó que esta situación seguiría así para siempre. Mientras le pagáramos a los Beltrán la *mayoría* del dinero cada mes, lo dejarían pasar. Pero, como dije, los Beltrán tenían conciencia de cada dólar que les debíamos. La ridícula estafa de Héctor era dar a los enviados el dinero en pagos parciales, con una mentira semana tras semana: *arrestaron a uno de nuestros clientes y nos va a pagar en un mes; perdimos una carga en el camino en una redada; uno de nuestros clientes no recogió el pedido y nos quedamos con él.*

Héctor juró que, al final, iba a regresar el dinero, pero eso no hizo cambiar a los hermanos de parecer. Noté que disfrutaban ver a un hombre gordo temblar de miedo; también noté que Tony leía eso mismo y debió haberle afectado que usaran a su amigo como saco de boxeo. Los hermanos no dijeron nada; miraban a Tony, esperando a que hiciera algo.

Tony puso su rostro a dos centímetros del de Héctor y lo miró por lo menos medio minuto. Héctor entendió cada palabra de esta comunicación silenciosa y vi la vergüenza y el abatimiento en los ojos de Héctor por haber traicionado a *su* mejor amigo. Sabía que esto tendría dos resultados: Tony pediría una pistola y terminaría con la vida de Héctor ahí mismo o le iba a decir a los hermanos que se lo llevaran para que lo usaran de ejemplo.

Incluso hoy, me sorprende lo que hizo Tony.

Caminó hacia los hermanos y se sentó a su lado. Con tranquilidad, les explicó que pagaría cada semana hasta que la deuda estuviera saldada y que la traición se solucionaría de manera interna.

Los siguientes cinco segundos fueron los cinco segundos más largos de mi vida y seguramente de la de Héctor. Los hermanos miraron a Tony de nuevo, seguían indiferentes.

Muchísimas situaciones vinieron a mi mente. *¿Iban a sacar sus armas y matarnos a todos? ¿Así es como terminaba mi vida, en una ostentosa guarida de narcotraficantes en la playa de San Diego? ¿Me podría identificar Inez, mi esposa, en la morgue? ¿Qué pasaría con mi familia?* Y entonces, como si nada hubiera pasado, los hermanos se levantaron, le dieron la mano a Tony y acordaron que se les pagarían 25 dólares adicionales por cada 30 gramos de hierba que les compráramos y, sin mirar atrás, dejaron la habitación.

Tony esperó unos minutos en silencio. Héctor permanecía estoicamente de pie en el mismo lugar, pues sabía que esto, por mucho, no había terminado y esperaba a que se definiera su suerte. Sabía que Tony tenía todo el derecho de matarlo ahí mismo y yo tenía que reconocerle que no intentara escapar hablando de la poco envidiable situación en la que se había metido: o vivía o moría, y eso dependía del nivel de *maldad* de Tony en ese momento.

Sabía que Tony guardaba su distancia de Héctor porque si tuviera a la mano a ese hombre gordo, no podría contenerse. Y Tony era tan explosivo que, una vez que iniciara, no podría detenerse hasta destrozarlo. Tony nunca podría matarlo; era el padrino de uno de sus hijos y habían sido amigos durante muchísimo tiempo. Era una relación simbiótica y extraña, como de hermanos gemelos que pudieran decirse y hacerse lo que fuera, pero que, al final del día, morirían por el otro. Si hubiera sido alguien más, Tony no habría dudado y ese hombre habría muerto en el instante en que su traición saliera a flote. Entonces, Tony empezó; gritó lo más fuerte que pudo: que nos había llevado al borde de la muerte. Que si fuera alguien más, ya estaría muerto. Le recriminó durante diez minutos, le dijo todo lo que había hecho por él, no dejó ninguna piedra de su pasado emocional sin remover. Vi que las lágrimas de Héctor corrían por sus mejillas gruesas y por los pliegues de su papada.

Tony se tranquilizó, pero el destino de Héctor estaba definido: nunca más se podría confiar en él. Tony le dijo que, después de pagar esta deuda, dejarían de trabajar juntos. Mientras tanto, haría todo lo que le ordenara y sin paga. Estaba por completo fuera del negocio y no tenía permitido acercarse ni a la mercancía ni al dinero nunca más. Tony también le dijo que si vendía por su lado, no tendría en cuenta que era el padrino de su hijo y, sin dudarlo, lo encontraría a él y al perdedor de su hermano Raúl —también incluido en la amenaza— y los destriparía a ambos.

Yo no creí por completo en esa amenaza; como dije, Tony nunca mataría a Héctor. Sin embargo, Raúl era una historia diferente. Tony sólo esperaba la gota que derramara el vaso. Por otro lado, Héctor sería relegado y aunque probablemente ya no tocaría el dinero, Tony se apiadaría de su mejor amigo y poco a poco le permitiría ganar algo.

Tony se detuvo de manera abrupta y le preguntó a Héctor por qué no le pidió dinero si lo necesitaba. Héctor no contestó. Sin su energía habitual, le dijo que se fuera y que nunca

Raúl

La razón de mi viaje a Temecula ese domingo tan
temprano era el hermano mayor de Héctor, de treinta y ocho
años, flaquísimo y con una adicción de veinte años al crack.
Usaba el cabello hasta los hombros, negro, siempre grasoso
y opaco, que le caía sobre la cara como agujetas mojadas. Su
rostro era largo y anguloso y se podían notar algunos vesti-
gios de lo galán que fue antes de los años de abuso de la pipa
de cristal. El crack lo había convertido en el chico de la cam-
paña *Sólo di no*, de la era de Reagan.

Raúl no era ni despiadado ni listo y, la mayoría de las veces, hacía lo que se le ordenaba; claro, a menos que estuviera
drogado, lo cual era muy frecuente. Pero a Héctor le en-
ternecía su único hermano y, sin importar que ahora fuera
un traidor, Tony se apiadaba de su más viejo amigo, Héctor.
Así que, cuando Raúl robaba droga de la organización para su uso personal o algunos miles de dólares, también para
su uso personal, siempre salía bien parado. Cualquier otro

hubiera sido torturado por semanas hasta que rogara por la muerte.

Hoy era uno de esos días; Raúl había cometido un error de proporciones obscenas.

Se suponía que nuestro adicto al crack de la casa debía permanecer sobrio durante la semana y, el martes anterior, debió avisarle a uno de nuestros mejores conductores, Pedro, que iría con él, con la amante de Tony y con sus dos hijos (un niño de cinco y un bebé) en un viaje en una RV a las dos el domingo, *hoy*. Iban a entregar treinta kilos de cocaína pura a unos clientes en Detroit.

Después de una juerga de cuatro días, Raúl se había despertado una hora antes de que yo recibiera el mensaje. Raúl tampoco le había avisado a Pedro de la entrega de hoy.

Nuestras entregas tenían un horario muy específico; los compradores esperaban los treinta kilos en exactamente cinco días. Pero antes, nuestra cocaína ciento por ciento pura tenían que ser rebajada o «cortada» en un treinta por ciento, lo que significaba diluir la cocaína a un setenta por ciento de su pureza. Ese movimiento se haría en una de nuestras muchas casas de seguridad; ésta en específico estaba en Detroit. Juntos, los tres y medio días de viajar sin parar y los dos días para procesar y volver a empacar la mercancía, eran los cinco días exactos. Si no entregábamos el producto a las 5 p.m. el siguiente viernes, con la cocaína sellada e intacta, se cancelaría el trato. Casi siempre, los *dealers* novatos ponían paranoicos a los otros *dealers*. Tony no quería echar a perder este negocio ni arriesgar compradores seguros.

Pero había un problema más grande sobre la mesa. De hecho, dos.

Mover cocaína en autobuses era más o menos fácil; sin embargo, ningún transporte es infalible. Nuestro último envío de cocaína, cuarenta kilos de los Beltrán, fue decomisado en una estación de autobuses en la frontera entre California y Nevada.

Dos mulas —escogidas por mí porque eran listas y porque no llamaban la atención, pero si se necesitaba, podían usar el sexo para salvarse— cargaban cada una veinte kilos de cocaína debajo de sus asientos. Cuando se aproximaban a una parada, un punto de revisión de la DEA y de Aduanas sobre el que yo les había advertido, notaron que dos coches sin placas seguían al autobús. Sin levantar sospechas, cambiaron de asiento. El autobús entró en la estación, una gasolinera con mucho movimiento y con restaurantes para los turistas y los apostadores, todos con diferentes grados de degeneración, y los pasajeros bajaron para descansar. Las chicas se separaron y con rapidez se perdieron entre la multitud, tal cual estaban entrenadas.

Dos agentes aduaneros revisaron los boletos y los nombres en la bitácora del chofer, mientras un segundo grupo de agentes revisó con cuidado a los pasajeros y el perímetro con un perro antidrogas. En minutos, el perro encontró la cocaína en el autobús; las chicas vieron esto y desaparecieron.

Las redadas son la regla de este negocio y el cártel te da otra oportunidad si hay papeles, como el reporte de arresto, para justificar el decomiso o la pérdida de los envíos de drogas. Con ese reporte no tienes que pagar por la pérdida porque se considera un riesgo laboral o *el precio de hacer negocios*. El problema fue que como las chicas no fueron arrestadas, no teníamos el papeleo para probar un decomiso; tuvimos que pagar el pedido.

También nos dieron a consignación este segundo envío de treinta kilos que queríamos llevar a Detroit; valía 510 mil dólares, así que éste *tenía* que pagar por ambas cargas. Y aunque nuestra relación era *semisólida* con los Beltrán, a pesar de la estupidez y avaricia de Héctor, ellos eran, en definitiva, del estilo de *dos* strikes *y te vas*. Si no les llevábamos un millón 190 mil dólares en dos semanas, bueno, valíamos lo mismo muertos que vivos. Así es como funciona.

El segundo problema —mucho más grande y peligroso— era, por supuesto, el dinero que Héctor le había robado a los Beltrán. Tony había estado pagando la deuda, pero les debíamos al menos la mitad. Así que el gran total, incluido el costo de la cocaína decomisada, era de 2 millones 466 mil dólares.

Éste era nuestro segundo *strike* o, en términos militares, DEFCON UNO, lo que significaba que todos los que trabajaban con Tony tenían AK apuntadas a sus cabezas, yo incluido. Sin Pedro tras el volante, teníamos otro enorme problema. Con tan poca anticipación, no podríamos encontrar un conductor calificado que supiera las rutas primarias y las de emergencia en caso de actividad policiaca. Raúl no podía viajar solo: era impredecible y la tentación de cocaína para un adicto sería como cerrar un parque de diversiones, encender los juegos y dejar entrar a un niño hiperactivo de nueve años lleno de Adderall.

Tras explicarme la situación, Tony movió la cabeza y dijo:

—Empaca, prepárate.

Estaba más que confundido. No había movido producto desde hacía más de ocho años; eso era una promesa que le hice a mi esposa, Inez, y un trato que tenía con Tony, quien convenientemente lo había olvidado. No me iba a convertir en mula de nuevo.

Mi trabajo era sólo supervisar y proveer y, como cualquier buen empresario, expandir y buscar otras oportunidades de negocio dentro de nuestra base de clientes cautivos. Me gané ese título y la seguridad que conllevaba no por mis años de trabajo, sino por la masiva cantidad de dinero que le reportaba a Tony y al cártel: cientos de millones de dólares.

Negué con la cabeza una y otra vez, pero era incapaz de hablar.

Los ojos negrísimos de Tony estaban fijos en mí. Una energía pulsante que emanaba de él y lo rodeaba, como un enjambre de abejas asesinas a la espera de atacar, de repente nos unió. Adiós a la decorosa relación padre-hijo, la tontería del «heredero al trono». Esto se trataba de dólares y centavos, y la verdadera lealtad de Tony no era conmigo, su «hijo adoptivo de la calle», sino con las cuentas bancarias que tenía escondidas en todo el mundo; y con sus jefes, los Beltrán.

Me temblaron las rodillas al pensar en esto y me tomó un momento recuperar el aliento y, al fin, dije:

—No, Tony, no voy a manejar mil 600 kilómetros con un adicto, una ilegal que no habla inglés y dos niños llorones, uno en pañales. No va a pasar.

Era una receta para el desastre. Si no le debiéramos a los Beltrán el último envío, hubiera cancelado el viaje. Tenía una muy buena relación con los clientes en Detroit. Les habría prometido un mejor trato, algo, lo que fuera, para impedir que Tony me hiciera coordinar y participar en este recorrido suicida, porque eso era: un maldito suicidio. Pero Tony era como un toro en la plaza, ira y poder acumulados en espera de que la puerta se abra.

Tony puso su rostro a pocos centímetros del mío y sonrió; vi sus caninos dorados, tan sugestivos con la luz del sol, aunque sus ojos emanaban locura desquiciada. En una voz muy suave, dijo:

—¿Que no va a pasar? Roman, *poppy*, te voy a pagar bien, ¿sí?

Entrecerró los ojos y se acercó más, para acentuar el efecto, estoy seguro.

—Los niños, tu esposa, todo bien, ¿*sí* o no?

Había algo en su voz cuando habló de mi familia, una amenaza velada. Sentí como si me hubieran acuchillado entre las costillas. Mis hijos, cada uno de ellos, pasaron por mi mente y, en ese instante, si hubiera tenido un arma, le habría hecho un agujero a Tony en la cara. En ese momento exacto supe que debía buscar una salida a todo esto. Conocía las debilidades de Tony, pero las amenazas, veladas o no, no eran una de ellas. Algo se había salido de control dentro de él. Era momento de escapar —con mi familia— mientras pudiera.

Me calmé y escuché, y en ese momento supe por primera vez que si seguía trabajando otra década para este hombre, terminaría matándolo.

Siguió.

—Tienes todo lo que has querido, ¿no? ¿Cuándo te he pedido algo a cambio de todo lo que les he dado a ti y a tu familia, eh?

La mención de mi familia me volvió a tocar; sentí una picadura cegadora detrás de los ojos, una luz roja que aumentaba mi desprecio. Lo que Tony no mencionó fue que los favores no eran parte del trato entre nosotros. Yo había coordinado sus negocios y los había convertido de prácticamente una empresa familiar hasta casi un imperio; pasó de una tienda en la esquina a ser Walmart desde que se asoció conmigo. Yo era leal, confiable, honesto y no consumía drogas. Yo fui el que atravesó el país y encontró mejores rutas, pero también busqué nuevos territorios; en otras palabras, más clientes, más de los que Tony hubiera imaginado nunca. Al principio, tripliqué nuestra ganancia, luego tripliqué eso y luego, en lugar de tener una buena vida como un *dealer*, Tony se convirtió en un magnate criminal que valía miles de millones de dólares; aunque todo esto no parecía significar nada para él. Al principio, para los dos, esto era una aventura de negocios. La única diferencia es que yo no quería hacerlo de por vida, o de eso me convencí, porque diez años después aquí estaba, de mula otra vez. Estaba viviendo una mentira de la cual no podía salir. Y a pesar de todo lo malo en ese momento, algo bueno salió de ahí, el empujón que necesitaba. Tony no se dio cuenta, pero abrió la puerta para que yo saliera y por fin pudiera evaluar a dónde me había llevado nuestra relación, la vida que vivía.

Su voz pasó de suave a humillante en un parpadeo.

—¡Nunca, esos son los malditos favores que te he pedido, *cero*! Y ahora cuando las malditas cosas van mal, ¿así me pagas? Ya es mucho soportar a este *puta maricone* de Raúl y su cara, que quisiera deshacer con mis malditas manos.

Tony elevó sus manos gigantes a mi rostro; temblaban de ira, y supe que si pudiera desmembrar a Raúl sin que Héctor lo supiera, lo haría. Me di cuenta de que mi existencia, para Tony, era sólo una posdata. Si no seguía sus órdenes, en un segundo me haría lo que no podía hacerle a Raúl.

Tony dejó muy claro quién y qué era; de hecho, *quería* que el mundo supiera que era inteligente, cuidadoso y calculador. Y aunque lucía, actuaba, *era*, cada parte suya, un asesino y un narcotraficante americano, *nunca* lo atraparían con droga; no, eso le tocaba a alguien más: Raúl, Pedro, otros conductores, y *ahora a mí*.

No había forma de escapar de ésta; iba a ir de una forma u otra. Me alejé de él unos pasos, resignado al destino que me esperaba. Ahora más que nunca, quería salirme. Quería una vida normal, quería que mis hijos supieran en qué trabajaba su padre, pero, ante todo, quería ver otra vez luz en los ojos de Inez, esa luz que me decía cuánto me quería y respetaba; una que no había visto en años, la quería de vuelta, y la iba a tener. Irónicamente, Tony se convirtió en el impulso que pondría mi vida en orden.

Lo miré a los ojos, todavía rebosantes de intensidad, y después de un silencio incómodo, asentí con la cabeza y acepté su petición.

Tony cambió al instante, sonrió y me intentó abrazar.

—¡*Ése es mi ahijado, mi chico, mi pareja!*

Quería que se ahogara con esas palabras.

Me alejé de Tony porque no podía soportar el abrazo de este animal peligroso. En vez de eso, lo miré a los ojos, firme y sin miedo, y dije:

—Está bien, Tony, iré, pero no quiero saber dónde está la mercancía y si Raúl no sigue mis órdenes desde el principio, aviento la cocaína fuera de la RV y no me importa si estamos a la mitad del desierto. Si lo veo drogándose, también lo aviento a él, ¿entendido?

Hablé lo más claro que pude tomando en cuenta las circunstancias, porque es muy difícil seguirle el paso al rey suicida, al diablo.

Tony seguía sonriendo, ¿y por qué no habría de hacerlo? Por supuesto, su negocio había tenido algunos problemas y tan frecuentes que uno se preguntaría si no andaría algo mal, pero si esta entrega no tenía incidentes, saldría de la mala racha en la que estaba. Y en la mente de Tony, ningún policía ni agente federal podía detenerme. Era intocable.

La nave de los locos

ME DIRIGÍ A CASA A EMPACAR PARA EL VIAJE. EN EL CAMINO, sólo podía pensar en Inez; la manera en que, en la mañana, se alejó de mí unos pasos cuando le dije que tenía que ver a Tony. Ella sabía a qué me dedicaba; había sido una testigo inocente los últimos diez años. Una víctima, en realidad, y estaba harta. Con extrañeza, pensé que si pudiera seguir caminando, lo haría, y un escalofrío me recorrió la espalda, el primer copo de nieve de una tormenta a la cual no sobreviviría.

Tenía que convencerla de que mis días en esta vida por fin se habían acabado. Por supuesto que ya habíamos estado en esta situación y había oído eso innumerables veces. Pero ésta era diferente. Ésta era el colmo de las humillaciones que había sufrido a causa de Tony. Regresarme, como hace diez años, a ser una mula y la inesperada amenaza a mi familia, estas cosas no podían ser ignoradas. En mi cabeza, yo ya estaba fuera del negocio. Lo más difícil era que no podía contarle a Inez de la amenaza velada que Tony nos había hecho. Eso nos separaría todavía más.

Aunque ya me había dado cuenta de eso hacía mucho, la verdad era que había vivido una vida que nunca quise, como si alguien más manejara mi vida, alguien que hubiera tomado el control de mi cuerpo y mi mente, un titiritero que me manipulaba desde hacía años. Sabía que estaba al otro lado de la ley y esto me molestaba tanto que no podía ni verme al espejo. Y cada día me afectaba más, me deshacía por dentro con lentitud, hasta convertirme en un despojo del hombre que alguna vez fui. Tenía que demostrar que todo estaría bien. De alguna manera, tenía que revivir esa historia una vez más. Mi única esperanza era que escuchara y me entendiera.

Entré y, por suerte, los niños no estaban en casa; estábamos solos. En la cocina, Inez guardaba la despensa en los gabinetes y cajones. Me puse detrás de ella y la abracé por la cintura. Se quedó muy quieta. Le susurré al oído.

—Ya está, cariño. Te lo prometo, hoy es la última. Ya me salí de este miserable negocio para siempre.

Antes de que pudiera explicar más, se soltó de mi abrazo, se alejó y siguió guardando la despensa como si estuviera en una misión. Me quedé ahí parado, congelado, sin saber qué decir, aunque tenía que probarle que éste era el ocaso de la pesadilla de diez años a la que la había arrastrado.

Quise acercarme y explicarle que ésta era la definitiva. Ella me escuchó y, sin aviso, azotó un frasco en la barra de la cocina, tan fuerte que rompió un azulejo. Sorprendido, retrocedí con rapidez y alcé mis manos para suplicarle. Ella dijo:

—Cállate. No quiero escuchar esto otra vez. ¿Un encargo? ¿En serio? ¿Es una maldita broma?

Se giró y se puso de nuevo a guardar el resto de la despensa, como si estuviera pensando cómo decirme que nuestra relación se había terminado. Pero no tenía que hacerlo; Inez nunca decía groserías, nunca. Y no había forma de negar el tono desapasionado en su voz y en su cuerpo, como si ya hubiera dado vuelta a esta página y ahora estuviera consiguiendo una *nueva* vida, una que tenía planeada desde hacía mucho.

Me senté en un banco de la barra. Hablé sin mirar a Inez y me sorprendió lo fácil que salieron las palabras. Le conté del asco que sentía al levantarme de la cama, cómo no podía verme en el espejo por miedo a escupirme en la cara o quebrarme. Cómo no podía verla a los ojos sin sentir que la había decepcionado tanto. Le expliqué que un abismo había crecido entre Tony y yo durante los últimos años, que los dos lo sabíamos y que tal vez era tiempo de cambiar. Al final, le dije que después de esta última entrega, dejaría mi vida de narcotraficante. Me levanté sin mirarla. Le di la espalda cuando estuve en el marco de la puerta. Cerré mis ojos con fuerza y esperé a que viniera a mí y me dijera que me creía, que todo estaría bien y, lo más importante, que todavía me amaba.

Pero esas palabras nunca llegaron. Había perdido la fe en mí. Y, con franqueza, aunque estuviera tan enojado, no encontraba ni un solo motivo para culparla.

Esa tarde, regresé a la casa de seguridad porque no tenía opción; si no iba, Tony podía asesinarme. La amante de Tony, María, una de las cuatro con las que tenía hijos, salió de la casa, cargaba a un niño y al otro lo arrastraba, medio dormido, de la mano. No podía creer que los involucrara en un envío de cocaína.

María se veía acabada, mucho más vieja de sus *tal vez* veintitrés años. Las horribles circunstancias de su vida habían acabado con ella, una de las desafortunadas que crecieron en los barrios bajos de Culiacán, México. Ella vio su boleto de salida en ese cubano-americano, Tony, el hombre con joyería fina y palabras de una vida mejor. Y ahora, esta pobre mujer, la madre de dos hijos de aquel animal, se había transformado en su mula, su esclava; si la atrapaban, iría a la cárcel. Los dos niños terminarían en orfanatos, pero sin importar nada de eso, Tony cabalgaría hacia el horizonte.

Tony salió de la casa, roía un hueso de pollo mientras sostenía un vaso biselado de whisky en las rocas. Rio con sarcasmo y me explicó que Raúl estaba cargando la RV de combustible y que si me causaba problemas, le metiera una bala en la cabeza y lo dejara en la carretera. Sacó una Walther PPK de oro sólido, con diamantes incrustados en la culata, y dijo:

—Ésta es mi bebé. Regrésamela en una pieza. Raúl, como dije, no me importa. No me importa si lo avientas al Gran Cañón. Sólo trae de regreso a mi bebé.

Rio de nuevo, macabramente.

—Y con mi maldito dinero.

Pensé en María y en sus dos hijos. Tony actuaba como si no existieran.

Levanté las manos y me alejé de la pistola.

—Está bien, Tony. Tengo la situación bajo control. Tampoco necesito armas.

Tony guardó la pistola brillante en la cintura de su pantalón.

—¿Todavía te preocupa que te atrapen, ése?

Evitó mi mirada mientras sacaba con suavidad un fajo de billetes de su bolsillo. Me dio doscientos mil dólares en billetes nuevos de cien, de cincuenta y de veinte. Después, miró a María.

—¿Ves lo que pasa cuando le enseñas a un hispano a leer?

Me reí. No quise darle la satisfacción de saber cuánto me dolieron sus palabras tóxicas.

—Te lo juro, Tony, no tengo idea de qué estaría haciendo ahora si no fuera por ti —dije. Aunque la verdad, lo único que podía imaginar eran mejores lugares que éste.

Tony entrecerró los ojos y me vio.

—Tal vez desempleado, pero puede ser que no, porque eso significaría que alguna vez tuviste trabajo.

Sabía cómo herirme: cuando lo conocí estaba sin empleo y buscaba por toda la ciudad un trabajo que simplemente no existía.

Cambió de tono, de regreso a los negocios.

—Tienes tu celular clonado, ¿cierto?

Asentí y fue cuando mi compañero del crimen, el dos dedos de frente, Raúl, llegó por la esquina. La RV que manejaba derrapó un poco, se levantó en dos neumáticos y llegó frenando hasta detenerse. Salió de la camioneta emocionadísimo. Rogué que no estuviera drogado de nuevo. No con esa pequeña dulzura dorada que Tony cargaba en la cintura.

Raúl tenía dos velocidades: hiperactivo, cuando estaba sobrio, y nuclearmente explosivo, cuando estaba drogado; y éste sería mi compañero de viaje durante los siguientes seis días.

Tony caminó hacia él, lo tomó con brusquedad del mentón, lo miró a los ojos, como un doctor que busca señales de vida, y lo estudió por un largo rato. De repente, en un parpadeo, abofeteó a Raúl tan fuerte que pareció levantarlo del suelo y tropezó hasta una fila de arbustos con espinas.

Raúl se sorprendió tanto que no supo si atender el dolor de su rostro, su labio abierto o el hecho de que estaba tirado entre dos arbustos. Decidió hacer las tres al mismo tiempo y se hundió todavía más en las ramas. Después de un par de intentos de levantarse, al fin lo logró. Estaba lleno de rasguños rojos en sus brazos, el cuello y el rostro. Lucía como si un gato rabioso lo hubiera atacado.

—¿Y eso por qué, *primo*? —preguntó—. Le cargué gasolina, como me dijiste; el material está escondido, como me indicaste; tengo comida para el viaje. ¿Por qué tenías que golpearme?

Tony no desperdició un segundo. Tomó a Raúl de la garganta; el aire escapaba de su tráquea. Estoy seguro de que el más ligero apretón le hubiera quitado la vida. La cara de Raúl se puso azul mientras trataba desesperadamente de quitarse la garra de Tony de la garganta. Noté que María abrazaba a sus hijos y les cubría sus pequeños y sagrados ojos; ella miraba hacia otro lado, como si la hubieran condicionado las veces que había estado en esa posición. Sentí lástima de Raúl. Era el resultado de su ambiente, nació en una vida miserable y nunca conoció nada distinto. Las drogas eran su escape de una vida de la que no tenía idea de cómo salir, y ahora Tony abusaba de él, de este pobre drogadicto, la presa más fácil. Quería liberar a Raúl de este animal y poner mis manos sobre el cuello de Tony para ver cómo manejaba la humillación, el dolor, el miedo a lo desconocido, pero ¿qué lograría? ¿Un tiroteo sangriento enfrente de una chica de veintitantos y sus dos hijos que no merecían ser parte de esto? Necesitaba encontrar otra manera de escapar, una que protegiera a mi familia de la venganza de Tony.

Tony le susurró al oído a Raúl, seguramente repitió todo lo que habíamos dicho antes de que llegara con la camioneta. Los ojos de Raúl se enfocaron y asintió con la cabeza.

Nos subimos a la RV. Tony no esperó a que nos fuéramos, ni siquiera se despidió con la mano. Se giró, tiró el hueso de pollo sobre su hombro y entró de nuevo a la casa.

Un problema surgió muy rápido. La RV estaba registrada a nombre de Raúl. Si me detenían manejando *su* RV, eso levantaría sospechas, focos rojos innecesarios. A pesar de que estaba nervioso por la idea, tenía mucho sentido que él manejara.

Primero, tenía que calmarlo. Dentro de la RV, le detallé a Raúl nuestra ruta. Si nos movíamos hacia el noreste por caminos pequeños a través del campo, era menos probable que nos topáramos con redadas aleatorias o que nos parara la policía. Era la ruta que había creado para los conductores de Tony y yo la había recorrido dos docenas de veces sin que me detuvieran.

Todavía humillado y avergonzado, Raúl asentía ido, se tocaba la garganta mientras se limpiaba la sangre de la cara y de los brazos con un pañuelo que le prestó María.

—Me atendré al plan, Rome.

Raúl rio mientras sacaba su maleta de abajo del asiento. Metió la mano en la bolsa y sacó una ridícula gorra rusa de capitán de barco. Eso pareció sacarlo de su depresión. A pesar de que Raúl era patético, tenía un buen corazón y no mataría ni a una mosca; además, tenía una capacidad increíble para adaptarse con rapidez.

Se colocó la gorra —obviamente le quedaba grande, así que sus orejas quedaban dentro del borde—, saludó de forma marcial e intentó hacer su mejor acento ruso, que terminó sonando mucho más a la mezcla de latino y negro que por lo normal hablaba.

—Les habla su capitán. Espero que disfruten nuestro viaje hoy. Tenemos a bordo golosinas y agua para los adultos y galletas y leche para los niños. Tomen asiento y disfruten el viaje.

Sentí compasión por este hombre condenado; como dije, nació en un mundo de miseria, pobreza y dolor, los elíxires que los guetos del mundo perpetúan en los jóvenes. Me di cuenta de que toda la impaciencia y desprecio que tenía por este hombre en realidad la tenía por mí, porque yo era quien continuaba este ciclo horrible al llevar a Detroit las drogas que destrozarían a las personas, que las dejarían por completo desesperadas, como Raúl.

Me dije que necesitaba concentrarme en la misión que tenía. El plan era simple: de Las Vegas a la Interestatal 15, de Nevada a la Interestatal 70, por Denver, y luego pasar a la Interestatal 80 hacia el este, que nos llevaría al corredor norte del país. En Toledo, tomaríamos la Interestatal 75 norte, y de ahí directo a la puerta de nuestro cliente en el bello centro de Detroit.

Le sonreí a María, quien me sonrió de vuelta, pero era una sonrisa más bien resignada, derrotada; estaba tan condenada como Raúl a esta vida y lo sabía y no había nada que ella pudiera hacer, o yo, sobre eso. Le pregunté a Raúl una última vez si había entendido la ruta. Dijo:

—Sí, jefe, todo bien. No es mi primer viaje de mula.

Me acosté en la cama de la RV y miré el reloj; eran casi las cinco. Traté de cerrar los ojos, esperando que el zumbido rítmico del motor me adormilara, pero en lo único que podía pensar era en Inez y en los niños.

Por el agujero de conejo

Me desperté un fuerte dolor en mi ojo.

Me di cuenta de que me había golpeado con mi celular clonado. Por completo despierto y bastante enojado, miré por la ventana y vi que era de mañana. Por un segundo, la tensión que había sentido desapareció: habíamos terminado con un día, quedaban dos y medio. Cuando giré para ver a María, parecía que estaba entrando en pánico, casi hiperventilaba. Agitaba las manos sin poder hablar. Estaba aterrorizada y, lo juro por mi vida, no entendía por qué. Miré mi reloj, 10:15 a.m. Había dormido casi 15 horas.

Sin poder contener su ansiedad, María gritó.

—¡Nos están deteniendo!

Su bebé estalló en llanto.

Ahí noté a un policía robusto que deambulaba afuera del carro como si ya hubiera estado aquí antes, como si lo hubiera hecho un millón de veces. Parecía tener unos 65 años y el uniforme, que le quedaba unas tallas más pequeño, parecía ser muy viejo. Me congelé. Mi corazón latía tan fuerte que lo sentí vibrar en la garganta. Necesitaba recuperar el control, regular mi respiración. Separé con cuidado las persianas de la ventana polarizada, pero, lo juro, no reconocí dónde estábamos.

Las luces de la patrulla giraban, como para reafirmar que esto no era un sueño.

El oficial tocó la ventana del conductor; antes de bajar la persiana, vi la placa delantera: Utah.

De manera incomprensible —a menos que conocieras a Raúl o a alguien como él—, estábamos a miles de kilómetros de nuestra ruta, en un estado que ni siquiera debíamos cruzar.

Oí que la ventana bajaba lentamente.

—Buenos días, señor. Soy el oficial Phil Barney de la Oficina del Sheriff del condado de Sevier. ¿Sabe por qué lo detuve?

Mi mente iba a mil por hora, a la caza de cualquier detalle en su entonación que me diera alguna pista. La voz del policía era grave y cansada, como si hubiera fumado por años cigarros sin filtro.

Raúl contestó nervioso y tartamudo, una mala señal para un oficial que con seguridad había visto a muchos como él durante su carrera.

—No, señor, no sé por qué me detuvo. Iba debajo del límite de velocidad, señor, estoy seguro. No manejaría mal, vengo con mi esposa y dos niños —dijo.

—Bueno, hijo, no tienes placa delantera y te vi cambiar de carril abruptamente allá atrás —dijo de forma calmada y segura.

En ese momento supe que el oficial Phil Barny había hecho esto un millón de veces antes: éste era un vehículo sospechoso y quería revisar la RV. La única esperanza que tenía era que el estado de Utah hubiera actualizado a sus sheriffs con la mejor tecnología, que trajeran micrófonos listos para transmitir. Si fuera así, todo lo que tenía que contestar Raúl era «no» cuando el policía le preguntara si podía revisar la RV. Phil Barney no tenía duda razonable para entrar en el vehículo, pero si entraba de todas maneras, el caso sería descartado incluso antes de que llegara a la Corte.

Para mi sorpresa, Raúl contestó con rapidez. Sonó tranquilo, en realidad bajo control, un hombre dócil que conocía sus derechos.

—Sí, señor, estoy consciente de eso, pero en Michigan no estamos obligados a tener placas delanteras en nuestros vehículos.

El oficial reviró:

—Bueno, hijo, eso puede ser verdad en *Michigan*, pero estás en el condado de Sevier, Utah, y acá son necesarias las placas trasera *y* la delantera en los vehículos que circulan por *nuestros* caminos. Pero más que eso, cambiaste de carril sin precaución allá atrás.

Miró fijamente a Raúl. Raúl le regresó la mirada y calculó que el oficial Phil Barney podría estar rozando los setenta, Sevier era su territorio y ningún posible adicto esquelético y de pelo largo iba a cruzar *su* jurisdicción sin una revisión de rutina.

—Señor, como le dije, estoy con mi esposa y dos niños, estoy seguro de que no cambié de carril sin precaución, pero si usted lo dice, entonces, debo haberlo hecho.

Raúl buscó su billetera en el pantalón.

—Hijo, mi pistola está sin seguro, ¿entiendes? Por favor, no hagas ningún movimiento súbito a menos que te lo indique. Vamos con calma. ¿Está bien? Mencionaste a tu esposa e hijos. ¿Hay alguien más en la RV? —Barney preguntó con suspicacia.

Raúl no dudó, aunque su voz temblaba de miedo.

—No, señor, somos sólo yo, mi esposa María y nuestros dos hijos.

En ese momento mi corazón empezó a palpitar, golpeando muy fuerte mis costillas. ¿Por qué Raúl habría mentido tan abiertamente cuando sabía que el siguiente paso era revisar la RV? Una vez que el oficial Barney me viera, la revisión, con toda seguridad, iría más allá de lo rutinario. No, esto iba a ser una búsqueda completa, más policías, perros. La siguiente pregunta fue si podía subir a la RV.

Raúl dijo:

—No me siento muy cómodo con eso. Va a asustar a mis hijos.

El oficial respondió:

—De todas maneras, abre la puerta para que pueda revisar que esos niños están bien.

Yo no sabía dónde estaba la coca, pero ¿qué tan difícil sería encontrarla en una RV de siete por doce? Giré sobre la cama, sin mirar al frente. Quería que me viera por completo, con las manos a la vista, sin armas, como si hubiera estado dormido durante todo este encuentro.

La puerta se abrió y oí sus pasos sobre los escalones de la cabina. Me vio de inmediato. Fingí que despertaba mientras él, con extraña tranquilidad, señalaba a Raúl y le decía:

—Me dijiste que sólo venían tú, tu esposa y tus hijos.

—Señor, ¿por qué me apunta? —pregunté, con falso horror—. Raúl, María, ¿qué demonios está pasando?

—Hijo, mantén tus manos donde pueda verlas.

El oficial sacó su radio portátil, de inmediato pidió refuerzos y les dio nuestra ubicación exacta en la carretera.

El policía me miró y preguntó:

—Entonces, hijo, ¿cómo te llamas?

—Roman Caribe, señor —dije con verdadera preocupación, y esa no fue una emoción que tuviera que fingir.

El oficial Barney me dijo que bajara de la cama y que pusiera las manos arriba; obedecí. Oí que la caballería llegaba, con las sirenas aullando desde todos lados. Antes de que me diera cuenta, cuatro patrullas rodeaban la RV en semicírculo. Los escuché abrir sus puertas y los imaginé con las armas listas.

Me pregunté qué tan buenos eran los abogados de Sevier. Con toda seguridad, no provenían de universidades prestigiosas, pero no necesitaba que fueran geniales, sólo lo suficientemente buenos para negociar con los federales una salida a mi vida bajo Tony.

El oficial Barney nos ordenó a Raúl y a mí bajar de la RV con las manos en alto; obedecimos. Dejó que María permaneciera con los niños dentro del vehículo.

Para mi sorpresa, no nos esposó. Nos cateó rápido para ver si traíamos armas; no había ninguna, por supuesto. Nos llevó a su patrulla, abrió la puerta y nos introdujo en ella.

—Esperen aquí mientras me aseguro de que la mujer está bien y que no está pasando nada extraño aquí. Ah, por cierto, ¿ven a estos chicos de uniforme a nuestro alrededor? Fueron criados en estos bosques y podrían volarles la cabeza a trescientos metros de distancia.

La petición era clara como el agua.

El oficial Barney regresó a la RV y llamó con la cabeza a dos policías más para que entraran con él.

Miré a Raúl; sudaba, petrificado. Iba a hablar pero negué con la cabeza. Dibujé un círculo con mi mano, señalé el interior del auto y, luego, mi oreja. Me acerqué y le susurré.

—Este auto está grabando todo lo que decimos. *No* digas ni una sola palabra que pueda incriminarte. Y además, ¿qué demonios estamos haciendo en Utah?

—*Primo*, había un embotellamiento pesado en la 70, con muchos policías, así que decidí ir un poco al sur, tú sabes, para evitarlos. Créeme, no lo habría hecho si no hubiera creído que circular por la 70 para llegar a la 80 era demasiado peligroso.

Lo miré con ojos asesinos. Entendió y dejó caer la cabeza contra la ventana del auto, como si se hubiera inyectado una dosis de heroína.

Le expliqué nuestras riesgosas circunstancias y le recordé que, ante todo, fuera respetuoso y que pidiera un abogado en el momento en que empezaran a interrogarlo. A pesar de que cruzaba los dedos por una oportunidad para hablar con alguien de la DEA y escapar del dominio de Tony para siempre, Raúl no podía saberlo. Necesitaba actuar como si todo siguiera igual.

Raúl asintió, pero no había mucha vida en sus ojos. Lo empujé fuertemente con mi hombro y le dije:

—¡Mírame y dime que entendiste lo que te acabo de decir!

El daño que Raúl podía hacernos a todos era incalculable. Necesitaba mantenerlo a flote hasta que tuviéramos un abogado.

El oficial Barney salió de la RV como niño en Navidad. Parecía que saltaba al caminar, casi sonreía. Todo semejaba a un movimiento en cámara lenta, real, como una película, como si ya lo hubiera vivido. La verdad es que sí; había imaginado todo esto en el momento en que acepté entrar a este desastroso transporte. El oficial fue a la parte de atrás de la patrulla, abrió el portaequipaje y sacó una palanca. Cuando Raúl vio esto, dejó caer la cabeza resignado; temblaba de pies a cabeza.

—Se acabó. La encontraron. Estamos arruinados, Rome, arruinados.

Su voz se apagó y él se refugió en el olvido de la nada.

Le tomó dos minutos al oficial Phil Barney salir de nuevo, ahora con dos pares de esposas. Los otros dos oficiales también salieron con grandes sonrisas y uno de ellos alzó los pulgares a otro que estaba cerca.

Nos llevaron en dos vehículos distintos a la Oficina del Sheriff del condado de Sevier. Era un edificio todo en uno: estación de policía, correccional y juzgado. El oficial Barney nos separó cuando nos esposaron. Si estos policías pudieran ver el panorama completo, quién era yo y de qué formaba parte y me lo probaran, entonces, podría ofrecerles pedazos de información que me librarían de esta vida para siempre.

Las buenas noticias eran que el departamento del sheriff podía otorgar fianzas sin el intermedio de un juez, que fue lo que sucedió en cuanto llegamos: 500 mil dólares. Había ciertas condiciones. El peso de sustancia controlada con la

ROMAN CARIBE • ROBERT CEA

que nos atraparon era, obvio, un crimen A-1, que es equivalente a una acusación de asesinato, pero como no había *mala intención*, alcanzamos una fianza razonable. Para la mayoría de los criminales en el país 500 mil dólares era lo mismo que 500 millones, pero yo tenía solvencia y si hipotecaba mi casa, sólo necesitaría el diez por ciento en efectivo, y estaría fuera en un día. Si iba a salir de esta vida, tenía que arriesgarlo todo.

El sargento, un hombre alto, de buena condición física y apuesto, me escoltó a que me tomaran las huellas digitales y empezaran los trámites de mi arresto.

—¿Roman? ¿Qué tipo de nombre es ese? —preguntó.

—Mis padres son de Puerto Rico, así que tampoco podría decirle.

Preguntó:

—¿Crees juntar la fianza?

—Eso creo, pero quisiera consejo legal si es posible.

—El teléfono está por allá. Una vez que tengamos tus huellas, puedes hacer las llamadas.

Señaló un pasillo vacío y largo con casi cuarenta camas y teléfonos empotrados. Buscó cambio en su bolsillo. Sonrió y continuó:

—Estoy seguro de que te quitaron todo en la revisión; aquí tienes unas monedas.

Le agradecí; cuando terminó de tomarme las huellas digitales, miré los teléfonos y me preparé para la llamada más difícil de mi vida. Antes de llamar, le pregunté qué había pasado con María. Me dijo que ella no tenía cargos y que estaba en un motel a la espera del siguiente autobús que la llevaría a ella y a sus hijos de regreso a San Diego. Sólo podía esperar que se bajara de ese autobús y llamara a alguien de su familia en México para que la recogiera y la alejara lo más humanamente posible de Tony. Pensar en ella y en sus dos niños inocentes me recordó todas las vidas que había destruido. Este arresto hizo emerger del fondo de mi alma toda la porquería que había estado guardando tantos años. Toda la negación y la falsa justificación me pegó en el rostro como la bala de una .45. Una cosa era cierta: si salía de esto, de alguna manera iba a hacer que valiera la pena. Rogué que estos policías tuvieran contactos con los federales de la zona.

Le pregunté al sargento si conocía un buen abogado; necesitaba uno que me ayudara a lograr algo que nunca había hecho antes. Sin dudar, fue a su escritorio y escribió en un papel el nombre de un abogado local que tenía licencia en tres estados. Me lo dio y dijo:

—Es el mejor. Pídele a alguien que le llame ahora.

Inez contestó al segundo tono. Le dije que me habían arrestado. Por su reacción, parecía que había asesinado a alguien. Su angustia me derrumbó y confieso que sollocé en ese momento. Pensé que lo mejor que podía hacer por ella era desaparecer. Entonces, me controlé y le dije que tenía un plan. Que todo iba a estar bien. De hecho, a pesar de que sonara a locura, este arresto era lo mejor que nos hubiera pasado.

Después de mucho papeleo, el oficial Phil Barney me llevó a una sala de interrogación de dos y medio metros por tres metros con un escritorio, dos sillas, un espejo polarizado de doble cara, una cámara muy visible sobre un reloj de pared y eso era todo: pragmático y sobrio. No había trucos ni nada de las tonterías del policía bueno y el policía malo. El oficial volvió a leerme mis derechos Miranda y luego me dijo que las drogas que me confiscaron no dieron resultados positivos

y que necesitaban saber si la sustancia era otra cosa que cocaína, tal vez metanfetamina. Sabía que no podrían identi-
ficarla porque buscaban aditivos y otros químicos y ésta era
cocaína ciento por ciento pura.

Estaba paralizado porque quería hablar; quería sacarlo de
mi pecho, todo lo que había hecho hasta ese día. Pero si se lo
decía todo a él, un oficial local, temía perder mi ventaja con
los federales, y no podía dejar que eso pasara.

Temeroso de arruinar mi única oportunidad de escapar de
la sombra de Tony, guardé silencio y esperé a mi abogado
de la forma más respetuosa posible. Necesitaba la ayuda de
alguien para cerrar el trato que tenía en la cabeza.

La salida

Esperaba que Raúl también hubiera conseguido un abogado. Me preguntaba por qué los oficiales de la correccional y los agentes me mantenían aislado de él y del resto de los prisioneros en una sección vacía con cuarenta camas. Me preocupaba demasiado. Eso y el hecho de que me habían dicho que había una fianza federal en mi contra, así que no iba a ir a ningún lado.

Según yo, *me* consideraban un prisionero de alto perfil, como si hubieran arrestado a una celebridad después de disparar una calibre .12 a la televisión de un motel en Sevier durante una juerga de crack de cuatro días. Después supe por qué me mantenían aislado del resto, y no tenía nada que ver con mi encanto o mi fama. Todo lo que había pasado era parte de una coreografía muy bien orquestada. Desde mi separación de Raúl hasta la amabilidad con que me habían tratado, era toda una preparación para la venta que venía. Y qué venta.

A miles de kilómetros de mi familia, dormir era un lujo imposible. Todo lo que podía hacer era darle vueltas a la idea de veinte años o más sin ellos, y eso me empezó a afectar. Estaba sentado en la banca contemplando mi vida, cómo había llegado a este punto. A través de la ventana de plexiglás, podía ver el interior de ese edificio y noté algo que me heló la sangre. ¡Raúl, mi compañero de crimen, era escoltado fuera del edificio por *policías*! Policías a los que no había visto hasta ese momento y, lo peor, no eran locales o del estado de Utah; sus trajes, sus camisas blancas Oxford, sus corbatas neutrales de rayas grises y azules, sus zapatos con suela suave, sus malditos bolsillos cuadrados, todo en ellos daba a entender una sola cosa: *agentes federales*. Raúl se había adelantado.

Era suficientemente malo que Tony y su compañero estafador, Héctor, determinaran mi destino y cada una de mis acciones, el dinero que ganaba, el aire que respiraba, pero perder mi libertad por lo que este *junkie* pudiera haber dicho era demasiado.

Golpee con suavidad el plexiglás. Un agente joven, con quien había simpatizado, abrió la ventana deslizante.

—¿Quiénes son esos hombres? —pregunté—. ¿Y a dónde se llevan a Raúl?

Me sonrió y repitió lo que yo ya sabía y temía. En el momento en que lo interrogaron, Raúl se quebró y les dio toda la información del transporte y la operación. Y debió ser una muy buena historia porque llamaron a los federales. Pero la peor parte fue que, de alguna manera, esos federales habían convencido a Raúl de que los llevara a Detroit para venderle las drogas a un grupo que él llamó sus clientes, no a quienes al inicio teníamos planeado venderles, sino, imagínate, a unos gángsters italianos con los cuales había estado en contacto antes por un negocio que hice con ellos. Con rapidez, el rumor se esparció en la prisión; este joven oficial sabía cosas de nuestra organización que no creí que Raúl supiera. Fue claro, estaba equivocado y Raúl los estaba llevando a una cacería peligrosa, en un acto que, supuse, era para ganarse su confianza. Estos federales, quienes sea que fueran, pronto aprenderían que Raúl no tenía ni el talento ni el conocimiento para vender nada a nadie. Que Raúl hablara primero era mi terror más grande. ¿Cómo podrían creer en cualquier cosa que les dijera u ofreciera una vez que descubrieran qué tan poco confiable era mi compañero?

Estaba cara a cara con este oficial, que no tenía más de veinte años. Sabía que esperaba mi respuesta y me esforcé por permanecer tranquilo y no dejar que el miedo y el enojo se notaran.

Había hecho tratos con italianos en Detroit varias veces y no eran el tipo de hombres a los que quisieras tenderles una trampa. Nuestros contactos para esta entrega serían tres pandillas de narcotraficantes: dominicanos, jamaiquinos y afroamericanos. Ya que iba con alguien más, supe que Raúl estaba cambiando de lado, pero iba a terminar muerto y, con mucha probabilidad, los federales que iban con él también terminarían *muertos*. Intentaba vender cocaína a unos terceros que no conocía, en espera de ganarse a los federales. Raúl era bastante listo como para saber que no podía ir con mis contactos, porque NUNCA le comprarían nada. Nos esperaban o a Pedro o a mí.

Esa noche, en la celda, traté de dormir, preguntándome qué le esperaba a mi familia. Pensaba en mi hijo de meses.

¿Crecería apenas conociéndome? Mi hija tenía parálisis cerebral. ¿Podría cuidarla Inez? ¿Y a los otros niños? ¿Pagar las deudas? ¿Cómo se recuperaría de la vergüenza y la discriminación a la que la iba a someter? Sabía que lo que había hecho durante los últimos diez años era ilegal —todo— y merecía lo que viniera, pero ellos no. Quedé tan atrapado en *esta vida*, que había perdido la perspectiva del «¿y si...?», *¿y si* me encierran? ¿Qué pasaría con mi familia?

Intenté calmarme. Pensé en Raúl con todos esos federales. Tal vez no era a él a quien querían, sino que sólo era una carnada para atraparme. Necesitaba una oportunidad para demostrarles lo que yo valía.

Lo primero que dijo mi abogado es que tenían un caso contra mí y, por supuesto, estaba sorprendido. Sí, sabía que me vigilaban. Carajo, transportábamos cada semana toneladas de marihuana, cocaína, metanfetamina y heroína. Pero más allá de eso, habíamos detectado que nos espiaban, por eso éramos tan estrictos en nuestra seguridad y en nuestros negocios cuando movíamos o entregábamos el material. Nos podrían haber seguido todo lo que quisieran, pero nunca tendrían evidencia concreta para armar un caso sólido contra nosotros; o eso creía. Ninguna medida de seguridad puede impedir que tus asociados, una vez detenidos, se conviertan en informantes y cacen a la organización más grande que conozcan. Usualmente, nosotros.

Éramos los mayores distribuidores de los Beltrán en Estados Unidos y nos asegurábamos de que, a su vez, nuestros clientes se lo hicieran saber a los suyos. Vender droga no consiste sólo en las ventas; el *marketing* y la creación de una marca son igual de importantes para mantener el negocio. Cocaína, heroína, marihuana y metanfetamina directamente de los Beltrán eran consideradas el Ferrari de las drogas. El problema —que durante mucho tiempo no lo creí tal— era que cualquier policía o federal que trabajara en algo relacionado con narcóticos sabía que los distribuidores locales de la droga de los Beltrán estaban ahí fuera y buscaban frenarlos.

Me di cuenta de lo tonto que había sido. ¿En verdad pensé que éramos más listos que Aduanas, la DEA, el ATF, el FBI o que cualquier equipo antidrogas de los que trabajaban de manera conjunta las veinticuatro horas para derrocar a los Beltrán y a sus conexiones en los Estados Unidos?

Tenía pocas opciones y ninguna era buena. Sabía que estaba atrapado, pero por alguna razón, después del shock inicial, me sentí aliviado, pues en ese momento ya era libre de Tony.

Al fin, le anuncié con claridad a mi abogado, Tim:

—Quiero salir de aquí ahora.

Tim me interrumpió:

—Por supuesto, pero primero necesito…

—No, no entiendes. Quiero salir, hoy, en este instante, y haré lo que sea necesario para regresar con mi esposa y con mis hijos. ¡Lo que sea! Es decir, estoy dispuesto a hablar.

Sorprendí a Tim con la guardia abajo. Después de todo, era un abogado y su trabajo era hacer una de dos: lograr que se retiraran los cargos con base en una formalidad u obtener el mejor trato posible. Con voz calmada y estudiada, replicó:

—Escucha, entiendo tu dilema y frustración, en serio, pero escúchame. El oficial Phil Barney es un policía honesto y el Señor sabe que es también un buen hombre —bajó la voz—. Pero no sigue muy a la letra la ley. Es un excelente policía y sabe cuando alguien… —dudó—. Sabe cuando alguien «anda en malos pasos», por decirlo de esa manera. Pero nueve de diez ocasiones, reacciona mal, compromete el caso; y nueve de diez, lo venzo con facilidad en la Corte. Esto sigue el mismo patrón.

Siguió explicándome que el juez local era muy quisquilloso con la ley y, aunque era viernes, el lunes iría con él y, una vez que le presentara estos hechos, no tendría otra opción más que descartar las pruebas, lo que significaba que estaría en casa para el martes.

Escuché, pero ya estaba decidido. No me importaba si era un arresto improcedente y me iban a dejar libre. Estaba harto de tratar de vencer al sistema. Ésta era mi oportunidad de salir de esta vida y, posiblemente, enmendar algunos errores de mi pasado. Sólo necesitaba hablar con alguien que pudiera garantizar mi seguridad. Estaba listo para divulgar una serie de secretos peligrosos y sabía que algunas personas escucharían lo que tenía que decir, así que le confesé *todo* a Tim. Clavado en su silla, escuchó. Le dije que estaba quebrado, sin opciones, que había tomado la malísima elección de hacer de mula un día, lo cual, por supuesto, llevó a una odisea de diez años de pírricas fantasías cumplidas, junto con promesas y sueños rotos. La mentira en la que vivía, la pretensión de ser un buen padre mientras arruinaba la vida de otras familias; se sentía bien liberarse de todo eso. Cada palabra amplificada, clara como el agua, y este simple acto de contrición, al final hablarlo con alguien más sin seleccionar eventos o recitar un guion era liberador. Terminé diciéndole que quería hablar con el oficial Barney y con los agentes que tenían cargos contra mí.

El abogado lucía tan sorprendido como yo cuando me dijo que los federales tenían «algo» contra mí. En su favor, no me rebatió. Sólo se levantó, tocó la puerta y lo dejaron salir.

El oficial Barney y el abogado entraron de nuevo diez minutos más tarde. Dije:

—Quisiera hablar con el agente o los agentes que tienen cargos contra mí.

Siguiendo su papel, el oficial Barney no mostró emoción alguna. Sólo dijo:

—Me pondré en contacto con los hombres que estuvieron aquí ayer —giró para salir.

Antes de que lo hiciera, pregunté:

—¿Raúl alcanzó también fianza?

—No, no la tiene —contestaron Barney y Tim al unísono.

Moví la cabeza sorprendido. Podría haber alcanzado fianza; no tenían nada contra él. Todo lo que debía hacer era esperar y, como dijo Tim, el caso quizá habría sido descartado y sería como si nada hubiera pasado.

Renacer

AL DÍA SIGUIENTE, ME VISITÓ UN AGENTE DE ADUANAS, QUE reconocí como uno de los hombres que escoltaron a Raúl a Detroit. El agente Chris Cristiana era un hombre grande, casi de cuarenta y cinco, rubio y vestía casual, como si lo hubieran llamado a esta entrevista mientras hacía jardinería. Sonrió, caminó hacia mí con prisa, dijo su nombre y me indicó que venía de la oficina en Salt Lake City. No soy pequeño, pero cuando Chris me saludó, sentí que mi mano se ahogaba bajo su apretón asesino. El agente sacó un bolígrafo y un cuaderno rectangular que cabía en el bolsillo de su rompevientos. Después, sacó unos lentes para leer y, sin levantar la vista, dijo:

—O me vas a contar una historia que sea de verdad, una que pueda verificar y corroborar, o no. Si me dices la verdad y nos ayudas con algunas investigaciones en las que trabajamos, serás recompensado. Si no —levantó la mirada hacia mí—, vas a permanecer aquí. Es tu turno de tirar los dados. Si te encuentran culpable, la condena será de más de 25 años.

No esperé a que preguntara otra cosa, lo cual, noté, le pareció inusual. Sólo le repetí la misma historia que a Tim Macinerny. Lo miré con cuidado mientras apuntaba tan rápido como yo hablaba. Entre más explicaba sobre México y los Beltrán, más concentrado estaba. En ocasiones, me detenía y pedía que le repitiera un nombre, pero la mayoría de las veces era rápido y tajante. Mi declaración duró poco más de dos horas. No había mucha conversación excepto cuando él se levantaba por café o agua y, en esos breves interludios, podía ver a una persona diferente. Le estaba dando oro y él lo sabía. Se relajó, bajó la guardia y me trató como a cualquier colega. Después de todo, estábamos en el mismo negocio, aunque en equipos contrarios.

Cuando terminé, hizo una pregunta extraña, una que no esperaba de un agente federal en un caso de drogas: ¿tenía conocimiento de algún agente federal, fronterizo, de Inmigración, de Aduanas, de la DEA o de algún policía en cualquier lugar de los Estados Unidos que estuviera *sucio*?

—¿Te refieres a agentes o policías corruptos? —pregunté.

—Exacto. ¿Alguna vez has sobornado o sabes de alguien que haya sobornado a un agente o a un policía en cualquier lugar, en cualquier momento?

Ni siquiera tenía que pensar esa pregunta. Era nuestro trabajo alejarnos de los policías y los agentes. Si alguno de ellos era corrupto o se le pagaba para que mirara hacia otro lado, sería cuestión de tiempo para que ella o él cometiera un error y lo atraparan. Para salvarse a sí mismos, delatarían a cualquiera —incluso a alguien de su familia—. Los policías no sobreviven en prisión. Nos manteníamos alejados lo más posible de los agentes de la ley y, la verdad, en todo el tiempo que estuve traficando hacia los Estados Unidos, nunca oí de primera mano que alguien sobornara a oficiales americanos.

Chris se levantó, me dio la mano y me agradeció por la cooperación. Estaríamos en contacto.

—Escucha, Chris. Quiero salirme de este asqueroso negocio. Si me das una oportunidad, sólo una, te prometo que te ayudaré en formas que ni siquiera te imaginas.

Su sonrisa era amplia y sincera.

—Estoy seguro de que nos veremos mañana.

Salió por la puerta con mucha más información que con la que entró. Por fin, me sentía libre y sabía qué quería hacer el resto de mi vida. Tomaría todo lo negativo en lo que había estado inmiscuido y usaría lo que había aprendido sobre criminales para impedir que lastimaran a más personas.

Llamé a Inez por cobrar. Estaba consciente del estrés al que la estaba sometiendo y no sabía a ciencia cierta cómo tomaría la nueva de que iba a convertirme en evidencia del Estado, esencialmente un soplón, lo que, una vez encasillado así, podía convertirse en tu fecha de caducidad. Aguanté la respiración un momento y luego le dije con claridad lo que había hecho. Ésta era mi oportunidad de salir y significaba no sólo alejarme de la violencia y la desesperación que rodea a los narcotraficantes, sino también hacerlo con la protección jurada del gobierno federal. Podía salir con facilidad de esto, pero mi intención era renunciar por completo al negocio y, con toda certeza, mi testimonio afianzaría esta salida. Honestamente, no sabía cual sería su reacción, pero me sorprendió.

—¿Así que se acabó? ¿Estás fuera de esa vida? —hizo una pequeña pausa—. Roman, estoy tan feliz y orgullosa de ti.

Su voz se quebró.

—Una vez que haga esto —dije—, no hay vuelta atrás. Entiendes, ¿verdad?

Ella dijo que había esperado por esto durante años.

* * *

A la misma hora el día siguiente, Chris regresó; con una sonrisa amplia, me saludó. Tomé esto como un indicio de que la junta con sus jefes había salido bien. Bajo su brazo, cargaba unas carpetas del tamaño de una guía telefónica. Con un golpe seco, colocó el enorme archivo sobre la mesa. Empezó a trabajar enseguida y ordenó unas fotografías como si supiera el lugar exacto para cada una. Empezó lento, con las menos sorprendentes, pero de alguna manera supe que las fotos sólo podían empeorar. Al inicio, me enseñó unos primeros planos y fotos policiales, seguidas de tomas granulosas de cámaras de vigilancia. Me preguntó si no me molestaría identificar *algunos* rostros. Acepté.

Había cientos de fotos y, cada vez que pasábamos a otra, se volvían más macabras. Algunas no eran claras en el género del cuerpo en cuestión, sólo un ojo abierto con una mirada lechosa y sin enfocar; otro ojo, cerrado fuertemente; obvio, las tomaron en una morgue o en exteriores, como el desierto, un callejón o colgando de un puente en Tijuana. Otras, bastante horribles, eran cabezas decapitadas, algunas destrozadas con machete: ojos, orejas, labios, con las narices arrancadas; parecían calabazas talladas. Los primeros planos de la depravación humana y la humillación que se puede infligir sobre el prójimo eran demasiado. Le pusieron rostro al peligroso y sucio negocio en el que estaba. Me obligué a ver cada fotografía. Quería que toda esa sangre y humillación se tatuaran en mi cerebro, en mi psique. Por supuesto que sabía que todo el tiempo gente era asesinada: ladrones, soplones, estafadores e *informantes*, justo en lo que me iba a convertir. La mayoría de las fotos era de personas que identifiqué con facilidad, por lo menos las que no estaban reducidas a pedazos o quemadas vivas. Muchos eran hombres y mujeres con los que había cenado; otros eran socios comerciales; a algunos no los había visto en años; pero por cada foto de un cuerpo intacto, sabía yo nombre y alias; de algunos, teléfonos y direcciones. Estaba teniendo un vistazo del futuro alternativo que por poquito había evitado.

Todo eso me recordó lo involucrado que estaba, pero también quiénes eran mis camaradas y *amigos*, porque algunas de estas fotos de cámaras de seguridad de los *todavía vivos* habían causado las fotos de los *bien muertos*. Le dije a Chris todo lo que sabía sobre estas personas y, con cada nombre y organización que delataba, me sentía más aliviado porque al fin me estaba alejando. Por muchos años, había visto a Tony actuar con impunidad, apilar cuerpo tras cuerpo, intimidar a cualquiera que se interpusiera en su camino hasta que la muerte era la única opción; todo mientras yo jugaba al «empresario». Ahora veía, con todos sus colores, el negocio en el que en realidad estaba. Yo era sólo un engranaje más en una máquina de matar.

Supe entonces que mi misión era hacer lo que fuera para atascar esa máquina y mi primer paso sería acabar con Tony.

Cambio de equipo

Después de que le entregué a Chris ese tesoro de información, la oferta para que cambiara de equipo empezó. Me explicó un par de cuestiones: primero, lo que le había entregado el día anterior fue bien recibido por sus jefes y lo que le conté este día ayudó a clarificar ciertos datos de inteligencia. Y luego dijo algo que yo ya sabía: que me arrestaran había sido mi salvación. Chris y un comando especial nos habían vigilado por casi dos años y me juró que era sólo cuestión de tiempo para que nos acorralaran, sin otro destino que la prisión. No se anduvo por las ramas con el tema de cambiar de bando; fue directo al preguntar si quería trabajar con ellos y, de hacerlo, me libraría de los cargos, lo cual me permitiría hacer lo que soñaba: cortar la cabeza de esa serpiente que era Tony Geneste. También estableció que, una vez que la organización de Tony fuera exterminada, iría por los Beltrán y por otros narcotraficantes tanto en los Estados Unidos como en México, y necesitaría mi ayuda.

—Roman, antes de hacer una oferta formal, necesito oírte decir que estás dispuesto a trabajar para nosotros.

Chris sacó una grabadora de bolsillo, la encendió y la colocó sobre el escritorio frente a mí. Continuó:

—Si lo que te ofrecemos es algo que no estás dispuesto a hacer, simplemente rechaza la oferta y me iré de aquí y será como si nada hubiera pasado. Antes de irme, hablaré con el juez, con el oficial que te arrestó y con el fiscal; con suerte, tendrán misericordia de ti si te condenan. Así que adelante. ¿Estás listo?

Acepté y Chris habló a la grabadora, dijo su nombre y su puesto gubernamental, mi nombre, la fecha, dónde estábamos y de qué se me acusaba. Después dijo:

—Roman Caribe, ¿estás dispuesto a trabajar con el gobierno de los Estados Unidos, Distrito Oeste, y con todas las agencias de la ley para combatir crímenes vigentes de los que tengas conocimiento y otros que se te puedan asignar como un agente infiltrado o como una fuente confidencial de información?

Ni siquiera tuve que pensar lo que estaba haciendo o qué tan peligroso sería. Sólo quería salir, tener una nueva vida y posiblemente una nueva identidad para mi esposa y para mis hijos. Conocía el Programa Federal de Protección a Testigos (WITSEC) y, si era necesario, así mantendría a mi familia lejos del fuego cruzado. Acerqué la cabeza para que no se malinterpretara mi respuesta ni mi tono:

—Soy Roman Caribe. Entiendo a la perfección la pregunta y estoy dispuesto a trabajar como un agente infiltrado o como una fuente de información para el gobierno o para cualquier tarea de la que me crean capaz.

Chris sonrió y golpeó ligeramente con el puño mientras apagaba la grabadora; la colocó en su portafolio. Dijo:

—Muy bien, te explico cómo funciona esto. Necesito unos días para afinar los detalles, pero básicamente tú y tu abogado irán a la Corte, en donde te declararás culpable de los cargos de posesión ilegal de una sustancia controlada con intención de venderla, primer grado, de conspirar para cometer un crimen y cruzar estados en posesión de una sustancia controlada con la intención de venderla, primer grado; y de crimen organizado.

Todas las faltas que enumeró eran equivalentes a asesinar a un policía —no hay acusación más severa que esa—. El cargo de crimen organizado sería la excusa para ir por Inez, su dinero y su vivienda. Podrían embargarle la casa, los autos, los muebles y las joyas, lo que fuera de valor, puesto que todo eso había sido comprado con dinero sucio de mi empresa criminal. Arruinar esto era regresarla al gueto del centro de Los Ángeles, en donde, un año antes de conocerla, había aprendido a sobrevivir.

Chris me miró largamente. Estaba esperando a que aceptara; tenía que hacerlo porque yo debía estar en esto al ciento por ciento.

—Necesito que me digas que entiendes lo que he dicho hasta el momento —dijo.

—Entiendo perfectamente lo que me has dicho.

—Bien. Una vez que te declares culpable, tu caso se cerrará. Tienes que entender que esto no es una carta para salir de prisión. Tienes que trabajar.

Me dijo que tendría que ayudar para recuperar cantidades «grandes», por lo menos cuatro o cinco veces la cantidad de cocaína con la que me arrestaron, lo cual sumaba unos 120 o 150 kilos de cocaína. También mencionó que no trabajaban con decomisos pequeños, un kilo acá y otro allá; querían pesos grandes y me necesitaban para juntar esa cantidad en dos años.

—¿Tienes los recursos o los contactos para lograr esa meta?

Era una pregunta ridícula, pero no iba a confrontarlo. Desde mi celda, pude haber hecho transacciones de sesenta kilos y, después de seguirnos a mí y a Tony por dos años, él sabía eso.

Chris me explicó después que no retirarían los cargos hasta que hubiera pagado mi deuda con el gobierno de los Estados Unidos, y si me metía en problemas, como que me arrestaran trabajando para ambos lados, o si regresaba al crimen, me darían la sentencia máxima.

—¿Qué sucede?

Chris notó que algo andaba mal.

Estaba preocupado por Raúl, de lo que pudiera hacer cuando se enterara de que había cooperado. Sería un hombre muerto, le dije a Chris, y mi familia no estaría a salvo. Ni de Raúl ni de Tony.

—Relájate, Roman. Lo tenemos previsto. Raúl está en el otro lado de este edificio con el resto de los prisioneros. El rumor dice que todavía sigues haciendo de chico rudo y que hay una fianza, pero que tu abogado está trabajando en ella.

—¿Cómo podría saber eso? —pregunté.

Chris sonrió.

—Tenemos dentro a uno de nuestros agentes encubiertos con un cargo por posesión de drogas. Su coartada es que lo atraparon y estuvo encerrado contigo un par de días.

Empezaba a aprender lo brillantemente astuta que podía ser la DEA. Chris dijo que el agente le contó a Raúl que:

—Tú dijiste que tu abogado pensaba que ambos tenían un caso improcedente y que estarían fuera muy pronto. También le dio a Raúl un mensaje de tu parte: sé fuerte y no digas nada; vamos a ganar el caso. Así que ahora está presumiendo como si fuera el maldito Tony Montana. El abogado defensor sabe que no tienen nada a causa de las condiciones del arresto, así que van a tener que retirarle los cargos a Raúl. Y en realidad, es sólo cuestión de tiempo antes de que armemos un caso sólido contra él, con tu ayuda, por supuesto.

—¿Qué hay de Tony y del resto del equipo? ¿Qué les digo?

El papeleo dirá que el caso fue despachado a causa de una revisión ilegal en la RV. Además, sugirió Chris, tendría a Raúl para corroborar la historia.

—Si Tony tiene otro negocio ya listo —dijo Chris—, llámame o llama al agente de campo en San Diego y memoriza todo. Te sorprendería cuántos tipos salen de estos lugares con las tarjetas de presentación de policías. La basura de los bolsillos es lo primero que van a revisar, no importa que tan buena sea tu coartada. Después, van a revisar tu teléfono, que bien podrías tirar ahora mismo. Diles que se arruinó durante el arresto. Si encuentran una tarjeta o un número en tu celular que pertenezca a una oficina de gobierno… bueno, ¿realmente necesito decirte eso?

Tenían todo cubierto, pero no conocían a Tony tanto como yo. Una vez que te arrestaban, eras sospechoso. Punto.

Le dije a Chris que había esperado una oportunidad así por muchos años y que no los iba a decepcionar.

Chris rio y dijo:

—Lo sabemos. Hemos estado tras de ti por dos años. Hemos intentado infiltrarlos, ponerles micrófonos, vigilarlos, todo el paquete, y no habíamos podido acercarnos a ninguno de ustedes.

Se levantó y me dio la mano. Me miró a los ojos un rato.

—En serio creo que te tropezaste con este negocio y creo también que quieres ayudarnos y rehacer tu vida, pero eres el único que puede hacerlo. Ahora es tu oportunidad.

Abrió la puerta y se fue.

En una semana, todo se resolvió; mi vida se había transformado en el tiempo que llevaba ahí. Era una persona distinta —o trataba de serlo— y se sentía bien. Me devolvieron mis pertenencias y el oficial Phil Barney me escoltó a la Corte. Estaban ahí un encargado de la sala; un policía que lucía cansado, con un uniforme viejo; mi abogado, Tim Macinerny; y el juez, un hombre no muy alto, al final de sus sesenta y que parecía que había bajado en ese momento de un tractor John Deere. El encargado leyó los cargos y el juez preguntó con rapidez:

—¿Cómo se declara?

Tim dijo:

—Mi cliente se declara culpable, su señoría.

El juez se tomó unos minutos para revisar el papeleo, levantó la mirada y dijo:

—El caso se suspende temporalmente.

Azotó su mazo, se levantó y salió hacia su oficina.

Tim sacudió mi mano y me deseó suerte.

El oficial Phil Barney movió la cabeza; era un hombre de muy pocas palabras.

—Aprovecha esta oportunidad, hijo —me dijo—. Es la única que tendrás así en la vida.

Asentí con la cabeza.

Libertad

SIMULTÁNEAMENTE, NOS LIBERARON A RAÚL Y A MÍ A LAS
11:00 a.m. No me había visto, pero yo lo observaba con cuidado mientras recogía sus pertenencias de la Oficina de Bienes
Incautados. Como era costumbre, Raúl se hacía el tonto. Bai-
laba como una marioneta con uno de sus hilos rotos. Desde
mi perspectiva, parecía drogado. Asumí que había conseguido
una bolsa de meta o de cocaína en la cárcel, pues no hay ninguna que no tenga su red de narcotráfico. Se burlaba de los
policías y custodios, que, por donde se le viera, lo habían tratado bien. Entonces me acerqué. Me abrazó y empezó a gritar:

—Ahhh, *Primo*, lo logramos. Ninguna prisión puede dete-
nernos. Somos Batman y Robin. Estos tontos no saben con
quiénes se metieron.

Lo jalé cerca de mí. Le susurré al oído:

—Escúchame, drogadicto estúpido. Si dices una palabra
más aquí o camino a casa, voy a asesinarte. Si crees que se
acabaron tus problemas, estás equivocado, porque *tú* perdiste

este envío. Y cuando Tony se entere *cómo* lo perdiste, le va a costar trabajo a tu hermano Héctor convencerlo de que no te haga lo que prometió que te iba a hacer. Así que cierra tu maldita boca y vámonos de aquí antes de que pregunten por qué estás drogado. ¿Entendido?

Se calmó e hizo lo que le indiqué; recogió sus cosas, bajó la cabeza y caminó a la salida, callado como un ratón.

Nos llevaron a la terminal de autobuses con dos boletos a Los Ángeles. La RV se quedó incautada en la Oficina del Sheriff y tomaría un par de días para que terminaran el papeleo y pudiéramos llevárnosla, y no iba a esperarla. Dentro de la RV era el último lugar en el que quería estar. Éste era el principio de la separación física de mi vida anterior. Me regresaron todo el dinero que Tony me dio antes de partir, así que no estábamos condicionados por los 20 dólares que el condado de Sevier nos dio para el viaje de regreso. En realidad, anhelaba este viaje largo en autobús. Me daría tiempo para pensar, pero también para armar mi historia y prepararme para la tormenta de preguntas que con toda seguridad me arrojaría Tony. No estaría contento con el decomiso de las drogas, pero ésta era su culpa y ambos lo sabíamos. Cerré los ojos e intenté dormir, pero me ponía muy ansioso lo que estaba a punto de hacer.

Tony era en extremo cuidadoso y quién sabe qué estaría pensando sobre este arresto. Había estado con él lo suficiente como para saber que una vez que uno de nuestros mensajeros era arrestado, se le ponía en la banca por meses, mientras un investigador privado, con un sueldo muy alto, lo seguía. Si había cooperado con la policía, desaparecía de pronto y nunca más se volvía a saber de él.

Cualquier tipo de desviación o traición hacia Tony lo enfurecía más que cualquier negocio que saliera mal. Después de todo, estaba en el negocio de la obediencia y de las reglas, y sin ellas, era sólo uno más en la mira del Estado. Pero también era un bastardo sádico. Si rompías alguna de sus reglas, te usaba como ejemplo y esos horribles ejemplos mantenían a todos a raya. Y ése era el eslabón más fuerte de la organización de Tony; estaba protegido porque, incluso bajo la más dura de las interrogaciones, *nadie hablaba.*

Una vez que se disipaba la duda sobre los colaboradores de Tony, con el tiempo los regresaba al trabajo. Sospechaba que éste iba a ser su plan conmigo. Atrapar a Tony en algo ilegal, con drogas o grabarlo mientras cerraba un trato, iba a ser una tarea dificilísima, si no es que imposible. Estoy seguro de que en cuanto supo que nos arrestaron, mudó la mercancía y el dinero de emergencia a casas de seguridad desconocidas para mí. Pero yo conocía más a Tony de lo que él creía.

El regreso en autobús sucedió sin contratiempos. Una vez que las drogas dejaron de hacerle efecto a Raúl, durmió la mayor parte del viaje. Cuando despertaba por momentos, sólo me miraba, bajaba la cabeza y se acomodaba para dormir otra vez. Sabía —o pensaba— que yo estaba furioso y mis ojos se lo confirmaban en caso de que lo olvidara. Y también sabía que yo estaba dispuesto (y era muy capaz) de hacerle lo que le dije que le haría si no mantenía la boca cerrada.

Cuando llegamos a Los Ángeles a la 1 a.m., Raúl y yo nos separamos. Muchas cosas quedaron sin decirse —por ejemplo, no sabía qué le había dicho Raúl a Héctor, y qué le había dicho éste a Tony, tal vez algo para salvar a su hermano de un final horrible—, pero no podía preguntar, si no quería levantar sospechas. No sabía nada en absoluto. ¿Qué creí que haría Raúl? Asumí que iría a esconderse en un hoyo de crack durante unos días antes de enfrentar la ira de Tony. Primero, hablaría con Héctor para averiguar qué tanto era el daño y si necesitaba desaparecer mientras la situación se calmaba. Pero resultó que me equivoqué. El pequeño *junkie* me la hizo, y me la hizo bien.

En la estación de autobuses, tomé un taxi hacia Pasadena, donde vivían mis suegros. La madre de Inez, Minerrands, no tenía idea de cómo me ganaba la vida y tampoco estaba enterada de mi arresto. Creía la historia que le contamos: yo era un ejecutivo de una importante constructora. Fui a su casa porque necesitaba efectivo, en caso de que algo sucediera e Inez y los niños necesitaran desaparecer rápido. Hacía años había instalado una caja de seguridad en la casa de los Minerrands. Ahí guardaba 30 mil dólares en efectivo para emergencias y mi Mercedes 500 SEL, el cual guardó con gusto, siempre y cuando pudiera usarlo para ocasiones especiales.

Por mientras, planearía con los agentes de la DEA cómo acercarme a Tony y eliminar cualquier sospecha, un encuentro que no me emocionaba para nada.

Se sentía bien conducir un auto de lujo. Después de recoger el dinero, me subí al coche, abrí todas las ventanas y, una vez que entronqué con la Interestatal 101 sur hacia San Diego, aceleré al máximo bajo el poder de ocho cilindros; parecía que me llevaban a una existencia diferente. El aire seco del desierto llenó mis pulmones. Me sentía vivo, libre por primera vez desde que dejé Puerto Rico a los dieciocho, lo que parecía haber sucedido en otra vida. Sí, un terreno increíblemente peligroso se extendía frente a mí —los Beltrán, Héctor, Tony— y sabía que tendría que reducir los riesgos. Pero en ese momento, cerca de los 160 kph en la interestatal, sonreí. No podía esperar para llegar a casa y anunciarle a Inez que toda esta farsa en la que vivíamos por fin terminaba. Éramos libres.

Cerca de las 4 a.m., estacioné el Mercedes en mi casa. Noté que había luces en el jardín. Inez estaba en el mismo lugar que cuando empezó esta odisea unos domingos atrás: acostada en un diván, miraba hacia la piscina. Nuestras vidas habían cambiado por completo, se había cerrado el ciclo en un tiempo muy corto. Cuando la dejé, yo era un gánster americano y un narcotraficante, ninguno de los dos sabía qué nos deparaba el futuro; a mi regreso, me había transformado por completo, sería un hombre del cual podría enorgullecerme y, por dios, esperaba que ella sintiera lo mismo. Sea como fuera, estaba totalmente comprometido y no había vuelta atrás.

Me acerqué; lloraba, tenía los ojos rojos, aunque sonrió en cuanto me vio y me hizo señas para que me sentara con ella. Yo tenía miedo de que, mientras estuve fuera, se hubiera dado cuenta de que esta situación era otra más de una serie de accidentes en el sucio mundo de las drogas y que habría más, el antiguo Roman, las mismas tonterías, y que ya había sobrepasado su límite de dolor y angustia. Me resigné al hecho de que podría dejarme para siempre. Y no podría culparla si lo hiciera.

Me senté a su lado, cuidadoso de su estado emocional y consciente de lo que podía haber imaginado desde que le anuncié que me arrestaron. Se incorporó, tomó mis manos, me miró directo a los ojos y, con calma, dijo:

—Roman, me prometiste por teléfono que ya estabas fuera. Quiero que sepas que te amo y que siempre lo haré. Pero si no cumples esa última promesa —hizo una pausa y apretó mis manos un poco mientras me sostenía la mirada—, no nos volverás a ver ni a mí ni a los niños.

Era una confesión fría, calculada, y le creí.

Tenía una segunda oportunidad, una prórroga de un destino peor que cualquier prisión. En ese momento, todo lo que quería era abrazarla, sentir su calor, escuchar su corazón latir.

El ángel de la muerte

HICE EXACTAMENTE LO QUE ME DIJERON EN EL CONDADO
Sevier. Destruí mi teléfono y me aseguré de que no tenía nada
que me relacionara con ningún agente federal. Miré el teléfono de mi estudio por horas. Jugaba al abogado del diablo,
imaginaba lo que Tony, mi compañero de conspiración, mi
mentor y un asesino sangriento y sin corazón, pensaría. Las
preguntas que haría, las trampas que me pondría, la inteligente repetición de todo esto, sólo en espera de atraparme en
la más pequeña de las mentiras, la cual habría de llevarme, sin
duda, a una cámara de tortura en donde me convertirían en
un traje de piel. Las crónicas de la maldad de Tony eran legen-
darias, pero nunca me habían dejado tan sin aliento.

Tenía que convencerlo de que el papeleo que me dieron
los agentes era legítimo. *Era un caso improcedente y mi abogado nos sacó a Raúl y a mí sin una audiencia.* Si podía convencer a este brillante y conspirador salvaje, lo vencería en su
propio juego épico: la traición. Iba a ser un juego de ajedrez

tridimensional, con seis diferentes personalidades a la vez, cada una más perversa y desviada que la otra. Miré el teléfono hasta que se convirtió en un manchón blanco inanimado, con luces de ida y vuelta entre nosotros, que mi cabeza inventaba, hasta que no hubo una pregunta a la que no tuviera respuesta. Calmé mi respiración, me levanté y marqué.

Tony estaba tranquilo. Dejó que el teléfono sonara tres veces antes de contestarlo. *Guía a tu objetivo a una falsa sensación de seguridad, mátalo con amabilidad y luego arráncale el maldito corazón con tus propias manos.* Las lecciones de Tony pulsaban dentro de mí. Teniendo en cuenta la pérdida que habíamos sufrido y su irrevocable sospecha sobre mi lealtad, su actitud era animada, alegre, casi feliz de saber de mí; *sin duda, un acto.*

Tony silbó en el teléfono y dijo:

—Wowy wow, wow, mírate, ¿el hijo pródigo decidió al fin llamar? Raúl, claro, ese maldito *cabrón*, sí, esperaba algo así de él, ¿pero de ti, mi niño?, ¿en serio? —se rio—. Así que tuviste una premonición sobre el viaje y estabas en lo correcto. Creo que debí haber escuchado a mi mano derecha esta vez, ¿no?

Si éste hubiera sido otro que el diablo, habría caído en esas fastuosas mentiras, anzuelo y línea; era así de bueno por teléfono. Me pidió que nos viéramos en una de las casas de seguridad y yo sabía que él esperaba que ese sería el último lugar al que querría ir después de salir librado de cargos por drogas. Tenía que mantenerme a la ofensiva, sacudir un poco su jaula —*estoy furioso; no debimos haber hecho la entrega; nunca se debió permitir que Raúl manejara, atrapados en ese apestoso agujero de cárcel de pueblo durante un mes*—, tenía que empujarlo un poco, mantenerlo fuera de balance y fingir que no podía verlo en el lugar de su elección sin que sonara a que estaba preocupado, un signo delator de que escondía algo. Porque, mira, yo era el que estaba bajo más riesgo en esta organización, ya que era el cerebro detrás de todos los transportes. Tenía los nombres y direcciones de nuestros clientes porque, durante ocho años, los había conseguido a todos, tanto en Estados Unidos como en México. Si los policías me ponían de su lado, el negocio de Tony se iría a la mierda en una semana. Sabía cuánto me necesitaba. No tendría a nadie a quién venderle porque sin mí en las negociaciones, los clientes adivinarían con facilidad lo que había pasado: o me habían arrestado y, por tanto, vigilaban a Tony; o había confesado o me habían eliminado, lo cual también significaba que posiblemente seguían a Tony. Todavía peor para él, nadie (excepto yo) sería tan estúpido como para venderle mercancía, dado el arresto de Raúl y el mío. Y sin dinero para pagarle a los Beltrán, valía lo mismo vivo que muerto.

Pero tenía otro comodín más en mi bolsillo que quizá derrotaría a Tony «Loco» Tony: sabía dónde guardaba su dinero. Las casas de seguridad, las cuentas de banco, las cuentas fuera del país, las conocía todas y, para matar a Tony, realmente *matarlo* —arrebatarle lo que más amaba—, todo lo que se necesitaba hacer era llevarlo a la bancarrota. Y eso era exactamente lo que planeaba hacer.

A la fecha, el error más grave de Tony fue dejar de vender mercancía en la calle porque lo veía como un trabajo sucio, muy poca cosa para él, pero no dejó de estar en los tratos grandes: comprarle a los Beltrán. Verás, Tony tenía un ego del tamaño del Inland Empire, le gustaba estar en el Front

Street con los mexicanos. Eso lo hacía sentir como uno de ellos, como si fuera un pariente sanguíneo del cártel Beltrán, lo que en realidad no era, ni de cerca. Sin embargo, Tony era un mafioso cubano despiadado y rudo que podría, sin duda, pasar un tiempo en la cárcel, y tenía agallas. Los Beltrán, junto con sus acólitos, reconocían estas excelentes cualidades callejeras, su utilidad en los Estados Unidos: dinero, poder y, sobre todo, lealtad hacia ellos. Sin embargo, Tony me había encargado el departamento de ventas *menores*, el que, por cierto, generaba todo el dinero de su miserable negocio.

La coordinación entera de llevarle el producto a los clientes, así como regresarle el dinero a Tony y a los hermanos, era mi trabajo, mi responsabilidad exclusiva. Tony tenía que estar ciento por ciento seguro de que lo había traicionado para despellejarme. Tal era el objetivo de este duelo.

Tony estaba obsesionado con el espionaje, pero ahora debería estar pensando que toda agencia federal, incluida la NSA, lo vigilaba, así que en un lenguaje semi en clave (que un niño de cinco años hubiera descifrado), me pidió que nos viéramos en la casa de seguridad que compartía con María.

Tony dijo:

—Así que… un viaje largo. Vamos a platicar, ven a la panadería de María, nos tomamos un buen café cubano y hablamos de tus… *vacaciones*.

Le reviré rápidamente:

—Primero, me levanté a las cuatro de la mañana y estoy un poco cansado, como te puedes imaginar. Estoy también un poco furioso por las súbitas, por favor, no te lo tomes a mal, no quiero ser grosero, y *maravillosas* vacaciones que tú *insististe* en que tomara, bueno, digamos que la gente allá era un poco bruta y, en una pelea, mi celular se rompió. Y por cierto, el supuesto hotel de cinco estrellas era más bien un hoyo de crack en el maldito Puerto Príncipe.

Hubo un largo silencio en la línea; sabía que estaba evaluando cada palabra que dije. Entonces:

—Estás cansado, *Chico*. Lo entiendo —dijo, con un ligero temblor en su voz.

Estaba feliz porque lo había sacado de balance un poco. Si hubiera estado muy alegre y tranquilo, habría sabido que lo traicioné. Esta llamada marcaría el tono de nuestra junta y, sin lugar a duda, cómo y cuándo me mataría. Esto era parte del ritual de Tony y lo disfrutaba. Decidir el destino de un hombre con una sola llamada.

A pesar de que grandes dosis de adrenalina corrían por mis venas y de que temblaba como un becerro recién nacido, hice algo que todavía estoy aprendiendo a hacer como infiltrado: actuar para salvarme, parecer cansado, derrotado, con la cantidad justa de mala actitud.

—Tony, no he dormido bien en las últimas semanas y no estoy exactamente de humor para manejar hasta la panadería. ¿Es una broma? En serio, hombre. Estoy muy cansado. Vamos a vernos en un punto medio.

«Punto medio» significaba un Denny's a quince minutos de mi casa, un restaurante muy concurrido dentro de un centro comercial. Ni siquiera Tony «Loco» Tony estaba tan loco como para golpearme en la cabeza, cubrirme la cabeza y secuestrarme a plena luz del día. ¿O sí?

Si insistía en que fuera a la panadería, entonces sabría que, de aceptar, caminaría a mi propia muerte. Y entonces, tendría que seguir con el plan B, advertirle al equipo de la DEA en San Diego y pedirles protección, llevar a los niños y a Inez a casa de su madre y de alguna manera reunirme con los agentes, a quienes no conocía y de quienes no sabía sus verdaderas intenciones o si realmente podía confiarles la vida de mi familia, todo esto mientras intentaba desesperadamente que Tony no me localizara ni me siguiera.

Después de una pausa agonizante y larga, dijo:

—No, *poppy*, tienes razón, tienes razón. Te estoy pidiendo demasiado. Sé que hiciste un viaje muy pesado. Suena bien eso, digamos, ¿en una hora?

—Perfecto. Y gracias, en realidad estoy cansadísimo, mi hermano.

Estoy seguro de que él pensaba lo mismo que yo; no puedes quitarle las manchas a un leopardo.

Antes de colgar, me dijo rápido:

—Por cierto, el papeleo del viaje, todavía lo tienes, ¿cierto?

Se refería a los reportes de arresto y a las cartas entre mi abogado, la oficina del fiscal, el juez y el departamento del sheriff; el reporte que lo salvaría de tener que pagarle a los Beltrán por la droga confiscada, pero también el documento que estudiaría con muchísima atención para encontrar alguna inconsistencia.

Ya estaba vestido y, después de poner en mi tobillo mi Glock 17 —una horrible y semiautomática pistola ilegal con 17 balas huecas, calibre .45, y con la fuerza para detener a algún escapista—, me dirigí a mi auto. Necesitaba llegar al Denny's de inmediato. Tenía que estar ahí antes que él sólo por si me equivocaba y tenía planeado ejecutarme en el estacionamiento; después, Tony mandaría a alguien a revisar los bolsillos del hombre muerto —*los míos*— para que le llevara los papeles del decomiso y pudiera quitarse a los Beltrán de encima, dos pájaros de un tiro, cuchillo, garrote o mazo. Preví ese atentado llegando antes y me senté en nuestra mesa habitual, que tenía una perspectiva ventajosa del estacionamiento completo. Podía ver a todo el que entrara o saliera. Si notaba algo, aunque fuera un poco sospechoso, regresaría al auto, estacionado muy cerca de la salida de emergencia.

Era un gran riesgo cargar la Glock: los federales me habían advertido que si me metía en cualquier problema, regresaría a la cárcel, el trato del siglo se cancelaría y eso significaría veinte años en un hoyo en alguna prisión federal; pero no tenía opción. Necesitaba protegerme de Tony.

* * *

Estaba en nuestra mesa usual, rechacé el café y me decidí por un té de hierbas, que la mesera trajo con una sonrisa al mismo tiempo que vi el Cadillac Sedan de Ville 1978 de Tony, morado brillante y restaurado, entrar con lentitud al estacionamiento. Ningún auto entró antes; ninguno después. ¿Realmente habría venido solo?

La mesera preguntó:

—¿Algo más, señor?

Estaba atento al estacionamiento y a esa *lancha del amor* que acababa de entrar; sudé por todos los poros de mi cuerpo. Era hora. Todo se decidiría en esta reunión: ¿viviría para ver otro día o Tony «Loco» Tony sería fiel a su espíritu, perdería los estribos, me haría un agujero en la cabeza y mi cerebro gotearía sobre el pan danés que el caballero detrás de mí acababa de ordenar? Mis manos comenzaron a temblar. Enseguida, las junté para calmarlas. Noté un cuchillo sobre la mesa, con rapidez lo desenvolví de su servilleta y lo puse debajo de mi muslo izquierdo mientras mantenía las manos cubiertas por la mesa. Alcé la mirada por un segundo y me di cuenta de que la mesera, aterrorizada, había visto todo este extraño episodio. La miré a los ojos, sin saber qué decir. Escuché las palabras roncas que salían de mi garganta seca.

—Estoy bien, estoy bien, el té es todo lo que necesito, gracias.

Antes de que se marchara, de manera muy obvia, coloqué de nuevo el cuchillo sobre la mesa y fingí que lo limpiaba a fondo con la servilleta.

Ella se fue con premura, aunque me sentí un poco más cómodo sabiendo que estaría observando con cuidado al loco con Tourette en la mesa de la ventana; si Tony decidía perder la cabeza, ella llamaría de inmediato al 911. No es que eso importara, porque ni los policías ni ningún superhéroe de cómic podría detener una bala hacia mi cabeza. Eso, si es que no podía adelantarme a Tony.

Tony no decepcionó en el restaurante; las miradas se posaron rápido en él mientras caminaba como un rey al conocer a sus bufones. Estaba vestido como Robert Plant hace veinticinco años. Traía un sombrero vaquero blanco de ala ancha, con una cinta irisada y una pluma de pavorreal al costado. Al centro de su ridículo sombrero, portaba cruzadas dos pistolas calibre .45 de oro de tres pulgadas; pantalones beige, acampanados, lo cual, sabía, era para tener las armas a la mano. La hebilla dorada de su cinturón, del tamaño de una bandeja para pavo, tenía diamantes, rubíes y zafiros incrustados en la forma de una bandera cubana. Además de todo esto, vestía una camisa de seda morada con tiras lavanda, desabotonada hasta el inicio de su enorme estómago, botas café de terciopelo —que posiblemente tenían un «aguijón», una calibre .25 de cinco tiros y un cuchillo—. Recuerdo la primera vez que lo vi prepararse; me sorprendió cuántas armas cargaba.

—Nunca sabes, *hermano*, ¿qué pasa si eres tú contra cuatro *pandejos*? Siempre debes estar preparado para eso, papi.

Al ver a Tony entrar a este tranquilo restaurante familiar, la mesera se acercó a la *hostess* y le susurró algo.

Tony se detuvo al lado de la mesa, abrió los brazos y sonrió de oreja a oreja. No se iba a sentar hasta después del abrazo de rutina para buscar micrófonos.

Me levanté, lo abracé y, de una manera poco velada, esas enormes manos callosas se movieron con habilidad por mi espalda y mis costados; después, me palmeó el pecho y empezó a tocar mi estómago como un padre cuidadoso.

—*Poppy*, te ves delgado. La comida ha de haber sido asquerosa, ¿eh?

Me revisó el frente, la espalda y los costados en cuestión de segundos. Estaba limpio, eso era seguro. Se dejó caer en el asiento, sin preocuparse por la familia sentada junto a nosotros. Los vi saltar un segundo en sus asientos, pero ninguno se atrevería a enfrentarlo más que con una mirada de desprecio. De hecho, todos en el restaurante, después de un vistazo al colorido narcotraficante, se ocuparon de no cruzar miradas con él. No sólo su ridícula vestimenta había desviado las miradas, sino la demostración de arrogancia, su condescendencia hacia las personas trabajadoras.

Su comportamiento me molestó. Algo se agitaba en mi interior y contradecía mis instintos naturales de supervivencia. Sabía que me mataría en el acto si le faltaba al respeto o me mostraba desleal; él había asesinado, por mucho menos, a hombres *y mujeres* que había conocido de mucho más tiempo que a mí. De hecho, los diecisiete años que pasó tras las rejas fueron a causa de que lo atraparon con su pistola favorita, la cual había sido ligada a algunos de esos asesinatos. Así que tenía que ir con cuidado para enmascarar el desprecio que ahora sentía por él, pero mostrar suficiente seguridad para que se olvidara de todo este asunto de la traición.

¿Cómo me había permitido caer tan fácilmente en las garras de este animal salvaje? Sí, necesitaba el dinero el día que acepté mi primer trabajo de contrabandista, y después, cuando hubo más dinero, me gustaron las posibilidades que me daba. Pero en algún punto, se me olvidó dejar esa vida. Tony no se merecía la compañía de estas personas decentes, que habían salido por la tarde con sus amigos, sus colegas, sus parejas. Sin duda alguna, el lugar de Tony estaba tras las rejas. La ironía de esta situación no me pasó desapercibida. Empecé a trabajar con él para hacer suficiente dinero y un día convertirme justamente en estas personas a las que él tanto detestaba. Y ahora era claro como el agua que tenía que eliminar a Tony como el perro rabioso que era. Porque si no, mi familia podría ser asesinada por su despertar destructivo. Tony era cauteloso y listo, y su única lealtad era a su dinero y a sí mismo.

La mesera, paralizada por el miedo, nos ofreció un menú a dos extraños e intimidantes hombres; uno, un desastre tartamudo; y el otro, un torpedo travesti que parecía salido de un concierto de *glam* de los setenta.

Le pregunté tranquilamente a Tony:

—¿Tienes hambre?

Me miraba con intesidad a los ojos, con la misma sonrisa; después de un momento, negó con la cabeza.

Dejé ir a la pobre mesera. La miré y también negué. Lo que quería decir era: *estamos bien, sin menús, y mientras te mantengas alejada de esta mesa lo más posible, tú también estarás bien.*

Le di un trago a mi té y miré a Tony. Desde que empezó nuestra reunión, el miedo se había disipado poco a poco y la emoción me llenó de la misma manera que en el condado Sevier, la misma chispa eléctrica que había sentido mientras le contaba mi secreto a Chris, el agente de Aduanas.

Voy a arruinarte, pensé.

Esperaba estar presente cuando Tony se diera cuenta de que siempre había sido yo y que había perdido su oportunidad de acabar conmigo, el único hombre que podía hacerle tanto daño, el joven sherpa que lo había guiado a los riscos helados de montañas enormes y que, justo antes de llegar a la cima, lo había aventado al vacío.

Tony puso sus manos muy cerca de mi rostro. Me recliné en la cabina; ahora estaba a cargo. Dije:

—¿Qué? ¿Tu manicura? Brillante, como siempre, muy bonita, Tony. Tiene algo de puntas francesas; *très cosmopolitan.*

Tony negó con la cabeza y movió los dedos como si estuviera llamando a un niño.

—Tony, no estoy para juegos. ¿Qué quieres?

—El papeleo, tu cartera y tu teléfono —dijo rápidamente.

Me sorprendió con la guardia baja cuando preguntó por el teléfono; le había dicho que se había arruinado durante el arresto. ¿Por qué me lo pedía? Estaba seguro de que Raúl no me había visto con él en el autobús de regreso, así que ni bajo la peor de las torturas me podría haber delatado; a menos que mintiera, lo cual no era difícil de imaginar.

Me detuve y tomé una carpeta bajo el asiento. Se la entregué. Él no la miró, pues obviamente esperaba mi cartera y mi celular.

Me incliné hacia Tony y fingí una mirada de *¿es una maldita broma?* Después de un momento tenso, simplemente sacudí la cabeza, saqué mi cartera y se la entregué.

Dije:

—¡Tony! No tengo teléfono, ¿recuerdas? Te dije que lo había perdido, se averió durante el arresto.

Abrió mucho los ojos.

—¿Crees que no me han arrestado antes, *Daddy*? Te regresan tu teléfono, es tuyo, no importa si está roto o no, todavía tiene la tarjeta SIM. Una vez que te liberan, lo recuperas, ¿por qué te pones nervioso de dármelo o lo que sea que quede de él? —Se inclinó hacia mí, como si bromeara, aunque esto no era ninguna broma—. ¿Estás ocultando algo?

Su sonrisa era perturbadora, enferma, con sus caninos dorados que, como de costumbre, brillaban bajo la luz fluorescente. Quería quemarlo con un lanzallamas.

Escondí mi teléfono en uno de los compartimentos secretos que había colocado en el piso de mi Mercedes, una modificación hecha con resortes eléctricos, escondida bajo el auto con una puertecilla de acceso bajo el tapete del asiento del conductor.

—¡Claro que me lo regresaron! ¿Pero en serio crees que soy tan estúpido como para conservarlo, funcionara o no? ¿O que conservaría esta maldita tarjeta SIM? ¿Cómo sé que no la intervinieron mientras estuve encerrado o si no le colocaron algún dispositivo de rastreo o, peor, un nuevo dispositivo de escucha?

Traté de ocultar la sonrisa que florecía dentro de mí.

Continué; necesitaba dejar esto bien claro.

—Como ves, por eso, hasta este desastre mayúsculo, que, desde el principio, dije que sería un desastre, nunca he estado en la cárcel ni un solo día, porque estoy no un paso adelante de todos, sino *tres*. Así que al diablo con ese teléfono. Y al diablo contigo por la acusación. ¿Crees que estoy trabajando con los honrados policías de Sevier, Utah? ¿Es una maldita broma?

Tony se inclinó hacia mí, su sonrisa de huno desapareció, sus labios sádicos temblaban bajo su bigote, que se movía involuntariamente hacia atrás y hacia adelante. Lo tenía. Lo había creído. Rezaba para que el papeleo fuera tan bueno como mi mentira.

Tony dijo, casi susurrando:

—Sí, tres pasos adelante de todos, eso es lo que me temo.

Respondí:

—Ah, de repente, ¿porque soy cuidadoso soy el malo? Mi cautela nos ha dado mucho dinero a lo largo de los años. También nos mantuvo fuera de prisión, en caso de que se te olvide —hice una pausa dramática; fingí detenerme, aunque no por completo, frente a sus acusaciones—. Y realmente no entiendo a dónde quieres llegar.

Tony sacó un estuche cromado, que tenía unos anteojos para leer; con cuidado, los desdobló y se los colocó sobre la nariz.

El cuero gastado del asiento crujió con cada uno de sus movimientos. Analizó los documentos y buscó cualquier detalle sospechoso. Sabía que esto era de vida o muerte. Él no me dejaba ver si algo de lo que leía le molestaba ni me daba alguna pista de que había encontrado alguna discrepancia entre la ley como él la conocía y los documentos; no todavía.

Sombríamente calmado, Tony me miró a los ojos a través de sus anteojos lavanda. Preguntó:

—Lo que no entiendo es cómo te atraparon con treinta kilos de cocaína pura y sólo los *dejaron* ir sin fianza a ti y a ese estúpido. Eso es lo interesante para mí.

—Bueno, déjame despejar cualquier duda o *acusación* que estés cocinando en tu cabeza. Primero, no nos *dejaron simplemente ir*. Tomó tiempo. Por si se te olvidó, estuve en una prisión federal durante *semanas*. El policía que nos detuvo, Phil Barney, al parecer es una bala perdida y piensa que es un superagente y un creyente, no acata muy seguido las reglas, y algunas personas arrestadas por este superpolicía han demandado al estado. Sin importar qué haya encontrado, es fruto de árbol envenenado. No tenía motivos para entrar a la RV, su vida no estaba amenazada, no había peligro inminente, nada. Sólo decidió revisarla y, entonces, sin una orden de cateo, descubrió ese *increíble escondite* que entre tú y, supongo, Raúl planearon, porque hasta un niño de cinco años lo habría encontrado.

¡Wham! Ya en su límite, Tony azotó el puño contra la mesa, enviando al suelo cubiertos, mi taza de té y paquetes de azúcar. En este punto, los comensales pedían discretamente sus cuentas, dejaban sus platos a medio comer y salían sin hacer ruido de este restaurante, que pronto se convertiría en una escena del crimen.

Tony me señaló con un dedo y gritó, como una rata atrapada.

—¿Me estás culpando? ¿Quién te dijo que te tomaras una siesta de un día, maldito? ¡Estabas en este trabajo para vigilar a ese *maricone*! ¿Te olvidas de repente de quién es el patrón y quién el empleado? ¡YO, yo soy el maldito patrón, YO! —Acercó su dedo grueso y tembloroso tanto a mi rostro que percibí su olor a nicotina—. No me culpes porque te descuidaste. Era tu trabajo supervisarlo. Tenías razón, no debimos enviarlo solo, porque en apariencia, durante quince malditas horas, ¡*estuvo* solo!

La mesera ni siquiera intentó acercarse a la mesa. Tenía que enfriar lo más posible esta situación o, si no, la reunión se movería a otro lugar y tenía miedo de lo que Tony me hiciera en el momento en que estuviéramos solos. Tranquilo, recogí las cosas del piso.

Después de un momento, continué con cautela:

—Tony, el juez sabía que era un arresto improcedente y mi abogado amenazó con que si no me liberaban en el acto o si no me retiraban los cargos a causa de la negligencia del sheriff, demandaría al condado por encarcelamiento injustificado —señalé los documentos, que todavía temblaban en su mano—. Léelos; ahí está todo. Esto se terminó sin siquiera una audiencia. El caso está cerrado.

Tony reflexionó sobre eso, en calma aparente, y por fin asintió con la cabeza. Se quitó los anteojos lavanda, los dobló con lentitud y los colocó de nuevo en la simpática cajita de cromo.

—Suertudo, ¿eh? Ésa es buena. ¿Sabes qué le contó Raúl a Héctor y luego Héctor a mí?

Aquí estaba, la vida o la muerte, los disparos y la huida infernal.

No esperó mi respuesta.

—Me contó que estabas cooperando y que por eso te dejaron ir sin fianza, que por eso retiraron los cargos. ¿Por qué me diría eso?

Esa rata debía saber que yo le iba a contar a Tony que *de hecho él* había tratado de pactar con los federales, llevó más allá su duplicidad yendo a Detroit para vender la mercancía y, en el proceso, arruinar nuestros contactos canadienses con los italianos. Me di cuenta del grave error que había cometido. Debí advertirle a Tony desde que entró. Ahora, por primera vez, estaba contra las cuerdas.

Mi única opción era apelar al odio malévolo de Tony. El odio que había soportado durante años. Tenía que darle una razón para matar a ese *junkie*, destinado a la condena. Si lo lograba, Raúl tendría una muerte muy poco benigna y, aunque había intentado que yo sufriera un destino similar para cubrir su espalda, me sentí terrible al mandarlo a un final así. Necesitaba recordarme a mí mismo que ya no tenía opciones. Era él o yo.

Bajé la cabeza y la moví lentamente. Me empecé a reír.

—¡Esa rata *junkie*! —dije—. ¿En serio crees que fui yo quien trató de negociar? ¿Desde hace cuánto nos conoces a ambos? Piénsalo un segundo. ¿Y si tuvieras que elegir cuál de nosotros intentaría una maniobra tan ridícula y estúpida? Porque, más allá de lo obvio, ¿por qué lo haría yo, si sabía que el caso era improcedente? No tiene sentido. Si yo hubiera ido a vender el material, *¡lo hubiera vendido!* No. Raúl jugó a los dados porque es un adicto idiota. Por eso nos separaron desde el principio, desde que llegamos, divide y vencerás. ¿A quién tratarías de convencer? ¿A él o a mí?

El color del rostro de Tony cambió lentamente de rojo a blanco. El deseo que tenía de aplastar a Raúl como a un insecto era tan vehemente que le impedía pensar claro. Empezó a temblar de nuevo. Estoy seguro de que planeaba millones de formas para torturar a Raúl —y con toda posibilidad a Héctor— por haberle mentido.

No lo detuve. Necesitaba manipular por completo el engranaje asesino de la cabeza de Tony, el cual, una vez en su lugar, no se detendría.

—Tony. Mira los documentos: cuando me preguntaron si quería hablar sin la presencia de un abogado, ¿qué dice la declaración? —no me contestó; sólo miraba fijamente sus manos temblorosas—. Dice que, después de que al sujeto se le leyeron sus derechos Miranda, se negó a hacer declaraciones sin la presencia de un abogado. Te apuesto mi Mercedes allá afuera a que no sólo no has leído el papeleo de Raúl, sino que tampoco has visto u oído de él. Tan seguro como que estamos aquí sentados, Héctor no te entregó el papeleo de Raúl. ¿Qué te dice eso? ¿Y sabes qué?, te van a dar una excusa estúpida: que Raúl perdió los documentos o que los botó porque el caso era improcedente. Pero déjame ir un paso más allá. Ese maldito confesó.

Tony levantó la cabeza. Sus ojos eran salvajes, como los de un basset houd al seguir la pista de un zorro; con el hocico inspeccionaba el aire denso, listo para localizar, asegurar y sacudir a su presa hasta romperle el cuello.

—¿Qué quieres decir? —su voz sonaba lo más cercano a desesperación que jamás le había oído.

—Como dije, nos separaron desde el arresto hasta que nos liberaron. Me mantuvieron segregado en ese agujero y a ese idiota lo mezclaron con el resto de los presos. Lo identificaron como el tipo de payaso que hablaría de más —ahora estoy seguro— con soplones en la prisión o, peor, con agentes encubiertos. Desde mi celda, podía ver las oficinas externas. Y a quién vi salir caminando, sin esposas y rodeado de unos tipos que sólo puedo describir como trajes con actitud, y no del tipo de trajes que puedes conseguir al lado de mangueras para jardín en Sears. No, éstos eran federales.

Los ojos de Tony iban y venían como láseres en algún *rave* lleno de droga; ya no desconfiaba de mí, sino de él mismo por no haber eliminado este problema desde mucho antes. Dijo:

—¿Y decidiste darme esta *pequeñísima* información hasta ahora? ¿No anoche, no justo cuando llegaste, ni siquiera un avance al teléfono esta mañana?

Negué con la cabeza.

—Ya no confío en los teléfonos. ¿Anoche? ¿Cuál habría sido la diferencia? Eran las cuatro de la mañana cuando llegué. Y en el momento en que entraste aquí, me señalaste como si fuera yo una mula novata y no hubiera tenido papeles para justificar que no se hizo la entrega.

—¿Regresó a la prisión? ¿Te dijo si habló?

—No tenía que hacerlo. Los agentes me lo dijeron. Después de que lo vi salir con esa pandilla de *boy scouts*, pregunté y me dijeron que sabían todo sobre la entrega. Lo más loco fue que él trató de venderle directamente a nuestros socios *italianos* en Detroit.

—¡Italianos! ¿Es una maldita broma?

Tony puso el rostro entre sus manos; como dos grandes cocos, sus enormes puños palidecieron mientras los apretaba, expulsando la sangre de ellos, con las venas pulsantes en sus poderosas muñecas y antebrazos.

—Mira, Tony —dije con amabilidad—. Las buenas noticias son que fue un desastre total. Volaron con él hacía allá y no pudo encontrarlos; eso es lo que me dijeron mis contactos. Hasta donde yo sé, todavía no daña nuestras relaciones. Lo que habrá dicho sobre nuestra organización, sobre México, de eso no tengo idea.

—Así que por fin tuvo una oportunidad para arruinarnos y lo hizo. Te juro que voy a poner una recompensa de ciento cincuenta mil por él ahora mismo. Vivo.

—No puedes, Tony. Él está en el sistema y lo tienen vigilado. A mí también. Necesitamos alejarnos por un rato. No saben nada de ti, a menos que ese idiota te haya delatado, pero eso significaría entregar también a Héctor y, para serte honesto, Tony, no creo que entregue a su propio hermano.

De nuevo, gritó:

—¡El tipo es un adicto al crack, delataría a su madre por una piedra de diez dólares!

El restaurante estaba casi vacío. Tony solía vaciar restaurantes y clubes, pero sólo después de tomarse algunos whiskies y poco más de cinco gramos de su propio producto. Noté que el encargado y unas cuantas meseras se amontonaban en una esquina, nos miraban ocasionalmente para saber qué hacíamos. Si venía la policía, eso sería un grave problema, porque yo cargaba un arma y estoy seguro de que Tony también.

Nos sentamos tranquilos. Para mí, era un hecho que Tony sólo pensaba en qué iba a hacer con Raúl para vengarse, pero también cómo le iba a pagar a los Beltrán por el envío perdido, el que debía pagar también por *la otra deuda*, la que Héctor colgó en su cuello como un nudo de ahorcado.

Estaba preocupado porque los empleados del Denny's, al ver que su clientela se evaporaba a causa de los gritos y malas palabras de ese loco, podrían llamar al 911 para intentar salvar lo que quedaba del día. Eso significaba un inevitable arresto y notarían la pistola en mi tobillo, por lo que se acabaría mi oportunidad de empezar una nueva vida.

—Escucha, vámonos de aquí, Tony. Creo que ahuyentamos a la mitad de la gente y alguno de ellos podría haber llamado a la policía. Vamos a caminar y hablamos de nuestro siguiente paso.

Tony estaba hecho un energúmeno. Se levantó y miró a la multitud de empleados, ahora estaban en un rincón de la cocina. De repente, todos miraron hacia otro lado y, sospechoso para un Denny's, empezaron a prestarle mucha atención a la comida.

Con su mejor imitación de Tony Montana, comenzó a caminar hacia la salida. Sacó dos fajos de cuatro centímetros de ancho de su bolsillo y arrojó un billete de veinte sobre su hombro, luego otro y otro, hasta que salió del restaurante, uno al que yo ya nunca regresaría. En voz muy fuerte, dijo:

—¿Qué? ¿No podemos tener una maldita conversación? ¿No somos bienvenidos aquí? ¿Restaurante familiar? *¡Mi puto culo, ha! ¡Chúpame el bicho!* Ustedes, malditos, están en camino a los incineradores, pero todavía no lo saben, *¡pedazo de minerrands!* Pueden ir a joderse a ustedes mismos, morirse en vida aquí, ganando centavos. *¡Bunch'a puta pendejos!*

Lo seguí con la cabeza baja.

Caminamos como tres cuadras, lejos de cualquier policía que pudiera llegar al restaurante. Tony estaba confundido. Ya no tenía ese aire salvaje al caminar, esa sensación de invencibilidad.

¿De verdad estaba Tony preocupado?

Tenía muchas razones para estarlo. Ahora era un hombre sin protección. Una vez que su pandilla descubriera que lo vigilaban, todos dejarían el bote como las ratas que eran. Una vez que supieran que los Beltrán desplegarían un ejército de máquinas asesinas fanáticas para acabar con Tony y los que trabajaran con él, abandonarían el estado, incluso el país.

En el momento en que vi preocupación en el rostro de Tony, supe que yo estaba hecho para mi nueva vida.

Tony aceptó que nos distanciáramos un rato. Dijo que tenía que vender algunas de sus propiedades para pagarles a los Beltrán y luego explicarles que la situación era complicada y que necesitaba mantener un perfil bajo durante un tiempo.

Fingí pensarlo dos veces —*si este barco se hunde, me quedo en él con el capitán*, o alguna tontería así—. Pero entonces dijo algo que me dejó helado.

—Escucha, *poppolitto*. No podemos confiar en estos… *policías* —escupió las palabras como si fuera un trago de veneno caliente—. En especial en estos *putas* que viven de la asistencia social para los blancos, todo para andar con una maldita *placa y pistola* —escupió en el suelo—. No confío en que no vayan con un juez, que no te acusen de otras cosas y te den treinta años. ¿Qué te parece esto? Los Estados Unidos no tienen tratado de extradición con México. Cometimos un error enorme con los Beltrán, pero siempre les has agradado. ¿Qué te parece si te doy 125 mil dólares para que te mudes allá, luego te envío otros 250 mil una vez que estés establecido y de la deuda que tengo con los Beltrán no te preocupas? Te perdono eso.

¿Me estaba cobrando a *mí* el dinero que *él* debía? Quería reírme.

Continuó:

—Así, te conviertes en nuestro contacto allá, envías el material a través de la frontera. A los Beltrán les gustará ese trato, *¿sabe?* Perderían menos envíos en el cruce…

Levanté las manos.

—Espera un minuto, Tony. ¿Y mi familia? No quiero criar a mis hijos en México. Además, no somos ciudadanos mexicanos, tendríamos que vivir entre sobornos y la relación que tienen los Beltrán con el gobierno. Eso podría cambiar tan rápido como el viento, y lo sabes.

—Cuidaré de Inez y de los niños —dijo, con el tono de un abuelo fraternal, el patriarca de la familia que tanto cuidaba.

Mi sangre comenzó a hervir. Incluso en este punto, el idiota seguía tramando. Inez siempre sospechó que Tony sentía algo por ella y ahora ni siquiera intentaba ocultarlo. Tenía que hacerlo pensar que mi decisión de quedarme era una decisión razonada, con las ventajas y desventajas bien claras.

Me giré, fingí considerar su plan. Me sorprendió lo ingenuo que Tony me consideraba y eso encendió más la furia dentro de mí.

Después de una pausa larga de falso análisis, negué lentamente con la cabeza.

—Inez nunca estaría de acuerdo. Ella querría venir conmigo y llevaría a nuestros hijos. No voy a someterla a una vida en el infierno. Tenemos que salir de esto. El abogado que conseguí es un exfiscal y me aseguró que el caso está cerrado. No van a perseguirnos a ninguno de nosotros con algún cargo *nuevo*; es sólo tu paranoia. No tienen nada contra nosotros. Vamos a estar bien, ¿*okey*? Contacta a los Beltrán en este momento y entrégales los documentos. Diles que vamos a estar fuera sólo unas semanas. Voy a investigar con mi abogado si los federales tienen algo en nuestra contra. Necesito saber si Raúl les dijo algo. Pero, Tony, *no* asesines a Raúl. Si lo haces, van a interrogarme a mí por eso y, después de este arresto, ¿realmente necesitamos un cargo de asesinato sobre nuestros hombros? Sólo cálmate, habla con Héctor, investiga si sabe algo de Raúl. Te contactaré en un par de días.

Tony cedió. ¿Qué otra opción tenía?

Empezó a alejarse y, de repente, se giró hacia mí emocionado.

—Roman. ¡Por Dios! Tengo una idea para recuperar algo del dinero que le debemos a los Beltrán sin tener que sacarlo de nuestros bolsillos y, además, nos dará algo de tiempo. Carajo, *maricone*, ¿por qué no había pensado en esto?

Supe que cualquier idea que estuviera tramando en su cabeza, cual si fueran tornillos y clavos sueltos, no iba a ser fácil ni de recoger ni de transportar, o iba a ordenarle a uno de nuestros choferes que lo hiciera. Pero me alegró que estuviera listo inconscientemente para cavar su propia tumba. Otra vez confiaba en mí y yo lo tenía en la palma de mi mano, por ahora.

Me hubiera reído de su propuesta loca, y luego llorado, si una idea genial no hubiera surgido sola detrás de lo que sólo podía describir como la propuesta más estúpida jamás dicha; y Tony «Loco» Tony hacía muchas de ellas. Me dijo que, hacía tres días, un auto fue confiscado en la frontera de San Ysidro y encontraron algunos kilos de cocaína pura en las bolsas de aire; sin embargo, faltaban otros treinta kilos, que estaban escondidos adentro de los neumáticos traseros del viejo Nissan Sentra. Quería que juntara un equipo, saltara la cerca del edificio fuertemente militarizado y recuperara la cocaína.

El puerto de entrada de San Ysidro conectaba San Diego con Tijuana, México, y era, por mucho, la frontera más vigilada *del mundo*.

Tony rio; regresaba a su faceta maniaca, los movimientos de manos bruscos, el abrazo emocionado y la sacudida de mis hombros. Ahí estaba yo, Roman, su hijo sustituto de nuevo, el único en el que confiaba lo suficiente como para iniciar esta misión suicida.

Le dije a Tony que necesitaba vigilar el área y armar un plan.

—Creo que sé cómo hacerlo, pero no es tarea fácil. Necesito escoger a mis hombres. Dile a los Beltrán que lo intentaremos.

Me abrazó y dijo:

—Vamos a estar bien, Roman. ¡Estamos juntos de nuevo y nadie nos puede detener!

Tony empezó a bailar lentamente, como si bailara swing en una película de gánsters de los setenta.

Me reí, retrocedí y dije:

—Empezaré con esto. Estamos en contacto.

Fuimos por rumbos distintos. Miré sobre mi hombro, y vi que el tonto seguía bailando en la calle. No había una diferencia marcada en la psique de este hombre entre la locura y la cordura. Tony vivía con un falso sentimiento de seguridad que se basaba en su delirio, lo que lo hacía incapaz de temerle a algo. Pero como aprendí en mis dos décadas de infiltrado qué les sucede a todos los maleantes, todas estas personas con ese sentimiento de seguridad, que vivían en el peligro y en medio de drogas —por lo menos, a los que delaté—, caían a causa de su complacencia.

Recibí una llamada de Tony esa misma noche. No quería descolgar, pero tenía que fingir que estábamos bien y que en realidad planeaba el golpe más irresponsable de la historia de los atracos. Pretendí que la llamada me despertaba y dije con una voz ronca:

—¿Hola?

Murmuró algo. Supe que estaba drogado con su propio material.

—Roman, *poppy*, ¿te desperté? Oh, hombre, lo siento, *daddy*, no desperté a los pequeños *mejos*, ¿verdad?

Tony me mostraba mucho amor y cariño cuando tenía cocaína y bourbon en el cuerpo.

Bastante emocionado, no me dejó contestar.

—Sólo quiero que sepas que eres el único en quien confío y tú eres el encargado de esta operación que nos va a sacar de todas estas tonterías. Voy a retirarme un poco y relajarme, salirme poco a poco, ¿sabes? ¡Ya estoy muy viejo para esto!

Rio, arrastró algunas palabras y volvió a reír. Aclaró su garganta y continuó:

—Escucha, sobre nuestro plan allá en Ysidro. Bueno, hablé con los hermanos sobre eso y no creyeron que fuera muy buena idea, así que lo vamos a dejar de lado durante una temporada.

Y sin avisar, colgó.

Quemando la casa

Durante los dos días siguientes, esperé en casa a que mi teléfono sonara. A pesar de que Tony había creído todo lo que le dije, era —siempre— impredecible. Y también tenía que lidiar con Héctor. Con la información que le di sobre Raúl, sabía que Tony lo quería muerto. Pero, con certeza, Héctor no me iba a permitir enviar a Raúl a una muerte prematura. No es necesario decir que mientras esperaba la llamada de los federales, dormí en la habitación de la planta baja, armado con tres pistolas y muchas balas.

Y entonces, sonó el teléfono; uno de los desechables, de los que Tony no sabía nada.

El mensaje codificado que iba a recibir, del cual me contó Chris antes de que abandonara el condado de Sevier, era fácil de recordar. Un hombre llamaría de parte de un banco en San Diego, que era la señal de que hablaba con un agente de Aduanas de la oficina de San Diego. Después, me diría que había un problema con una de mis cuentas de banco. La cuenta iniciaría con dos ceros, luego la dirección; después, me daría su nombre, que era la calle donde nos reuniríamos y, finalmente, me preguntaría si era un buen momento para llamar, me daría una hora, que sería la hora de nuestro encuentro.

Apunté toda la información y a las once de la mañana me dirigí hacia San Diego.

Partí dos horas antes de lo que por lo común lo haría para revisar si alguno de los investigadores privados, un sicario de Héctor o, peor, un auto lleno de ellos me seguía. Una vez que estuve seguro de que no, me dirigí al vecindario de San Diego, Ciudad Nacional —o, como era conocido, «Ciudad Nefasta»—, para encontrarme con el agente, extrañamente, en otro Denny's. Lleno de maleantes, hombres y mujeres buscados por la ley, prostitutas en la calle, delitos en proceso y *dealers* con cualquier material imaginable; el lugar se sentía como una fortaleza con más armas ilegales que las que todo el Departamento de Policía de Los Ángeles tenía en su arsenal; era un paraíso gánster. Había cerrado muchos tratos en este vecindario y *siempre* venía armado.

Estacioné mi auto en el techo de un estacionamiento cubierto, a cuatro cuadras del lugar de la reunión. Quería tener una vista de 360 grados del lugar: callejones, avenidas principales, las formas más rápidas y aisladas desde y hacia este punto. Lo último que necesitaba era encontrarme con alguien conocido, incluso sólo de paso. Estaba empezando a pensar como un agente encubierto; trataba de disfrutar la sensación de persecución. Era emocionante enfocar mis instintos para el bien.

Al momento de entrar al poco concurrido restaurante, lo vi, bien al fondo, lejos de la entrada de los baños, cerca de la entrada de la caliente y ocupada cocina y, lo más importante, alejado de las ventanas; exactamente el mismo lugar que yo habría elegido para esta reunión.

En realidad esperaba que él entendiera el riesgo y el peligro que esta misión representaba. Lo que podría entregarles a los federales arrasaría con un negocio millonario y destruiría la vida y las carreras de muchos monstruos. Estaba más cerca del centro del mundo del narcotráfico de lo que este hombre o cualesquiera de sus colaboradores estaría nunca, y si no se daba cuenta, se lo haría saber.

Me miró mientras me acerqué lentamente a la mesa, tan tranquilo como los latidos nerviosos de mi corazón me lo permitían. Asintió con la cabeza.

Me senté frente a él. A primera vista, parecía estar en su descanso de comida mientras trabajaba de leñador en el norte. Vestía una camina a cuadros, un overol gastado y, sólo si alguien dudaba de que era un trabajador que se encontraba con un viejo amigo para almorzar, había un casco amarillo de construcción sobre la mesa. Tenía el cabello hasta los hombros, rubio y sucio, barba también rubia, y era tan grande como una secoya: un metro con noventa y dos centímetros y pesaba cerca de ciento treinta kilos.

Sonrió; no me saludó de mano porque eso indicaría un primer encuentro para cualquiera que nos viera. En su lugar, palmeó mi hombro como harían amigos normales y dijo:

—Rome, hombre, ¿cómo has estado? Hace mucho que no nos vemos, hermano.

Sobre la mesa había frente a él un periódico y me indicó rápido la parte superior con su dedo. En letra legible decía: Tim Dowling.

Sonreí y le seguí el juego.

—Tim, Tim, mi hermano lejano. ¿Cómo estás? Yo, bien.

—Inez, los niños, ¿todos bien? —preguntó.

—Lo mismo. Los niños crecen, hombre. Inez tiene un nuevo trabajo en una clínica...

La conversación continuó con la misma teatralidad para dar la apariencia de que dos viejos amigos se encontraban, en caso de que un investigador privado de Tony me siguiera. Después de unos minutos, Tim preguntó en voz baja si era seguro conversar.

Asentí.

—Es seguro. Inez y mi jefe me dieron la tarde libre.

Entonces, noté que Tim se calmaba lo suficiente para concentrarse en la conversación que íbamos a tener. Aunque sus ojos seguían vigilando el restaurante en busca de amenzas, sus hombros se relajaron. Empezó a analizarme con una sonrisa, casi parecía divertido y pronto supe por qué. Miró mi reloj Daytona, volvió a sonreír y lo señaló.

—El negocio debe ir tan bien como siempre.

Levanté los hombros.

—Siento que te conozco muy bien —dijo—. De alguna manera, sí; hemos estado tras de ti y de tu organización por dos años. Estoy seguro de que Chris te informó de todo esto.

—Oh, sí. Y de más cosas.

Me reí mientras me daba cuenta de que el hombre sentado frente a mí era uno de los agentes que perdía y a los que en ocasiones les hacía una grosería con la mano.

—Sin resentimientos, ¿verdad? —pregunté, un poco a la defensiva.

Se rio. Me miró como un niño ve su regalo favorito en Navidad mientras se muere de ganas de sacarlo de paseo.

—Para nada —dijo—. Reuniones como éstas son las que hacen que valgan la pena todas esas veces que te seguimos durante horas en auto. Quería conocerte primero, para que te acostumbraras a esto poco a poco. Supuse que te pondría nervioso entrar en una oficina con un montón de tipos que te analizan cada centímetro.

Para no parecer un tonto, me disculpé por todas las tonterías de trucos de manos y también le expliqué por qué me vestía como un padrote de Hollywood.

—No quiero que nadie crea que soy presumido —dije—. Ésta es la manera en que me visto a diario para encajar con mis colegas. Si me fuera de casa con una gorra, lentes oscuros, rompevientos, un overol y alguien *estuviera* siguiéndome, le informaría a Tony de inmediato.

Tim me aseguró que no había necesidad de justificarme.

—Todos estamos muy emocionados de tenerte en nuestro equipo… Bueno, tal vez uno de ellos está un poco molesto, pero tiene sus razones.

Para este momento, ya se reía muy fuerte, como si eso fuera un chiste privado.

—¿Me podrías adelantar algo para que, cuando conozca a este tipo, no sea tan incómodo y sepa en qué me meto?

Rio de nuevo y levantó las manos como si estuviera fuera de control.

—No es nada. Así que, como dije, quería conocerte primero, porque yo soy el que lleva más tiempo en este caso.

De aquí, nos vamos a una oficina conectada por satélite que tenemos en el campo. Te informaremos sobre lo que tenemos y veremos cómo empezar a trabajar. Iremos en dos autos; si nos perdemos, tengo mi teléfono a la mano. ¿Guardaste el número del que te llamé?

—No, lo memoricé —dije.

—Excelente. De ahora en adelante, tendrás que memorizar todo. Estoy seguro de que Chris te contó el escrutinio al cual te va a someter Tony.

Esperaba que todos los amigos agentes federales de este tipo fueran tan buenos en su trabajo como Tim.

Seguí su camioneta *pickup* y cuarenta y cinco minutos más tarde llegamos a un área despoblada del bosque en el centro del condado de San Diego: Ramona, California. Había minas viejas de plata y cobre, kilómetros y kilómetros de granjas de caballos y ganado, viñedos que se mezclaban de repente con sembradíos de aguacate y limones; en el aire se amontonaba un aroma dulce, el cual, combinado con los colores brillantes de la flora local, le dio al viaje una sensación surrealista, y era encantador. No pude dejar de sonreír. De hecho, no había sonreído así desde que mi hijo Mathew había nacido y, antes que él, mis otros tres hijos. La metáfora no me pasó desapercibida; estaba pasando de estar endeudado con uno de los hombres más escalofriantes que haya conocido, a una nueva vida.

Nos dirigimos al centro del valle, hacia las faldas de las montañas Laguna, de ahí manejamos hacia arriba otros quince minutos. Entendí por qué los federales eligieron este lugar: estaba muy cerca de la frontera con México, lo rodeaba un terreno montañoso, estaba tan apartado que sería imposible para alguien seguirte sin que te dieras cuenta.

Subimos por un camino de tierra hasta que pareció imposible continuar, pues el paso estaba obstruido por pinos y cipreses. Dimos vuelta en lo que sólo puedo describir como una vereda con rocas mohosas. Una vereda que, sin lugar a duda, no estaba diseñada para mi Mercedes 500 SEL. Al final de este camino, descubrimos los primeros signos de civilización: cercas cerradas y un letrero con letras rojas de molde que decía: «PROPIEDAD PRIVADA, ALÉJESE» y que indicaba a los curiosos y aventureros, *no te atrevas a pasar de este punto*.

Tim bajó de su camioneta, abrió la cerca y entró con su auto mientras yo lo seguía. Una vez dentro, bajó de nuevo y cerró otra vez, me sonrío y levantó los pulgares mientras pasaba a mi lado.

Continuamos manejando en esta vereda, ahora bordeada en ambos lados por más pinos y cipreses, que formaban un pabellón sobre nuestras cabezas, lo que haría imposible ver desde incluso un helicóptero que volara bajo. Me pregunté si era intencional.

De repente, llegamos a un pequeño claro y ahí estaba: la fuerza táctica federal que había sido mi principal enemigo durante los últimos dos años.

Esperaba llegar a una cabaña de caza vieja, con paredes de piedra, chimeneas muy altas, con techos de dos aguas y vigas de pino, enclavada en la parte baja de una montaña, pero lo que encontré fue una mísera casa rodante; cualquier tienda de planeación en algún sitio de construcción del país hubiera sido mejor. El único apéndice moderno era un impresionante disco de radar en el techo, junto con otras cinco de distintos tamaños.

El interior de esta oficina improvisada era un poco mejor que el exterior. Tres hombres con cara de pocos amigos, cada uno con su propia expresión de incomodidad y dolor, se sentaban en diferentes esquinas de esta habitación de apenas dieciocho metros cuadrados. Sus «estaciones de trabajo» eran escritorios temporales que estaban empotrados en las paredes de aglomerado. Se sentaban en sillas de madera para oficina que parecían salidas de un set de cine negro de los cuarenta, lo que explicaba sus expresiones de dolor. Simultáneamente, todos voltearon hacia la puerta, dejaron de hacer lo que estaban haciendo y me miraron en silencio, de la misma manera que un niño que, al dar la vuelta en un acuario, se encontrara, sin esperarlo, cara a cara con un tiburón.

Computadoras y radios portátiles llenaban una de las paredes junto a una enorme pantalla de computadora que mostraba en tiempo real la ciudad, algo que nunca había visto. *Hombre, están muy adelantados*, pensé. Con toda esta tecnología, la verdadera pregunta era por qué no nos habían atrapado.

En cada estación de trabajo había fotos familiares, tazas de café personalizadas, premios enmarcados; la acumulación usual de una oficina de mucho tiempo. Fotografías de los más buscados estaban clavadas en las paredes.

Un escalofrío me recorrió cuando noté las fotos en el centro de la pared más grande: colocados en pirámide, de granulosas a fotografías de alta calidad, primeros planos de todos los miembros de mi organización. Tony estaba en la cima, Héctor justo abajo, y luego una foto nítida de mí sentado en una banca en Venice Beach, California. Me asustó muchísimo porque recordaba ese día exacto y a quién iba a encontrar ahí, otro cliente de Los Ángeles que era dueño de una cadena de clubes de *strippers*. Lo más loco fue que, quien haya tomado la foto, si es que se quedó vigilando a mi cliente, de lo cual estoy seguro, ha de haber visto que uno de mis enviados le entregaba seis kilos de cocaína quince minutos después. Ahí fue donde me di cuenta de lo cerca que estaba del peligro.

Debajo de mi foto estaba la mayoría de hombres y mujeres que alguna vez habían trabajado para mí. Cuando vi eso, fue como absorber de nuevo lo bien que me tenían en la mira. Sólo estaban haciendo tiempo. Al lado de mi feliz pirámide familiar, iniciaba otra, bastante más escueta que la de nuestra organización, con sólo dos fotos lado a lado, Eliseo y Abel Beltrán, las cabezas asesinas de uno de los cárteles mexicanos más grandes a la fecha. Este grupo de agentes federales había tratado de tender un puente entre nuestra organización y el cártel Beltrán, y después convertir ese puente en astillas. Ahora al fin podrían hacerlo.

Tim me presentó:

—Caballeros, saluden a Roman, nuestro elemento más reciente.

Un hombre no muy alto, con ojos respingados y felices, una barba descuidada y cabello largo y rizado con algunas partes grises, del cual pronto me enteraría que era un SEAL retirado, se levantó y me extendió la mano. Estaba lleno de energía.

—Bienvenido, Roman. Soy Mike Capella, de la oficina de la DEA de San Diego. ¡Encantado de por fin conocerte!

Se empezó a reír y miró a otro hombre, que se reclinaba en su silla rechinante, con los pies sobre el escritorio y un mondadientes en la boca. Medía cerca de 1.80 metros de alto, con el cabello negro cortísimo y muy bien peinado. Parecía ser un adicto al ejercicio, con brazos del tamaño de los muslos de un hombre normal. Miró a Mike y le hizo una seña obscena con el dedo. Mike me miró de nuevo.

—Ese encanto de por allá es…

Antes de que Mike terminara de presentármelo, el hombre dijo:

—Soy Pete Davis, Aduanas de los Estados Unidos.

Se acercó a mí; no sonreía pero tampoco trataba de intimidarme. Continuó:

—¿No me reconoces?

Parecía que todos conocían este chiste privado y tal vez yo era la parte graciosa. No sería la primera vez, pues tenía a Tony como jefe. Después me enteraría que Pete había sido uno de los agentes encargados de vigilarnos a mí y a Tony, y un día, cuando noté que nos seguían, escapamos tan rápido que Pete tuvo un accidente automovilístico.

Al Harding se levantó y sacudió mi mano mientras se presentaba. Era de mi estatura, un poco más de 1.75 metros, en sus cuarenta, con una cara angular y cabello negro corto. Dijo:

—Encantado de finalmente conocerte en persona. Ahora que estás de nuestro lado, pasemos directo a los negocios. Tú eres nuestra única prioridad, la seguridad de tu familia y la tuya son fundamentales para nosotros. Estamos muy conscientes del peligro en el que estás. Tú también debes estarlo. Pero, sobre todo, recuerda que es tu oportunidad de redimirte. Si la arruinas, no vas a tener otra.

Asentí con la cabeza, todas las mariposas de mi estómago desaparecieron en un instante. Estos hombres parecían profesionales y sinceramente interesados en lo que tenía para ofrecerles. No lo sabían todavía, pero iba a construir el puente que los llevaría no sólo al cártel Beltrán, sino al interior de sus todavía más despiadados rivales, el brutal e infame cártel Fuentes.

Encubierto

LOS CUATRO AGENTES SE SENTARON A MI ALREDEDOR PARA escucharme mientras les contaba mi vida entera, de la misma forma que se la conté a Chris en Utah. Les dije todo lo que había hecho durante más de diez años. Casas de seguridad, protocolos, nombres de nuestros empleados en los Estados Unidos, en México y más al sur. Podrían tener un buen caso contra nosotros, pero nada comparado con las perlas de inteligencia que les estaba dando ahora. Nuestras rutas, sus fallos de seguridad, cómo pasábamos la mercancía por la frontera y, lo más importante, la ubicación de las casas de seguridad en Detroit, California y Nueva York donde Tony guardaba las drogas, las armas y el *dinero*, que siempre decía que no tenía a la mano. Como ya expliqué, Tony era la persona más avara del planeta. Sabía que tenía un montón de dinero guardado en Nueva York, así que, cuando llegara el momento —*y llegaría*—, sería capaz de pagar la fianza más alta.

Les di todos los detalles de nuestra operación con el cártel Beltrán: quién recogía las drogas, los cultivos, las plantaciones, las fábricas caseras en la selva, los «comedores sociales», lugares donde trabajadores, algunos de incluso diez de años de edad, desintegraban cuerpos en barriles de cientos de litros de ácido clorhídrico, o sólo desmembraban a una víctima de tortura y la enterraban en una fosa común. Por mala fortuna, había demasiados comedores sociales en México y el hecho de que yo había contribuido a su existencia era una de las cosas más difíciles —siempre lo sería— con las que había tenido que vivir.

Les expliqué la jerarquía de la organización de los Beltrán, desde los enviados de menor rango hasta los analistas y abogados que asesoraban a los hermanos. Mientras hablaba, uno de los agentes revisó dos veces una grabadora pequeña para asegurarse de que funcionaba bien.

Cuando terminé, Tim se levantó sin hacer ruido, movió un escritorio y abrió una caja de metal negro; sacó un sobre y me lo entregó. Había una especie de atmósfera de silencio en la habitación, pues los agentes se dieron cuenta de que yo era un elemento que cambiaría las reglas del juego. Abrí el sobre y adentro había mil dólares en efectivo; era un pago de buena fe por la información que le había dado a Chris en Utah.

Tim dijo:

—Mientras trabajes con nosotros, cualquier decomiso que hagamos basado en información que nos des, ya sea efectivo o narcóticos, o de algún caso en el que trabajes de manera directa, recibirás 10 por ciento de lo que vale en la calle. Este dinero es sólo una prueba de lo que vendrá.

Le reiteré a Tim y al resto del equipo exactamente lo que le dije a Chris: que sólo quería librarme de esta vida de porquería para siempre.

Hablamos de las posibilidades de atrapar a Tony y, después, a los Beltrán. Sabía que arrestar a Tony sería más fácil que meterme a mí en una venta directa con los Beltrán, aunque no dije nada; sin embargo, si alguien tenía posibilidades reales de infiltrarlos con mi ayuda, eran estos tipos, pues tenían dinero, tiempo y, lo más importante, la férrea voluntad de terminar con el negocio multimillonario de los Beltrán.

Terminamos y mi impresión general de esta primera junta fue mejor de lo que esperaba. Sabía que había tomado la mejor decisión de mi vida al cambiar de equipo y trabajar con estos hombres. Por primera vez en años me sentía vivo, capaz, armado no con una de las Glock que Tony guardaba en las casas de seguridad, sino con un propósito real.

Llegué a mi casa después de las diez de la noche. Noté que las luces estaban apagadas, menos la de nuestra habitación, lo que quería decir que los niños estaban dormidos, la niñera ya se había ido e Inez y yo estaríamos solos. No podía esperar a contarle sobre la reunión. Estaba seguro de que ella había esperado con temor por mi llamada —no había podido hacerlo en todo el día porque los agentes me dijeron que no usara el nuevo teléfono que me dieron, excepto para comunicarme con ellos y sólo para ciertas instrucciones—. Tony tenía en nómina investigadores privados, *hackers* y expertos en celulares, así que no era exagerado pensar que podría escuchar alguna de mis llamadas.

Este nuevo teléfono era una línea directa con cualquier miembro del equipo, todos con seudónimos, y también tenía guardado un número de emergencia de la Oficina de

Operaciones (FOD) de la DEA en San Diego. En caso de que alguien encontrara el celular —Tony, por ejemplo— y llamara a cualesquiera de esos números, incluido el de la FOD, la persona al otro lado de la línea fingiría ser un viejo amigo mío y seguiría el juego. Después de un minuto más o menos, diría:

—Hey, espera un segundo, no eres Roman. ¿Quién eres tú? ¿Volvió a perder su celular? ¡Siempre pierde todo!

Esto los pondría sobre aviso de que tal vez yo estaba en problemas. Si llamaba en una situación normal, hablarían también casualmente hasta que les diera mi nombre clave, *C.S. 96* (Confidential Source 96 (Fuente Confidencial 1996), pues en ese año empecé mi trabajo como encubierto), que me habían dado esa tarde.

Cuando los agentes me llamaran y empezaran a conversar amistosamente, les daría mi código para verificar que era yo al otro lado de la línea y que podía hablar; o si no, continuaría con la plática. Este protocolo podía parecer cansado, pero *nunca* podía romperse. Era una cuestión de vida o muerte.

Inez me recibió en la entrada y colocó su cabeza en mi pecho. Me abrazó, ahí donde todos los vecinos podían verla. Sólo existíamos nosotros en el mundo en ese momento. Supongo que era el final de todo esto, o eso esperaba ella, de los años y años de ansiedad reprimida, del sentimiento de traición y, con toda probabilidad, de furia a los que había descendido nuestra vida.

Por primera vez desde que podía recordar, ella confiaba totalmente en mí. Pero también sabía que si regresaba a ese mundo, irremediablemente ella me dejaría, y tal vez algún miedo dentro de ella de que el juego de Tony podía seducirme otra vez le agregaba intensidad al sentimiento.

Más tarde esa noche, Inez estaba en la cama, abrazando una almohada contra su pecho. Me veía mientras le preparaba un baño en nuestra habitación. Ella dijo:

—¿Qué hay de Tony? ¿Y si se entera de lo de hoy? Te matará, Roman. Él te va a matar.

Tenía razón. Incluso con toda mi planeación con los agentes, algunas veces temía que las cosas se salieran del plan. Ya expliqué cuánto me *asustaba* Tony, pero si seguía temiéndole, nunca podría escapar de su inercia tóxica. Hablamos de todo lo que nos había pasado hasta que no hubo nada más que decir.

¿Sabría Tony que lo había entregado en el momento en que llegaran los operativos a sus casas de seguridad? Inez estaba convencida de eso, pero yo no tanto.

Le expliqué que Tony y Héctor se robaban mutuamente; y desde que los hermanos Beltrán nos enfrentaron, supimos de la estafa de Héctor, por lo que las sospechas de Tony recaerían sobre él. Sí, Tony también tomaba dinero sin que Héctor lo supiera y si Héctor se daba cuenta, habría una pequeña guerra entre ellos y Héctor podría estar tan enojado que él mismo podría atacar las casas de seguridad o delatar a Tony para vengarse.

No era muy claro, pero estaba más o menos a salvo.

Inez se sentó sin hablar y me miró con intensidad a los ojos. Estoy seguro de que trataba de averiguar qué tan sincero era o si sólo le estaba diciendo lo que quería oír. Ella me conocía lo suficiente para saber que podría intentarlo, pero también sabía que yo no era muy bueno para ocultarle mis sentimientos. Me abrazó con alivio.

—Roman, he estado tan preocupada; no tienes idea cuánto. Por favor, prométeme que vas a ser cuidadoso, prométeme que vas a estar bien.

La besé con suavidad. Nada podría interponerse entre nosotros de nuevo. Estábamos seguros y yo, a punto de salir de esta vida para siempre.

Continuó, nerviosa.

—Y estos hombres, ¿confías en ellos?

Era muy buena pregunta. Sabía que tenían los medios para protegerme, pero no tenía idea de cuánto invertirían para hacerlo. La mejor forma de estar a salvo era demostrarles mi valía.

Era tarde, después de las once de la noche, cuando nos escoltaron dos miembros de Aduanas por su base de operaciones en la frontera de San Diego. Parecían molestos por haber sido sacados de su cómodo trabajo de observar videos de docenas de cámaras en el cruce fronterizo. Nunca había entrado a este edificio gigante, aunque muchas veces, mientras pasaba por fuera, me había preguntado qué había dentro. La ironía de que me invitaran a entrar sin estar esposado no me pasó desapercibida.

Atravesamos a través de un pasillo cerrado similar al que existe entre un avión y las puertas de abordaje.

Mientras caminábamos a través de este pasaje que parecía un sarcófago, empecé a sudar y me preocupé por no saber a dónde me llevaban. ¿Qué tal si todo era un engaño? ¿Qué tal si me traicionaban? ¿Intentaba Tony que los federales me atraparan a mí por información falsa que los Beltrán le dieron para que lo atraparan a *él*? Si era así, no habría nada dentro

de esos neumáticos más que aire. Estaba nervioso y la vergüenza que sentía era insoportable. Sin embargo, recordé mis
primeros días en la organización de Tony cuando era mula y
canalicé esa energía. Siempre luce tranquilo; como si debie-
ras estar ahí.

Expulsé de mi mente la posibilidad de que esto fuera un
desastre y me moví con propósito y determinación.

Llegamos a una puerta al final del túnel y uno de los agentes introdujo un código en un tablero. Una pequeña luz pasó
de rojo parpadeante a verde. El agente de Aduanas giró una
perilla de metal y la puerta se abrió con un *whoosh*, como si
una compuerta hermética se abriera. Estábamos afuera.

Enfrente de nosotros cinco, había un terreno del tamaño
de dos estadios de futbol, lleno de todos los vehículos conocidos por el ser humano. Desde acuáticos hasta aéreos, había
helicópteros, embarcaciones de todo tipo, desde yates a motos
de agua. En un vistazo rápido, conté lo que parecían ser diez
submarinos —¡sí, submarinos!—. Más allá de esos, había miles
de autos de todos los tamaños y modelos. Y todo lo que tenía
que hacer era buscar un Nissan Sentra un poco maltratado.

Los cuatro hombres me miraron como si me hubieran
promovido de soldado raso a general. Esto me superaba,
pero lo que podía hacer más sencilla esta búsqueda era la
supuesta fecha en que ese vehículo fue incautado con la *supuesta* cocaína en los neumáticos —algo que, por cierto,
jamás había oído y eso que llevaba un buen tiempo en el negocio—. ¿Cómo escondes kilos o tabiques de cocaína, veinte
en total, dentro de neumáticos llenos de aire? Saqué una li-
breta pequeña y les dije a los agentes la fecha que me había
dado Tony. Uno de ellos revisó la lista, con el ceño fruncido.

No había ningún Nissan Sentra en la lista de los vehículos incautados.

Dije con la voz más segura que pude, algo no tan fácil dadas las circunstancias, que era un auto mediano que lucía como un Nissan Sentra.

—Recuerden, está dañado.

El agente de Aduanas volvió a revisar la lista y señaló el área que correspondía a la fecha en cuestión.

Nos dividimos y, de auto en auto, iniciamos la búsqueda con la luz de nuestras linternas. Había filas y filas de ellos, cada uno revisaba una sección. Con cada media hora que pasaba sin resultados, me ponía más nervioso. No era la vergüenza de fallarle a mis nuevos compañeros lo que me preocupaba más, sino lo que Al Harding me había dicho en nuestra primera junta en la base de Ramona: tenía que probarles que yo era valioso o, si no, me abandonarían como a Raúl. ¿Y a dónde iría si no podía trabajar con ellos? ¿En qué situación quedaría mi familia?

Pensaba en todo eso, con los nervios de punta, cuando escuché que uno de los agentes de Aduanas, con un toque de pesimismo, me llamó.

—¡Chicos, creo que encontré algo!

Mi corazón empezó a latir rápidamente, *por favor, dios, que sea éste el auto.* Corrimos hacia el vehículo al mismo tiempo y no era un Nissan Sentra, sino un Nissan Altima negro.

Uno de los agentes pidió por radio una grúa. Fueron los cinco minutos más largos de mi vida. Pude ver que Harding y Dowling sudaban, estaban sucios, cansados y avergonzados de haber arrastrado a estos dos tipos a un posible nido de nada. Lo que era peor era que mis compañeros de equipo no me miraron ni una vez; estoy seguro de que para no revelar cómo se sentían en realidad: *¿veinte kilos dentro de neumáticos? ¿Por qué escuchamos a este idiota con mucha imaginación?*

La grúa más grande que he visto se estacionó. Me sentía incómodo, muy nervioso pero cansado, estaba deshidratado y fatigado. El conductor, un civil no muy alto y ancho, de cerca de treinta y cinco, con un overol sucio y un gorro de los Chargers de San Diego (a pesar del aire húmedo y de los 37 grados que hacía), bajó de la cabina como si fuera el mariscal de campo Rommel al emerger jubiloso de un tanque Panzer. Con un gesto que rozaba lo cómico, sacó de su cinturón un par de guantes de piel, beiges y sucios.

—Bueno, amigos —dijo—, ¿qué tenemos esta noche? ¿Drogas, armas? ¿Un cuerpo escondido en la carrocería? Esta vez *sí* traje mis sopletes.

De nuevo, los cuatro hombres me miraron. Caminé hacia el conductor, que ahora se fijaba en mí con ojos hiperintensos, como si lo enviara a una misión secreta que podía terminar con la guerra o con su vida. Señalé los neumáticos traseros.

—Necesitamos desinflar ambos y desmontarlos de los rines.

El conductor hizo lo que le indiqué sin preguntas y sin hacer bromas. Los dos agentes de Aduanas asumieron que su trabajo estaba terminado, encontraron una camioneta cercana, se subieron, encendieron un par de cigarrillos y charlaron como si estuvieran en una fiesta.

Tim y Al permanecieron de pie, rígidos, con los brazos cruzados; miraban al conductor trabajar vertiginosamente con llaves industriales y una pinza hidráulica. Ambas llantas estuvieron desinfladas y desmontadas en menos de tres minutos. De forma impresionante, cargó ambos a su grúa, que tenía un aparato para separar los neumáticos del rin. Mientras los colocaba en la máquina, me recargué en un auto. Saqué mi pañuelo y me sequé el sudor de la cabeza y el cuello. El conductor introdujo una llave entre el caucho y el metal, encendió el aparato y en menos de diez segundos oí el *pop* al separarse ambas partes.

Tim Dowling sorprendió al pobre conductor. Dijo en voz bastante alta:

—Retrocede.

Él y Al apuntaron sus linternas al neumático; después, Al pasó frenéticamente las manos por el interior. Miró a Tim como si fuera a darle una noticia mortal y luego me miraron a mí con los ojos muertos, una mirada que nunca quisiera volver a ver en ellos.

Estaba casi listo para irme, pero, por desesperación, le pedí al conductor que revisara el otro neumático. Cuando en ese tampoco hubo nada, Tim y Al dejaron caer los hombros, derrotados. Sentí un vacío en mi estómago. Era un momento de silencio total; incluso los agentes de Aduanas dejaron de conversar y me miraron fíjamente.

—¡Bueno, bueno! —dije—. Deben haberle dado mal la información sobre los neumáticos, tal vez eran los delanteros; saquemos esos.

En ese punto, sabía que estaba arruinado —Tony me la había hecho; ¿por qué creí que podía engañarlo?—, pero necesitaba algo de tiempo para decidir mi siguiente movimiento.

El conductor se colocó enfrente del auto con menos de Rommel en su caminar. Esta vez, cuando puso los neumáticos en la máquina, me acerqué. Crucé los brazos y miré cómo el hombre separaba el metal del caucho. Encendió el mecanismo. Después de lo que pareció una eternidad, al fin escuché ese ya conocido *pop*. No había nada. *¡Carajo!*, pensé, *¡no!* Ni Tim ni Al se interesaron por revisar este neumático.

Corrí hacia la máquina, con mi linterna apuntada al interior. Busqué furiosamente, golpeando el exterior y pidiéndole a los dioses que el paquete apareciera como por milagro de ese hoyo negro como si fuera una máquina traga monedas —¡ding!, ¡ding!, ¡ding! Tres barras doradas—, *su pago, señor, veinte kilos.*

¡Nada! Y peor, ningún paquete en el interior, sólo más de ese caucho negro.

Me congelé, estaba atrapado en un remolino de vergüenza. No me iba a rendir, porque esto era inconcebible. Introduje mi mano en el neumático así como lo hizo Al Harding y, para mi sorpresa, no sentí la suavidad del interior; era rugoso.

Extraño, pensé.

Mientras movía mi mano por la circunferencia interna, *todo* el neumático se sentía rugoso y con discontinuidades.

¡Bien, bien, promete!

Nadie se acercó al neumático porque creían que sería lo mismo. Una sinfonía de silencio los rodeaba mientras miraban al tonto que había sido sorprendido por los chicos grandes del barrio, el tonto que no admitía la derrota bajo ninguna circunstancia, el que realmente *quería* que esos kilos estuvieran dentro del hoyo negro.

Los agentes y los de Aduanas miraron hacia otro lado cual padres avergonzados.

Y de repente, encontré una pista diminuta; sentí una pequeña lengüeta de plástico, de dos centímetros de diámetro.

Por favor, que no sea éste un neumático taiwanés defectuoso, ¡por favor!

Empecé a respirar más rápido, más fuerte, esto podía ser algo, ¿o nada?

Jalé tan fuerte como pude y lo que sea que fuera cedió un poco; un jalón más y algo se separó. ¡No lo podía creer!

Por dios; giré hacia Harding y Dowling; con toda seguridad, mi cara decía: ¡lotería!

Jalé y jalé; sentí como si una tira epóxica dejara algo en mi mano. Era un paquete negro y forrado con cinta, con pegamento de un lado para mantenerlo en su lugar.

Esto era algo que nunca había visto, pero era ingenioso. Súbitamente, tomé conciencia de que las personas en las aduanas iban a tener muchos más problemas que hace una hora.

El paquete parecía un cinturón de dinero, aunque no tenía cintas ni cierres, y contenía cocaína pura.

Al y Tim permanecieron en silencio, impresionados.

Sacamos 39 más de esos «cinturones de dinero», una forma perfecta para describirlos, porque estas piezas de caucho raras, veinte kilos en total, valdrían mucho más cuando fueran rebajadas y procesadas.

Los dos agentes de Aduanas se convirtieron de repente en nuestros mejores amigos, sacaron una cámara para fotografiar el inusual botín, nosotros seis sosteníamos los cuarenta paquetes como podíamos.

Antes de que regresáramos a la base, uno de los de Aduanas dijo:

—¡Carajo!

Todos lo miramos; apuntaba su linterna la lista y lo miraba lleno de exaltación y horror al mismo tiempo.

Dije:

—¿Qué? ¿Qué pasa?

Nos miró a todos y dijo:

—Este auto está programado para subasta mañana a las 9 de la mañana.

Hubo un silencio general y luego nos reímos por última vez.

¿Te imaginas la expresión del hombre o la mujer que comprara este vehículo cuando le cambiaran las llantas y encontraran la cocaína? ¿Cómo lo explicarías a tu mecánico, por no decir a los policías o a las docenas de agentes federales que rodearían el taller?

Nunca olvidaré esa noche porque fue el inicio de algo especial. Lo que sentí al encontrar esa pequeña carga de cocaína en esos neumáticos me causó más alegría que cualquier cosa que hubiera hecho.

Había introducido tractores y tráileres con cocaína, literalmente con toneladas de ella, un solo viaje y no sentí nada, sólo culpa por el daño que le haría a las personas y miedo por mi familia. Pero, al final, estar del otro lado del negocio era como renacer.

Era hora de eliminar a Tony para siempre. Y ahora que era de confianza, podía conseguir al personal que necesitara para ello. Estábamos en camino de organizar uno de los mayores golpes en la historia de la DEA.

Antes de regresar a la base en Ramona, usé un teléfono público para llamar a Inez. Le había prometido que, antes y después de esta operación —o cualquier otra—, la llamaría para decirle qué iba a hacer y ella rezaría por mí.

Le conté lo que pasó y no pude evitarlo: lloré porque, como le dije, la experiencia fue como un segundo bautizo para mí. Me sentía un hombre diferente, como si me hubieran quitado un peso de mis hombros. Le dije que estaba bien y que la amaba.

Inez comenzó a llorar también. Éramos dos adultos sollozantes que se maravillaban ante el hecho de que le había robado veinte kilos de cocaína a unos de los hombres más peligrosos del planeta.

—Te tomó un tiempo encontrar tu camino —me dijo—, pero lo hiciste. Puedes ayudar en esta guerra horrible. Y aunque esté muy feliz, estoy todavía más feliz por ti, amor.

De camino al vehículo sin placas, sentí una euforia increíble combinada con un sentimiento extraño, un *déjà vu*, parecía que ya había hecho esto antes. Siempre he creído que, antes de nacer, todos estamos predestinados a hacer ciertas cosas y es nuestro trabajo encontrar cuáles son. Sentí que al fin había encontrado las mías.

El siguiente objetivo en la mira era Tony Geneste, el hombre que acudió a mí, cuando las cosas estuvieron mal hace muchos años con la idea de hacer dinero traficando drogas. Era tiempo de quemar los puentes que alguna vez me habían conectado a ese negocio, ese que había arruinado mi vida y la de tantos otros.

La caída de Tony «loco» Tony

LA MAÑANA SIGUIENTE, LOS MIEMBROS DEL EQUIPO —IN-
cluido yo, ahora una parte oficial de la Fuerza Táctica Aliada,
nombrada así porque unía a dos agencias: la de Aduanas
y la DEA— nos reuniríamos a las 10 en punto en la base de
Ramona.

Para este viaje, decidí manejar mi Range Rover a causa
del camino montañoso. Todavía estaba muy atento por si me
seguían, así que después de cuarenta y cinco minutos de ir
y regresar, estacioné mi Mercedes frente a mi casa. Entré al
patio trasero, después a la casa de la piscina y salí por una
puerta que llevaba a una pared de 1.80 metros de alto, que
separaba mi propiedad y la del vecino. La escalé, una tarea
difícil con mis mocasines TOD, una camisa de seda y pantalones de gabardina delgada. Furtivamente, caminé hacia la calle
adyacente y me subí a mi Range Rover, que había estacionado
ahí a mitad de la noche. Estaba seguro de que nadie me había
seguido, pero permanecería alerta.

Llegué a la base quince minutos antes y, sorprendentemente, los hombres ya estaban en sus estaciones de trabajo.

Lo primero que noté fue el enorme pizarrón blanco que le había solicitado a Harding la noche anterior. Ahí estaba ahora, cubriendo la galería de fotos mías, ignorante de que los federales me vigilaban mientras vivía mi vida.

Después de entrar, Harding, Dowling y Capella se levantaron rápido a saludarme como si yo hubiera anotado la última carrera de la Serie Mundial.

Resultó que habíamos incautado más cocaína que cualquier otro equipo en dos años. Estábamos listos para nuestra siguiente misión.

No perdí el tiempo. Me paré frente al pizarrón blanco y dispuse a los hombres en un semicírculo alrededor mío para explicarles el operativo más grande que harían jamás, en varios estados y con varias agencias, todo en un solo movimiento coordinado. Necesitaríamos la cooperación de varias fuerzas de la ley, tanto federales como locales, así como de jueces, policías y agentes de cuatro estados, un país europeo con poca intención de hacer cumplir la ley y una isla caribeña con leyes bancarias muy laxas. Los agentes me hicieron pregunta tras pregunta y, cuando estuvieron satisfechos, pusimos manos a la obra.

No había sabido nada de Tony, Héctor ni Raúl en una semana, lo cual era extraño, en especial después de la *crisis emocional* de Tony al teléfono.

Pero no podía pensar en ellos el día entero. En lugar de eso, consigné lo que sabía de Tony y su organización en un registro que había mantenido durante años: todos los detalles de cómo cometíamos nuestros crímenes, como si supiera que algún día cambiaría de bando. Cuando descubría nueva información sobre Tony, Héctor o sobre algún personaje clave del cártel Beltrán, la ponía en ese registro. Llámale seguro, venganza o escapatoria.

En el registro, estaban las direcciones de las casas de seguridad de Tony, de su club secreto en Washington Heights, los números de las cuentas en las que escondía su fortuna; algunas, fuera del país y otras, a nombre de familiares y amigos.

Les entregué el registro y les expliqué:

—Chicos, a pesar de lo bueno que haya sido el golpe de anoche, éste los impresionará todavía más, a sus jefes y quizá a los jefes de sus jefes.

Tim Dowling rio:

—Bueno, Roman, de verdad que no conoces a nuestros jefes.

El resto de los hombres empezó a reír, incluido Pete Davis. Me reí con ellos:

—En este registro tengo las direcciones de las casas de seguridad donde Tony por años ha guardado armas, drogas y un montón de dinero —se sentaron, esperando más—. El problema es que están dispersas en todo el país —San Diego, Los Ángeles, Detroit, Nueva York, Long Island y en algunas otras ciudades debe haber dos o tres— y, en el momento que sabe que una está en riesgo, tiene un plan de emergencia para mover todo el material a otros puntos; de algunos de ellos yo podría no saber nada. Así que para que esto funcione, necesitamos atacar estos lugares simultáneamente.

Tim y Al se miraron. Pude ver que, en su mente, Capella ya estaba sobre las casas de seguridad en California; parecía drogado, con los ojos llenos de anticipación.

Tim dijo:

—Roman, ¿de qué hablamos exactamente?

No entendí la pregunta.

Al dijo:

—Lo que quiere decir es de cuánto material estamos hablando.

Me quedé pensando, a pesar de que lo había reflexionado durante mucho tiempo. Sabía, casi de forma exacta, cuánto nos había robado Tony porque era mi trabajo saber cuánto material introducíamos, cuánto vendíamos, cuánto le debíamos a los Beltrán, cuánto a nuestros empleados, cuánto a Héctor y cuánto a mí. Durante diez años, Tony nos robaba invariablemente a mí y a Héctor entre diez y veinte por ciento de la droga *y* del dinero que pasaba por nuestras manos. Nunca dije nada porque era el negocio de Tony y *él* lo había empezado. Quien hubiera podido decir algo era Héctor. Hasta ese día en que estuvimos con los Beltrán en el cuarto de hotel, me di cuenta de que Héctor también robaba y que por eso había estado tan tranquilo acerca de las acciones de Tony.

Le dije a Al que serían entre uno y dos millones de dólares en cada sitio si atrapábamos a Tony. Podría ser en efectivo o una combinación de efectivo con drogas duras sin cortar y un montón de marihuana. En algunos sitios podría ser sólo coca, heroína o yerba. Cómo elegía Tony qué lugares tendrían sólo material o sólo efectivo o una combinación de ambos, no lo sabía.

No sería fácil apropiarnos del inventario de Tony. De hecho, entrar a las casas sanos y salvos sería casi imposible. Tony siempre tenía a la mano a grupos de su organización que equipaba con armas. Y no estaba hablando de pistolas, sino de artillería de grado militar. Si le confiaba a alguien la mercancía y no moría luchando por ella, con toda seguridad terminaría muerto una vez que le notificaran del robo.

—Entendemos —dijo Al.

Todos estaban atornillados a sus sillas, pensaban en el significado de un decomiso de 16 millones de dólares. Yo pensaba en lo que nos encontraríamos arriba de todo eso: armas que yo había visto con mis propios ojos que seguramente estaban relacionadas con varios homicidios y que resolverían todavía más casos.

Nadie sonreía, lo que esperaba; era a causa de que anticipaban el número de elementos necesarios para una operación así, pero también el peligro en el que colocarían a otros policías y agentes. La peor parte era que nuestro equipo perdería control táctico en cualquier lugar fuera de California.

Sin embargo, nunca dudé de que valiera la pena. No con el sufrimiento y la muerte de los consumidores de Tony, sus docenas de novias y mulas —muchas veces, eran la misma persona—, los homicidios que había acumulado en una vida despiadada y guiada por las drogas. Y ahora, para proteger a mi familia, era necesario eliminar a Tony.

Tenía que estar al pendiente de estos tipos porque mi vida realmente dependía de que se tomaran este operativo en serio. Dije:

—Hay más…

Mike Capella me interrumpió con una risa:

—Por supuesto que hay más. ¡Ilumínanos, por favor!

Abrí mi registro, giré hacia el pizarrón blanco y escribí los números de seis cuentas de banco, así como los nombres de los bancos y los dueños de esas cuentas, todos prestanombres de una persona: Tony Geneste. Junto a cada cuenta, escribí un número; juntos, sumaban 42 millones, el pequeño ahorro de Tony o el «dinero-para-huir-del-maldito-país».

En las manos de un asesino muy inteligente, 42 millones de dólares eran más peligrosos que cualquier arma. Sabría cómo desaparecer para siempre y, desde donde estuviera, podría hacer desaparecer a otros sin levantar un dedo, sin marcar un teléfono o usar un teclado. Saber dónde estaban él y su dinero era poder. Mientras esas casas de seguridad existieran, Tony estaría en alguna parte del país. Para mí, perderlo era una opción inaceptable.

Giré de nuevo y vi los ojos de epifanía de esos hombres. Dije:

—Sí, todo es de Tony. Las cuentas a su nombre están fuera del país, una en las Islas Caimán que está ligada a un banco en Ginebra. Las otras son de amigos y familiares, cuentas falsas; les llamamos «Muldoons».

Para variar, Mike Capella preguntó tranquilo:

—¿Podemos saber cómo obtuviste esta información?

Respondí rápidamente:

—No. Pero es exacta. De eso estoy seguro.

Mike continuó:

—El crimen sí que paga, ¿eh, chicos? —se rio—. Hasta ahora.

Con una gran sonrisa que no podía ocultar, Tim Dowling dijo:

—Bueno, en verdad han sido un par de días interesantes —pensó por un momento y luego continuó—. Roman, si todos estos lugares son atacados al mismo tiempo, ¿no crees que sabrá quién lo delató?

Le contesté lo mismo que a Inez:

—Tony no sabe que yo sé de estos lugares; tampoco sabe que sé que está robando dinero de la operación. Así que ¿cuál sería mi motivo para atacar lo que son, en esencia, mis propias casas de seguridad?

Entonces, Harding preguntó:

—Está bien. ¿Cómo justificamos el dinero que tendrás cuando llegue el momento de pagarte por...?

Tenía problemas para terminar la pregunta. Supuse que todavía existía un poco de incomodidad entre estos duros agentes y yo. ¿Quién era yo para pedirles que arriesgaran sus vidas? ¿Temían que fuera un narcotraficante de porquería que buscaba vencer al sistema? En muchas formas, yo era el epítome de todo lo que se había ido al carajo en el país en el cual habían nacido y crecido. En el fondo, sabía que, ni de lejos, era su igual. Quería que me consideraran un compañero, pero sabía que tomaría bastante tiempo y bastantes trabajos antes de que eso pasara.

Expliqué cómo Tony se salía con la suya y entregaba menos dinero una y otra vez. Había millones de excusas, contingencias en las que era forzado a pagar: sobornar a alguien o pagar seguridad extra. No tenía idea de cómo mi atención al detalle —lo que había hecho que la operación funcionara tan bien— nunca me permitiría ignorar este robo.

En el tono más parecido al de un civil que tenía, Davis preguntó:

—¿Es por eso que estás aquí? ¿Tu motivación? ¿Venganza? ¿Arruinar a Tony por todas las veces que te la hizo durante años?

—No. La venganza no encaja con esto, por lo menos no el tipo de venganza que implica la pregunta. No quiero complicar esto, pero el dinero no tiene nada que ver.

Dije que hacía esto porque, para empezar, nunca debí haber trabajado en ese negocio, porque quería algún tipo de redención por todo el mal que había hecho en los últimos diez años, por todas las personas que directa e indirectamente había lastimado al traer tanta porquería a este país.

Tim Dowling dijo:

—Bueno, ¿qué esperamos? Armemos un plan y atrapemos a este desgraciado.

Capella rio.

—Ya era tiempo, jefe. Empecé a pensar que estabas dejándonos poco trabajo.

Tim sonrió y señaló el pizarrón.

—No con esas cantidades.

Escribí las direcciones, las rutas de escape y, hasta donde sabía, dónde tenían el dinero y las drogas escondidas en esos apartamentos y casas. La planeación se volcó en el personal. Tenían que elegir a los mejores en cada estado, que pudieran trabajar rápido, con carreras ejemplares, sin sospecha de ningún tipo y sin un viso de corruptibilidad, pero también tenían que llevar a cabo esta misión con el tiempo y la habilidad precisos.

La siguiente pieza era conseguir que agentes locales, departamentos de policía y fiscales de distrito expidieran órdenes de cateo con base en mi información, cuya verificación con el decomiso de la noche anterior pesaría mucho. Sin ese decomiso, los fiscales nunca permitirían que un primerizo organizara algo tan grande.

Las buenas noticias eran que, en algún punto de su carrera, los cuatro hombres habían trabajado en ciudades donde había casas de seguridad de Tony y tenían una relación excelente con las oficinas locales de la DEA, Aduanas y los departamentos de policía. Cada uno dividía y conquistaba. Quien tuviera los mejores contactos en cada zona, tomaba la responsabilidad sobre ella; juntaron al equipo, convencieron a las oficinas de distrito y se apresuraron a compartir la información que les había dado sobre las casas de seguridad, al mismo tiempo que los asistentes de esas oficinas buscaban a algún juez para que firmara las órdenes de cateo que permitirían al equipo entrar en las casas o edificios con mazos o, en las locaciones más fortificadas, con explosivos pequeños.

Se había decidido que en Nueva York sólo se usarían detectives locales, pues, justo para este tipo de situaciones, el Departamento de Policía de Nueva York tenía el mayor número de equipos antinarcóticos y unidades contra el crimen organizado de todo el país.

Detroit sería coordinado por la DEA y Aduanas; Los Ángeles y San Diego por la DEA y los detectives locales junto con las fuerzas tácticas federales. El plan se estaba consolidando.

Cuando dejé la organización de Tony, juré que no sólo iba a dejar la vida de narcotraficante. Iba a quemar el camino detrás de mí.

Preparé y detallé todo para Capella, y le llamé de regreso en veinte minutos. Lo que le dije era algo que nadie sabía en ese momento, algo que si se coordinaba bien, enterraría a Tony incluso antes de que atacáramos las casas de seguridad.

Había hablado con Tony recientemente y descubrí que uno de nuestros cuatro tráileres se dirigía a Nueva York con casi media tonelada de marihuana. Una vez en Nueva York, el conductor haría múltiples paradas en varias casas de seguridad, dejaría una cantidad en cada una, recogería dinero e iría al siguiente lugar y así hasta que se hubiera entregado toda la carga, todo el dinero se hubiera recolectado y, entonces, regresaría a San Diego para dejarlo en una casa de seguridad que llamábamos *el banco*. Tenía incluso el número de teléfono de este conductor; después de todo, yo era su jefe.

La belleza de esto era que podrían seguir al conductor estado por estado porque estaría en mis rutas, en mis puntos de descanso e incluso pararía en los moteles que yo había elegido. El relevo para seguirlo cambiaría en cada límite estatal hasta que llegara a Nueva York. Todo el tiempo, su teléfono estaría intervenido y oiríamos cada movimiento que hiciera. Una vez en Nueva York, el departamento de policía —liderado por un detective de primer nivel, Richie Fagan, que había organizado algunos de los más grandes decomisos de la fuerza— tomaría el control de la situación y dejaría que el conductor hiciera su primera entrega.

En ese momento, lo arrestarían y la locación sería asegurada. Después, lo dejarían hacer una llamada y estoy seguro de que Richie, quien sabría que el teléfono estaba intervenido, sería indulgente y le dejaría hacer cuantas llamadas quisiera.

Las casas de seguridad de Tony eran un tributo a la vida dispersa que llevaba y al daño que infligía en todo aquel que entraba en contacto con él. Una de ellas era un apartamento en el norte del Bronx, en una calle con árboles en las aceras. Tony tenía una caja de seguridad detrás de un Picasso bastante caro que había obtenido a cuenta de un dinero que le debían. Tony no sabía nada de arte y cuando pensaba en sólo eliminar a ese pobre tonto que le ofrecía la pintura en compensación, le dije que esperara hasta que la valuara. (Como valía tres veces lo que el hombre le debía a Tony, pude disuadirlo del asesinato.) También, Tony tenía otra casa de seguridad en el noroeste de Manhattan, con una vista espectacular al río Hudson; el apartamento por sí mismo era impresionante, así como el edificio en el que estaba. El guardián de esta casa era otro de esos personajes felinescos que rondaban la vida de Tony. Su nombre era Heidi. Tony usaba ese lugar para guardar cocaína o heroína para los muchos clientes que tenía en Nueva York. En ese momento, yo sabía que ella tenía noventa kilos de yerba y al menos diez kilos de cocaína, dos kilos de heroína sin cortar y 500 mil dólares en efectivo, que le debía a Tony. Tony y yo habíamos discutido sobre un viaje para traer todo de regreso a San Diego justo antes de mi arresto en Utah.

La tercera casa de seguridad estaba en la sección Corona, de Queens, en la avenida Roosevelt, un enclave colombiano en el que Tony traficaba bastante cocaína y marihuana. En un edificio de tres pisos, el lugar ocupaba dos apartamentos *railroad* arriba de una agencia de viajes falsa, que era un negocio de lavado de dinero, con envíos de cantidades grandes a todo el mundo, supuestamente para turistas.

Tony rentaba los apartamentos a colombianos que vivían ahí gratis a cambio de que recibieran los cargamentos de droga a cualquier hora de la noche, y de que la cortaran y empacaran. Lo triste era que ahí vivían dos *familias*: esposos, esposas y algunos niños que, estoy seguro, cuando había demasiado material, ayudaban en el «negocio familiar». Estos niños tenían de seis a trece años. Eran familias tranquilas, nunca peleaban, mantenían un perfil bajo y eran muy leales a Tony. Exactamente lo que necesitaba para facilitar la venta en el estado y los estados vecinos.

La última casa estaba en Medford, en la costa sur de Long Island, a cuarenta y cinco minutos en auto de la ciudad de Nueva York.

Medford era la conexión italiana de sus contactos mafiosos. La casa era propiedad de un capo de una de las cinco familias criminales de Nueva York, un hombre que nunca conocí. Éste era uno de los clientes privados de Tony, y nunca vi un dólar de ganancia de estas transacciones, aunque sabía que hacía una fortuna con estos tipos.

Tony tenía todas las nacionalidades cubiertas; no era prejuicioso o racista cuando se trataba de sus asociados, aunque su color favorito era el *verde*.

Este italiano vivía en una mansión que era, según esto, una granja de caballos de docenas de hectáreas de terreno. Entregarle las drogas era fácil porque la propiedad estaba cercada y la casa no era visible desde ningún camino o autopista, así que sólo llegábamos a la entrada frontal, nos anunciábamos, las puertas se abrían y manejábamos a uno de los graneros en los que se guardaba el producto, y nos íbamos sin tener contacto con nadie de la casa. Este capo hacía que sus propios trabajadores distribuyeran la cocaína, marihuana o heroína en los vecindarios de Long Island o en los barrios de la ciudad en tráileres para caballos. Era una manera ingeniosa de mover mercancía, ¿Qué policía buscaría droga entre paja y mierda de caballo?

Bastante seguido, Tony se quedaba en casa y, si teníamos la suerte de que estuviera en Nueva York durante las redadas, si no estaba en el apartamento del Bronx entreteniendo a su *harem* de veinteañeras, había altas probabilidades de que estuviera en la granja de caballos.

Había otros lugares en la lista. Sólo en California había cuatro casas de seguridad, una en Chula Vista, al sur de San Diego; ésa era la primera parada de las drogas que entraban desde México. No era una casa, sino una bodega que compramos a través de una compañía intermediaria que estaba cerca de la propiedad. Era donde los vehículos, en general camiones, descargaban y almacenaban las toneladas de producto que introducíamos. Esta bodega se usaba también para guardar los muchos camiones y autos que transportaban la droga a través del país, y también para dividir la mercancía en paquetes manejables. Era absolutamente necesario estar junto a nuestro producto una vez que tocaba suelo americano. Chula Vista estaba lo suficientemente cerca de la frontera y así podíamos retirar con rapidez las drogas de la calle. Pero esta casa de seguridad era especial por una razón: cada mes, nos reuníamos ahí con los Beltrán y les pagábamos las deudas. Para complacerlos e impresionarlos, no sólo contratamos a un famoso diseñador español para decorar el interior de la mansión; también construimos una copia exacta de la Fontana di Trevi.

Había otros dos lugares en el barrio coreano, una casa donde se embalaba el material y, justo enfrente, un condominio dúplex donde Tony se quedaba cuando no estaba en Inland Empire con María o en Chula vista en el «Castillo Roman».

El último de la lista era una casa grande que Tony compartía con María y sus dos hijos, la cual era usada para rebajar, guardar y embalar, así como para contar el dinero de cada semana. Algunas veces yo organicé el dinero: durante todo el día, calculaba las ganancias y las dividía para nuestros empleados y para los Beltrán.

Antes de que pudiéramos moverlo fuera de la casa, había ocasiones en que las habitaciones estaban tan llenas de dinero, de suelo a techo, que era imposible moverse.

La casa de seguridad en Detroit estaba en la parte hispana de la ciudad y era manejada por un primo de Tony, Carmelo. La ubicación era otro edificio de tres pisos; el primero, una excelente taquería, un restaurante familiar donde muchos de los vecinos comían, incluidos policías. Era una gran cubierta para nosotros. Usábamos los camiones refrigerados para mover droga en paquetes de cualquier comida que te puedas imaginar. Sacábamos la mercancía por la puerta principal, sin importar el número de policías que estuvieran comiendo deliciosas enchiladas.

Todas las propiedades estaban siendo vigiladas en ese momento, con nuestros compañeros agentes de la ley en todo el país en espera del golpe.

Operación casa limpia

La «Operación casa limpia» tardó dos días en consolidarse. Los detectives de la División de Investigación del Crimen Organizado (OCID) del Departamento de Policía de Nueva York tenían que actuar rápido, porque, en *tres* días, mi conductor salía hacía allá a las 6:00 a.m. Transportaría casi media tonelada de yerba escondida en el cajón de su tráiler, que transportaba baleros de metal. De regreso, traería 3 millones de dólares en efectivo de sus varias paradas en las casas de seguridad.

Richie Fagan, un detective del Departamento de Policía de Nueva York que parecía haberlo visto todo, tomó el control y coordinó los planes de la redada con las agencias de policía en Detroit, San Diego, Los Ángeles y el Inland Empire. También organizó, en coordinación con cada unidad táctica aérea de los estados, múltiples vuelos de reconocimiento para fotografiar las casas de seguridad. El objetivo era localizar las entradas y salidas potenciales, pero también analizar cualquier cosa sospechosa en los alrededores, anomalías que pudieran ser detectadas desde el aire, como una entrada de metro o automóviles estacionados en la cercanía durante periodos largos que podrían servir para escapar o evitar el arresto, o que podían transportar hombres bien armados como capa extra de seguridad, contratados por los guardianes de las casas de seguridad, pues ninguno querría estar en la posición imposible de explicarle a Tony cómo les fueron arrebatados millones de dólares en mercancía y dinero, y aún así seguían con vida.

Así inició una odisea de cuatro días de ansiedad sin paralelo, de pavor y miedo a lo desconocido.

Acorde al plan, mi mejor conductor, Pedro, salió puntual a las 6:00 a.m el día previsto. Como en sus encargos anteriores, le tomaría cuatro días y algunas horas, dependiendo del tránsito, llegar a los límites de Nueva York. Lo esperábamos más o menos a las 12:00 p.m. Al mismo tiempo, se consiguieron las órdenes de cateo para todos los sitios mientras tres equipos de policías y agentes los vigilaban todo el tiempo en cada ciudad para asegurarse de que la mercancía no fuera movida *de improviso*.

Una red se extendía, en espera de que la señal de «luz verde» —«Impacto»— fuera transmitida a los radios portátiles a través de tres estados. Una vez que la densa red de justicia americana fuera lanzada, Tony sería uno de los peces gordos atrapados. Si no —si algo saliera mal y él siguiera libre—, mis días en esta Tierra verde de dios estarían contados.

Por cuatro agonizantes días, no vi a Tony, y estaba empezando a pensar si le habían advertido. Había muchas maneras en que los agentes o policías podían, sin quererlo, filtrar información. Por ejemplo, el juego del teléfono: entre cervezas y un juego de dardos, un policía le cuenta a un amigo sobre la redada, y ese amigo le cuenta a otro que desconoce la importancia del caso y podría preguntarle burlonamente a algún informate confidencial o a algún agente de campo si sabía algo sobre *una gran redada que estaba a punto de suceder* en su vecindario. Ese informante confidencial, que tal vez fuera un agente doble o que tal vez buscara ganarse el favor de alguno de los guardianes de las casas de seguridad o de algún amigo de ellos, les advertiría. Otra situación podría ser tan simple como que dos policías hablaran en un bar que podría no ser *tan legal* y los escucharan conversar sobre la redada. Con tantas personas en la planeación del golpe, la posibilidad de una fuga me mantenía despierto por las noches.

Permanecí en mi casa todo el tiempo, con el celular pegado a la mano mientras contaba las horas para que empezara la operación.

Dormía en la habitación del primer piso, bien pertrechado, con armas y munición, aunque dormir no es la definición más adecuada. Pequeñas siestas es más cercano a lo que hacía y duraban más o menos veinte minutos cada una, y después me ponía alerta por algunas horas, cabeceando por otros veinte minutos o una hora. Era una batalla continua entre el sueño y la vigilia. El yin contra el yang en que se había convertido mi vida.

En la tercera noche, con apenas diez horas de sueño en total, no podía mantener los ojos abiertos. Recuerdo que, por un tiempo, me sentí suspendido en ese maravillo y precioso espacio entre la conciencia y el sueño, por completo alerta de la magia que una mente en total relajación y un cuerpo exhausto pueden ofrecerte.

Estaba en un mundo inferior, entumecido, sin vida; flotaba en un aire aterciopelado y oloroso. A la distancia, escuchaba el sonido rítmico de una cascada que se convertía en un arroyo lento. Deambulé cada vez más cerca de esta cascada, flotaba, no dentro de agua reluciente, *sino sobre ella*. Era una experiencia mágica. Mientras me acercaba a la cascada, podía sentir la brisa en mi cara; el aire, abundante y con olor a miel dulce; y, extrañamente, entre más cerca estaba de ella, más se alejaba su ritmo pulsante. Podía sentir que estaba justo ahí, girando y volando en el aire sobre las aguas turbulentas debajo de mí. La miel se mezcló con el aroma limpio del aire y comencé a subir y bajar, cada vez más rápido.

Me incorporé y busqué mi arma de inmediato. Había desaparecido; alguien me la había arrebatado del pecho. Abrí los ojos con pánico y ahí estaba, sobre mí, solo.

—¿Tony?

Sostenía firmemente mi Glock, sin el más mínimo temblor, lo que indicaba que no se arrepentiría de lo que iba a hacer o de lo que me había hecho durante años. La pistola estaba a centímetros de mi cara, tan cerca que pude oler el aceite con el que la había limpiado hace un par de horas.

Habló con calma, sin emoción. Dijo:

—Sabía que en algún momento me arruinarías, *puta*.

Hizo una mueca.

¿Cómo demonios entró? ¿Dónde estaban los policías que se suponía vigilaban mi casa? ¿Inez, los niños, estarían bien?

Un millón de pensamientos pasaron por mi cabeza en un segundo.

Entonces me di cuenta de que sus manos estaban cubiertas de sangre, *sangre seca.*

El interior de mi boca me supo a ese sabor familiar, como de cobre: miedo y pavor; sentí que mis orejas pulsaban, oí la sangre correr por mis venas.

Traté de moverme, pero él apretó la pesada Glock contra mi frente y me sumergió más en los cojines del sofá.

Mientras jalaba el gatillo, solté una patada y caí en la gruesa alfombra. Rodé y le disparé a Tony y después le disparé al otro matón que había aparecido de repente en la habitación. Mis manos sudorosas temblaban sin control, el sudor hacía que los ojos me ardieran y me impedía ver con claridad. No podía distinguir si el otro hombre tenía un arma, pero supuse que ya habría disparado si tuviese una. Tomé la Glock en donde la había tirado Tony y empecé a jalar el gatillo; escuché claramente mi nombre, alguien gritaba: «¡Roman! ¡Roman!» Y a través de la mira vi al fin a quién me enfrentaba.

¡Inez!

Me tomó cerca de medio minuto tomar conciencia y entender por completo lo que había hecho. Estaba empapado en sudor, hiperventilaba.

Y todo se aclaró. No había nadie en la habitación poco iluminada, además de Inez y yo. Ella vestía una bata, lloraba y temblaba sin control a los pies del sofá. Sus manos y brazos cubrían su cara y cuerpo en una postura defensiva, como si estuviera a la espera del disparo mortal.

Miré la pistola, que todavía sostenía con firmeza en mi mano, y la aventé al otro lado de la habitación como si fuera una serpiente venenosa lista para atacar. Nunca más tendría otra en nuestro cuarto con nosotros.

Por ahora, sólo podía llorar.

El reloj marcaba las 12:02 a.m. Sólo habían pasado cinco minutos desde que caí dormido en los brazos de Inez. Sólo unas horas más para el juicio de Tony.

Llamé a Mike y le pedí que se asegurara de que mi casa fuera vigilada tanto al frente como por atrás.

Mike me entendió, pues estaba muy consciente de la emoción en mi voz. Con calma, me repitió que había tres equipos de duros y experimentados operadores ex Delta y SEAL de la Marina muy bien escondidos y con vista a todas las entradas de mi casa.

—Nadie va a entrar, Roman, y si lo intentan, morirán en segundos —hizo una pausa—. Escucha, todos sabemos lo que están sufriendo tú e Inez, pero te prometo que se acabará mañana. Y entiende esto: no pararemos hasta tener a ese maleante esposado. Te lo juro. No va a salir de prisión, pero si lo hace, será demasiado viejo como para orinar derecho. Confía en mí, Roman, he encontrado a tipos que viven en casas de árbol en selvas de Guinea. No hay ningún lugar en la Tierra donde este hombre pueda esconderse de nosotros.

Le agradecí por el consuelo.

—Buenas noches, compañero —dijo.

Colgué el teléfono, caminé a nuestra habitación y me acurruqué al lado de Inez. Saber que la casa estaba vigilada me dio suficiente alivio como para dormir.

Mi alarma sonó a las 4:45 a.m., y llamé a Tim Dowling de camino a la oficina, como me habían dicho. Él me dijo que un auto me seguiría hasta la ubicación. No había necesidad de contrainteligencia en este viaje a Ramona; el vehículo que me seguiría determinaría si alguien me vigilaba. También me dijo que otro auto relevaría al primero para que éste vigilara a Inez. Si abandonaba la casa, la seguirían y otro vehículo permanecería ahí hasta que regresara.

Mientras llegaba a Ramona, agentes en todo el país tomaban sus posiciones. Al Harding, que coordinaba y supervisaba la operación entera, caminaba nervioso conmigo rodeado de otros cuatro agentes de la DEA que yo no conocía. Ellos serían los encargados de que las comunicaciones y las computadoras funcionaran y que todas las llamadas de Pedro fueran vigiladas y que cada movimiento suyo fuera registrado con base en la información que nos daba la torre telefónica. Mike, Pete y Tim, junto con otros diez agentes, se encargaban de «el banco» en el condado Riverside, y había otras docenas de hombres, tanto de la DEA como detectives locales, en cada casa de seguridad, todos armados hasta los dientes en caso de que encontraran resistencia.

Nadie vigilaba a Tony. De hecho, teníamos cuatro días sin saber de él. Eso me ponía muy nervioso.

Escuchamos a los policías seguir a Pedro en la Interestatal 80, en Nueva Jersey, con dirección oeste hacia el puente George Washington. Los detectives de tres policías estatales lo seguían desde Pennsylvania y tenían un contacto visual excelente.

Con cada minuto que pasaba, el impulso de pensar en todas las maneras en que esta operación podría ser violenta y resultar muy mal era más difícil de contener. Me recordé a mí mismo que las casas de seguridad en los tres estados estaban siendo vigiladas. Todos estaban en su lugar y a la espera de la señal para iniciar.

Caminé y reflexioné mucho en esas tensas horas en espera de que algo pasara. Pensaba en lo que estaría haciendo si nunca hubiera entrado en el negocio de las drogas, pero también pensaba en lo que me pasaría a mí y a mi familia si Tony escapaba. Sin duda, nos encontraría, y decidí en ese momento y en ese lugar que si eso pasaba, lo encontraría primero.

Oí la voz de Richie Fagan en el altavoz de la base de Ramona mientras se preparaba. Era la una de la tarde, las cuatro en Nueva York. Pedro había llegado apenas al puente George Washington y se dirigía hacia el camino sur del río Harlem. Había tres unidades que seguían el camión desde una distancia segura. Si de alguna manera descubría que lo vigilaban y advertía a sus compañeros para que movieran todo, cada equipo tiraría las puertas de las casas de seguridad y procedería al arresto y decomiso.

Durante la noche, Pedro llamó a las casas de seguridad y les informó que había tránsito en algunos estados y que llegaría tarde. Cuando por fin llegó a su primera parada, fue una de las que yo no conocía. Una de las de Tony. Cómo podía haberla ocultado de mí, sólo tenía una explicación: apenas acababa de alistarla.

Esta casa estaba en DUMBO, Brooklyn, una antigua zona industrial que se estaba convirtiendo en un barrio residencial de clase alta, con increíbles vistas del Río Este, de los puentes de Brooklyn y de Manhattan y del distrito financiero de Manhattan. Entre las concurridas calles adoquinadas de DUMBO había un muelle del siglo xix, en donde Pedro se encontraría con dos montacargas.

El equipo decidió entrar en este sitio antes de soltar la señal de luz verde. El razonamiento era que querían que Pedro hiciera otra llamada y averiguar a quién advertía primero. Lo más seguro era que si no le marcaba a Tony, sería a alguien muy cercano a él y, por tanto, se cerraría la red y las posibilidades de arrestar a Tony de inmediato. Él era su objetivo principal y saber dónde estaba facilitaría la operación y, sobre todo, la aceleraría. Si Tony no estaba en ninguna de las casas de seguridad, «Impacto» comenzaría.

Richie Fagan estaba en el lugar de entrega y, en cuanto el cajón del tráiler se abriera, él y dos docenas de policías lo rodearían como una manada de búfalos salvajes.

Para mí, ésta era la parte más tensa de la operación porque sabía que algunas veces Pedro cargaba un arma, a pesar de que yo lo había entrenado y le había dicho que nunca cargara una porque se sumaría a los cargos que recibiría si el camión era incautado en un punto de revisión o en una redada. Sin embargo, también sabía que Tony había insistido a mis espaldas que Pedro y otros conductores trajeran siempre una en estos traslados largos *sólo por si acaso*.

Pedro era un chico de treinta y tres años con una voz suave que venía de una familia trabajadora de Chihuahua, México. Enviaba la mayoría de su dinero a sus familiares y a su rancho ganadero. Pedro no era un asesino, pero como cualquiera bajo la influencia de Tony, sabía que si no luchaba por las drogas, Tony no tendría piedad.

Me senté con mis manos casi cubriendo mis oídos mientras escuchaba a los policías gritarle órdenes; esperaba que algún policía dijera: *¡Disparamos! ¡Hombre abatido!*

Era una tortura. Después oí que tenían a todos en la fábrica, incluido el chofer, en custodia y bajo arresto. Pedro no podría hacer la llamada, por lo que la misión todavía estaba controlada. Los detectives revisaban el tráiler.

Les tomó un rato descargar la caja de nueve metros cúbicos usando los montacargas, y para mi enorme sorpresa, lo único que encontraron fueron *pallets* y *pallets* de baleros de metal.

Al me miró nervioso. No dijo nada, pero supe que estaba pensando en el grave problema en el que estaría si éste no era un trasporte de drogas. La situación era que yo no sabía qué tráiler había tomado Pedro; algunos de ellos tenían espacios secretos, otros, dependiendo del contenido del camión, traían las drogas en cajas o paquetes. Pero baleros eran baleros, y no era difícil de deducir que eso era lo único que había dentro del camión.

—Que midan el interior del camión y luego el exterior —le dije a Al. Si había alguna diferencia entre las medidas, eso significaba que dentro tenía una pared falsa.

Esperé y esperé, sudando y mordiéndome las uñas hasta la cutícula. Al fin, le dijeron a Al que había una diferencia de 1.5 metros entre el interior y el exterior. Por fin, me relajé, respiré hondo y con tranquilidad le aconsejé a Al que desmontara la pared falsa.

Dentro encontraron la casi media tonelada de marihuana y un millón de dólares en efectivo. Era dinero que Tony no me había reportado, pero que estaba seguro de que era dinero que transportaba hacia Nueva York para esconderlo de Héctor y de mí. Levanté un puño en el aire de lo contento que estaba. El riesgo de esta operación estaba empezando a dar más frutos de lo que había imaginado.

La primera parte de la «Operación casa limpia» se había terminado; pero ahora venía lo difícil: asegurar las otras ubicaciones sin que ningún policía saliera herido y, en el proceso, llevar a Tony a la justicia.

Richie Fagan, calculador como siempre, le permitió a Pedro llamar desde su auto y se alejó para darle a Pedro una sensación de privacidad. Pedro hizo lo que se esperaba: llamó a la casa de seguridad en Corona, Queens, les dijo que lo arrestaron y que necesitaban mover la mercancía. Lo que Pedro no sabía era que esta llamada estaba siendo vigilada y, en cuanto Richie la escuchó, llamó a los hombres que vigilaban esa casa de seguridad para que iniciaran ya el operativo. Los detectives estuvieron dentro en dos minutos y nadie en ese lugar hizo otra llamada de alerta, así que los demás encargados de las casas seguían sin saber de la redada.

La casa de Corona tenía cuarenta kilos de cocaína y 3 millones en efectivo, así como algunas armas sin número de serie. Tony no estaba ahí. Asumiendo que seguía escondido en Nueva York, no tenía idea en dónde más pudiera estar.

Eran casi las 9 p.m. y fue entonces cuando Richie Fagan dio la señal «Impacto».

Empezó.

Cada lugar fue atacado simultáneamente, desde California hasta Detroit, de Nueva York a Medford, Long Island.

Y Medford, Long Island, fue una maravilla.

Los detectives atacaron con celeridad y con el seguro conocimiento de que podrían estar caminando hacia sus muertes. Entraron por las amplias puertas delanteras y traseras, con las armas en mano y gritando:

—¡Todos al suelo!

Y lo que encontraron fue algo que nadie —ni yo— esperaba. Había catorce mujeres sentadas alrededor de una televisión gigante; comían palomitas, tomaban sodas y cervezas mientras veían *Melrose Place*. Una vez que escuché esto, supe que Tony estaba en el edificio.

Melrose Place era la serie de televisión favorita de Tony, y *nunca* se perdía un episodio. Estaba obsesionado con el programa y en muchas ocasiones se podía pasar horas y horas hablando de los personajes, sus historias, con quién se quería acostar y a quién quería matar. Catorce mujeres y un nuevo episodio de su serie favorita era lo que Tony consideraba una fiesta perfecta.

Previsiblemente, Tony se entregó sin oponer resistencia. Sí, era un maniaco, pero no era estúpido. Ésta era una batalla que no podía ganar: veinte policías de Nueva York muy bien armados. Me sentí liberado y también sentí un poco de lástima por las mujeres que habían experimentado el miedo que, sin duda, inspiraba este golpe.

Todos los otros lugares fueron atacados sin bajas de ningún lado. Gracias a la coordinación estrella del detective Fagan de la OCID del Departamento de Policía de Nueva York y gracias a la planeación de los hombres y mujeres de la DEA y de los departamentos de policía en todo el país, fue una redada ejecutada a la perfección.

En total, en la operación se recuperaron 30 millones de dólares en efectivo, casi una tonelada y media de marihuana, sesenta kilos de cocaína, veinte kilos de heroína, noventa kilos de metanfetamina y un total de treinta y seis pistolas, armas automáticas y rifles de cacería.

La División de Moral Pública de la Oficina de Control del Crimen Organizado del Departamento de Policía de Nueva York, cuya principal responsabilidad era desarticular clubes clandestinos, lugares de apuestas, circuitos de prostitución y similares, atacó el club ilegal que Tony regenteaba en Washington Heights. Era un lugar lleno de dinero y prostitutas. Les tomó a los policías cerca de cuarenta minutos abrir la puerta de acero, pero una vez dentro se pusieron a trabajar. Con sierras eléctricas en mano, destruyeron el lugar.

En las fotografías tomadas después del suceso, no quedaba nada más que madera rota, muebles dañados, tuberías y cables cortados, vidrio roto y espacios abiertos donde antes había puertas de cristal. En el apartamento de la parte superior del club había veinticinco personas, entre clientes y personal de seguridad, todos intentaban subir la escalera para escapar por el techo, pero ahí los esperaba un número igual de detectives. Todo el personal de seguridad y algunos clientes portaban armas. Fueron arrestados. Cada uno de ellos pasaría un algún tiempo en «las tumbas», el centro de detención de Manhattan, un lugar de 150 años, de granito y que recordaba a una antigua tumba egipcia; luego serían enviados a la isla Rikers, la famosa y violenta prisión de Nueva York, donde los criminales serían encarcelados mientras esperaban juicio, otros cumplirían sentencias cortas y otros serían transferidos a prisiones estatales.

Adicionalmente, dieciocho hombres fueron arrestados en las casas de seguridad de Tony. Ni Héctor ni Raúl estaban entre ellos. Las catorce mujeres que estaban con Tony fueron liberadas.

Richie Fagan les indicó a los detectives que detuvieron a Tony que lo llevaran a la oficina del fiscal de distrito de Manhattan antes de conducirlo a la central para procesarlo. Ahí, Richie Fagan trataría de negociar con él, aunque yo sabía que era un acto inútil.

Después supe que Richie era excelente en eso; de hecho, no sólo abría las negociaciones con los criminales más duros, también las cerraba. Los trataba con respeto, pero también les decía la cruda verdad sobre sus desventajosas y poco envidiables circunstancias. Desde el otro lado de la mesa, les enseñaba fotografías de sus hijas y les decía:

—Veinte años lejos de esta pequeña; te vas a perder todos los momentos importantes de su vida. Nunca olvidará las veces que su papá estuvo con ella, o que no estuvo. Pronto tendrá citas y sin un hombre en la casa que la guíe... Bueno, ¿realmente necesito decir eso?

Pronto vería esto de primera mano: miraría a Richie transformar en plastilina al más duro de los tipos.

El problema que enfrentaba Richie con Tony era que Tony era único. Tenía hijos por todos lados pero nada de amor por ellos. Y como su familia y sus amigos también estaban inmiscuidos en el negocio del narcotráfico, hablar con Richie sólo era ponerlos en peligro. Era una regla indeleble del negocio de las drogas —una que Tony conocía mejor que nadie— que si hablabas sobre los tratos o las personas con las que habías trabajado, cada uno de tus familiares, incluso conocidos, sería destripado. Sólo después de que cada uno de ellos fuera torturado y asesinado, el delator sería el objetivo.

* * *

Al siguiente día, nos reunimos en la oficina de San Diego a las 9:00 a.m. para discutir los reportes de la operación. Los líderes de cada ciudad estaban presentes a través de una conferencia telefónica. Quería saber qué estaba diciendo Tony: ¿cuál era su actitud?, ¿les dijo a esos detectives que sabía quién lo había delatado? Si sí, estaría mandándome un mensaje y necesitaría hacer más para proteger a mi familia de él.

El trabajo de los detectives apenas comenzaba. Nuestra tarea ahora era determinar quién era quién en la organización —algo en lo que yo podía ayudar— y, después, el enorme reto de negociar con ellos para que delataran a sus superiores y ayudar a los detectives a infiltrar a alguien en los cárteles mexicanos o, al menos, tener a un elemento que pudiera observar las actividades del cártel desde una postura de socio comercial. Era un juego interminable de recolectar información, corroborarla y diseminarla entre las varias agencias que ayudaban a mantener las drogas fuera de la calle.

Cuando pregunté si Tony había hablado, Richie dijo algo interesante. Dijo que, en realidad, Tony parecía derrotado, casi como si se hubiera dado por vencido. Fue un caballero con Richie y, después de que Richie le llevó un sándwich, una soda y un paquete de cigarrillos, tuvieron una entrevista cordial. Cada pregunta fue elaborada cuidadosamente —no tan difícil, no tan fácil, las simples primero—, pero Richie no llegó a ningún lado; de hecho, se agotó.

Tony le dijo:

—Con todo respeto, detective, déjeme preguntarle algo. Si lo atraparan haciendo algo que pusiera en peligro su trabajo, su forma de vida, un trabajo para el que nació y que amara con todo su corazón, y sus jefes lo visitaran y le dijeran: «Hey, detective, vamos a dejarlo en su trabajo, pero tiene que entregarnos a todos sus familiares para que respondan por sus crímenes; ellos serán torturados y asesinados», ¿los entregaría? ¿Haría eso para salvar su trabajo?

Sin embargo, lo que Tony no consideró fue el daño que hacían estas personas que protegía. Si tu familia no ha hecho nada malo, tu trabajo como informante no es mandarlos a prisión. Era encontrar peces más y más grandes en la periferia de tu círculo de narcotráfico y crear un mejor mundo para todos sacándolos de la calle.

Pero Richie entendía bien lo que Tony le decía: no iba a soltar ni una palabra sobre su trabajo. Tony cerró la conversación:

—Mire, le agradezco que me trate justamente, pero entre más esté aquí, más sospechoso me vuelvo, porque si usted no cree que el jefe de mis jefes no sabe el momento exacto en que me trajeron aquí, en lugar de encerrarme en el acto, está usted equivocado. Entre más tiempo pase en esta habitación, más fácil será para ellos asumir que estoy hablando. Así que apreciaría si pudiera terminar con esto y dejar que me procesen para que no haya ningún malentendido con mi gente.

Richie pudo mantener a Tony en la oficina del fiscal de distrito toda la noche, si hubiera querido y así consolidar su caída. Pero la moneda de Richie era su excelente calidad como policía y, más allá de eso, su decencia como ser humano.

174

Aceptó la lógica de Tony y lo dejó salir para que lo procesaran en menos de diez minutos. También, destacó el hecho de que Tony no hablara.

—Es un hueso difícil de roer —dijo a los policías de la central—. No se molesten en llevarlo con el fiscal para que hable con él.

La sentencia de Tony fue de diecisiete años sin opción a libertad condicional. Tony no saldría a las calles hasta que tuviera casi setenta años y eso sólo si era un prisionero modelo, lo cual yo sabía que era imposible. Un equipo de contadores forenses analizó sus cuentas de banco y de inmediato congelaron las que tenía en el extranjero. El Departamento de Estado entró en el proceso y negoció con los organismos extranjeros que guardaban sus millones. Tony no vería nunca un centavo de ese dinero y, una vez que los contadores descubrieran quiénes era los apoderados legales de sus cuentas nacionales, serían arrestados y esas cuentas canceladas. Tony estaría quebrado.

Después de oír que había órdenes de aprehensión para Héctor, hizo lo que tenía que hacer: huyó. Ahora que su amigo, guardaespaldas y benefactor estaba tras las rejas, no había nadie que lo protegiera de los hermanos Beltrán, que sin duda estarían más que dispuestos a cobrar los 2 millones de dólares que les debía. Héctor tendría que esconderse para sobrevivir y, mientras estuviera allá afuera, yo tenía que permanecer alerta.

Hice un trato con mis compañeros para mantener a Raúl fuera de la cárcel. Era un criminar menor y no significaba nada para nadie, más que para mí. Si lo atrapaban en una venta o en algo ilegal, le dirían que lo enviarían a la prisión donde estaba Tony, lo cual era una sentencia de muerte casi segura.

Se registró que yo también fui arrestado y que me enviaron a una prisión que no se reveló. Todavía tenía que trabajar más para librarme, pero por un tiempo mantendría un perfil bajo. Con suerte, el rumor llegaría hasta los Beltrán de que a Tony y a mí nos arrestaron en un operativo importante. Pero ¿lo creerían los Beltrán? Sólo el tiempo lo diría.

II
El cártel

Un regalo inesperado

Buscaban a Héctor. Lo buscaban los Beltrán por la enorme cantidad que él les debía. Lo buscaban varias agencias de la ley, todas ansiosas de arrestarlo para tener cierto crédito en los numerosos arrestos y decomisos que habían sucedido. Me preguntaba quién lo atraparía primero.

Nunca pensé que podría escaparse. No era posible. Héctor no era Tony: no planeaba, no negociaba. Tony era el cerebro y el músculo, y ahora Héctor estaba solo, arruinado de toda manera imaginable.

Sin embargo, la situación todavía me preocupaba. Yo era el siguiente en la línea de sospecha: el único que había estado en esa habitación con los Beltrán y que todavía no estaba tras las rejas. Por suerte, los Beltrán no sabían mi dirección. Pero ¿qué tan difícil sería encontrarme?

Así que, naturalmente, veía cosas en mi espejo retrovisor. De vez en cuando, un helicóptero sobrevolaba mi propiedad al amanecer y, de nuevo, al ocaso. ¿Era posible que estas visitas fueran alucinaciones causadas por la paranoia?

Sin duda, cada hora aumentaban los asesinos potenciales que me tenían en la mira. Con la caída de Tony y Héctor escondido, él tenía que saber que yo planeé todo el operativo —¿quién más tendría esa información?—. Pero mi principal preocupación era que una caravana de psicópatas de fuerzas especiales mexicanas, contratada por los hermanos Beltrán, me eliminara en la calle, o peor, en mi cama, con mi familia incluida. Veía movimiento y vigilancia a donde quiera que fuera. También, me esforcé mucho en enseñarle a Inez cómo manejar la escopeta Mossberg, «la barredora», que ahora le hacía tener siempre a la mano cuando estaba sola en casa. ¿Era feliz aprendiendo a disparar? Por supuesto que no, pero ella sabía que éste era otro bache que tendría que soportar a causa de la nueva línea de trabajo que yo había elegido.

Por supuesto que es difícil no estar paranoico con los asesinos que los Beltrán contrataban. No eran los tipos que se dieran a notar hasta que estabas colgado boca abajo en una fábrica abandonada en Ciudad Juárez, México, con cuatro neumáticos alrededor de tu abdomen, y te despertaba la gasolina que echaban sobre tu cabeza mientras alguien jugaba con un encendedor.

Una mañana de esos días tensos, no mucho después del operativo, salía de mi estacionamiento. Miré hacia todos lados por si algún auto estaba en la cercanía vigilándome; todo lucía tranquilo, pero mientras daba la vuelta en la esquina, una cabeza salió por detrás de un poste telefónico. Raúl, la única persona suficientemente delgada como para que un poste telefónico lo ocultara por completo y una de las últimas personas que esperaba volver a ver.

Estaba paralizado. ¿Era una trampa de Héctor para arrastrarme a algún lugar y asesinarme? ¿Raúl descubrió que le dije a Tony que fue él quien habló con los federales y ahora buscaba venganza? Casi derrapé, mi pie apenas tocaba el freno mientras que el otro estaba sobre el acelerador. Si lo veía sacar un arma, estaba listo para atropellarlo.

Entonces vi su cara, trastornada por la preocupación; sus ojos reflejaban un miedo mortal. Supe que no había ninguna trampa.

Nos miramos por unos segundos antes de que se acercara con cautela. Alzó sus manos para indicarme que estaba limpio, luego levantó su camisa y giró como una bailarina; no venía armado.

Bajé sólo un poco la ventallina del auto.

—Hay un montón de sicarios que te buscan —dije—. Sabes que todas nuestras casas fueron aseguradas por la policía, ¿verdad?

Se quedó quieto.

—¿Qué quieres? Y por cierto, no estuvo bien que vinieras aquí, porque si alguien te está siguiendo, lo trajiste justo a mi puerta y a la de mi familia.

Dejó caer la cabeza como un niño regañado. Dijo con voz calmada:

—Escucha, Rome, necesitamos hablar y estar afuera no creo que sea buena estrategia.

Reí. De alguna manera, me sentía agradecido que este idiota al fin me hubiera dado un camino para salir de la peligrosa vida que había llevado por años, pero nunca le podría revelar eso.

—¿No es buena estrategia? No, conducir en sentido contrario en una superautopista rodeado de policías, ¡esa no es buena estrategia!

—Necesitamos… necesitamos hablar. Estoy desesperado, ni siquiera puedo contactar a mi hermano Héctor. Y necesito de tu ayuda. Eres el único en quien puedo confiar.

—No puedes contactar a tu hermano porque lo buscan los federales y quizá esté escondido en Groenlandia.

Le dije que subiera; era peligroso hablar allí. Cuando estuvo sentado, aceleré.

Tomé la interestatal y miré mis espejos por si alguien nos seguía. Después de unos kilómetros, giré en la vuelta para vehículos de emergencia y, sin parar, la crucé y avancé en la otra dirección; casi nos estrellamos con un desfile de autos y sus comprensiblemente furiosos conductores tuvieron que frenar para que un loco pasara por su carril.

Durante esta maniobra de locura, sudé más de lo que creí posible y Raúl gritó cual si fuera una niña de ocho años.

Ahora al fin, podía calmarme. Nadie nos seguía, pero si alguno hubiera sido tan loco como para intentarlo, lo habría notado al momento.

Miré mi reloj.

—Tienes dos minutos —le dije a Raúl—. Haz que valgan la pena o, que dios me ayude, te aviento por la puerta justo aquí.

—Espera un minuto. No creerás que fui yo quien dio la información sobre las casas de seguridad, ¿verdad? ¡Ni siquiera sabía dónde estaban y lo sabes!

Le dije que lo único que sabía era que tenía un abogado en alerta por si los federales venían por mí y que había gastado una fortuna en la fianza. Fui duro con este tipo. Necesitaba mantenerlo distraído, porque aunque pareciera inofensivo, si se ponía a pensar por un segundo, se daría cuenta de las pocas personas que podrían haber delatado a nuestra organización y la claridad, a sólo unas semanas de nuestro arresto en Utah, con que yo encajaba en la descripción de alguien que lo haría.

—Dos minutos —le repetí.

Empezó a asentir vigorosamente.

—Está bien. Dos minutos. Perfecto, *primo*. Por cierto, lo que tengo podría ayudar a que pagues tu abogado.

El tránsito en la calle disminuyó y aceleré sin dirección, como para hacerle notar mi aburrimiento.

—Hay algo que necesito —dijo—. Necesito dinero para irme de aquí. Pero ¿cómo voy a conseguir dinero sin contactos?

No podía creerlo. Su poca pericia para conducir había llevado a mi arresto —lo que debe ser una de las cosas más enervantes que hayan pasado en mi lujosa vida— ¿y me estaba pidiendo dinero a *mí*? Reí.

—No doy caridad, Raúl. Ese numerito de Utah pudo ponernos a ambos tras las rejas.

Empezó a disculparse y me di cuenta de que ésta era mi oportunidad de descubrir si Tony había enviado a Raúl para probar mi lealtad. Necesitaba mostrarle que todo estaba bien entre Tony y yo.

—Me traicionaste y le dijiste a Tony que *yo* los había delatado —dije, sacudiendo la cabeza—. Tienes suerte de que no te mate en este momento para salvarte de la tortura de Tony —miré mi reloj—. Tienes cuarenta y cinco segundos, por cierto.

Ahora estaba desesperado, se agarró el grasoso y gris cabello como si fuera un niño haciendo una rabieta. No le había dicho nada a Tony, ni siquiera había hablado con él desde el transporte de Michigan. Me rogó que le creyera.

Lo hice, pero que me entregara a Héctor era mi peor miedo. Lo presioné.

—Sé que no le dijiste a Tony, sino a *Héctor*, maldito soplón, y Héctor le dijo a Tony para salvarte el pellejo.

—¡Roman, hombre, eso no es verdad!

Sus ojos estaban llenos de lágrimas y, por primera vez, sentí un poco de culpa por lo que le estaba haciendo. Ese hombre con mirada de loco, pero inocente, nunca estuvo a la altura de las sustancias con las que se involucró y de todos los desequilibrados que atraían.

—¿Sabes qué le dije a Héctor? Le dije que cooperé con los federales para tratar de sacarnos a los dos de ahí, que tal vez pensarían que cooperaría también después, pero una vez que estuve fuera, nunca me volvieron a ver porque soy como el viento.

Lo miré fijamente. Era un mal y compulsivo mentiroso —todos los adictos lo son—, pero lo que estaba diciendo no sonaba como algo que pudiera inventar, pero si esto era una trampa, yo ya estaría muerto. Todo empezó a tener sentido. Héctor le inventó a Tony que yo los había traicionado, no Raúl: esto le daría tiempo a Héctor para quitar a Raúl de la mira. Pero lo que Héctor no vio fue que Tony, sobre cualquiera, confiaba en mí. Mi lealtad había sido probada por años y ni una vez había fallado —tenía mucho miedo de lo que Tony me haría a mí y a mi familia.

Tony había subestimado el infierno en el que me había puesto —a todos— y cuán desesperado yo había buscado una salida.

Sin rodeos, le pregunté a Raúl qué necesitaba de mí.

Dijo:

—Bueno. Sé que piensas que soy un desastre, pero te voy a demostrar que estás mal. Tengo un plan que va a pagar tu fianza y que nos va a ayudar a desaparecer una temporada: alguien me dijo que una familia mexicana en Ciudad Nefasta tiene un montón de cocaína para vender. Supuestamente, necesitan deshacerse de una tonelada. Y mi contacto me dijo que es una línea directa a los Fuentes.

Miré a Raúl de la misma manera en que miraría un niño que asegurara que vio un hombre lobo. No parecía posible que alguien del cártel Fuentes se fijara dos veces en un *junkie* como Raúl y menos que quisiera hacer negocios con él. Lo hubiera creído tanto como si me hubiera dicho que los Beltrán habían de pronto reconocido su genio y decidieran que él reemplazaría a Tony en la distribución.

—Coca de los Fuentes, dices. ¿Cocaína de la *Reina de corazones*, del *Señor de los cielos*? —miré mi reloj—. Te di un minuto y medio extra.

Me atravesé para abrir la puerta del copiloto y sujetó mi muñeca con una última súplica desesperada. Debe haber notado que la furia se acumuló en mis ojos porque me soltó de inmediato.

—¡Escucha, Rome! La mujer se llama Sylvia. Conocí a su hijo; él sabe que estoy con Tony y contigo, conoce a Héctor; pero es un niño, tal vez de dieciocho, y parece un poco nervioso. Me preguntó si podría organizar una reunión contigo.

Nos miramos y tragué saliva. Tal vez había entendido mal.

—Yo sabía lo enojado que estabas —dijo Raúl—, así que busqué a mi hermano, pero no lo encuentro. No puedo ir con Tony porque está en la cárcel —hizo rápido una cruz con las manos—. Así que pensé en venir contigo. Rome, hay dinero en esto, y el chico preguntó por ti.

Sólo preguntarían por mí —no por Tony ni por Héctor— si ya se oía en las calles que habían encerrado a Tony.

Miré a Raúl a los ojos y vi a un hombre que era la mitad desesperación y la mitad peligro. Había una frialdad en él, una falta de miedo que me hizo darme cuenta de que estaba apostando todo y que en realidad necesitaba hacer eso y más para ganar.

Aquí estaba: mi segundo trabajo de encubierto. Fue también la primera vez que en verdad sentí culpa y dolor al meter a narcotraficantes a la cárcel. Nunca dudé de que era lo correcto sacar a Raúl de este juego sucio —tanto por las personas que podría lastimar como por él—, pero de alguna manera, de una que era imposible con Tony «Loco» Tony, era difícil no sentir lástima por este tipo.

Aclaré mi garganta.

—Está bien, Raúl. ¿Qué le dijiste a este chico?

Fue como si estuviera en el pabellón de los condenados a muerte y yo le hubiera dicho que el gobernador había suspendido su condena y que iba a salir libre por una formalidad. Cerró los ojos y exhaló. Me dijo que si aceptaba, le avisaría a la madre del niño, esta Sylvia, la matriarca de la pandilla, como la llamó. Acepté.

Cualquiera que fuese la organización con la que Raúl se había topado, necesitaba deshacerla desde arriba.

—Necesito reunirme con Sylvia —dije—. ¿Cuándo podría verla?

—Escucha —dijo—, sólo una advertencia: están metidos en cosas extrañas, ese vudú santero que los mexicanos y cubanos practican. Lo sé porque he visto tipos con los mismos tatuajes de la Santa Muerte en una cárcel en La Habana.

Esto me convenció. Los Fuentes, como muchos otros cárteles en México, practicaban una forma de santería mezclada con otras religiones y ocultismo. Tony y yo habíamos oído cómo entrenaban a sus conductores antes de enviarlos en entregas o a cruzar fronteras: creyentes para empezar, los adoctrinaban con rituales complicados, a veces con sacrificios humanos que, según esto, les daban poderes sobrehumanos. Estos choferes en verdad creían que, después de beber sangre humana o de comer un corazón, tendrían poderes místicos y podrían volverse invisibles o, por lo menos, inmunes al arresto. Por supuesto, muchos de estos conductores morían tan rápido y de forma trágica como la gente que asesinaban y devoraban.

El siguiente paso: tenía que estar ciento por ciento seguro de que los Fuentes no sabían de la reciente caída de mi organización.

—¿Dónde están? —pregunté.

—Aquí, en San Diego, cerca de la frontera de Ysidro.

Raúl sacó un trozo de papel y me lo entregó. Era una dirección en Ciudad Nacional. Tuve el impulso de conducir hacia allá en ese momento y ver la propiedad de la matriarca, intentar de alguna manera conquistar esa casa que llegaría a perseguirme en sueños. Pero eso era suicidio y mis colegas en Alianza nunca me perdonarían si iba sin avisarles, no importaba qué tan bien saliera la operación.

—¿Cuánto tienen?

Tenían tanto como quisieran. Raúl dijo que no mentía. Ya me había dicho *eso* antes, pero nunca me había convencido tanto. Literalmente, tenían toneladas.

Era concebible. Una tonelada es mucho polvo, pero si esta familia estaba relacionada con los Fuentes, una tonelada era una gota de agua.

—Y si son tan poderosos, ¿por qué no tienen sus propias redes de distribución? —pregunté—. ¿Por qué nos dan esta gran oportunidad a una organización que ni siquiera conocen y que con toda claridad trabaja para su competencia, los Beltrán?

Resultaba que el cuñado del chico tenía contactos en Estados Unidos pero los federales lo habían arrestado. Todos sus clientes regulares huyeron, pues creían que había cooperado o algo. Temían que uno de sus compradores le hubiera tendido una trampa al esposo, así que tampoco querían tratar con sus antiguos distribuidores. Necesitaban nuevos compradores para librarse del excedente de mercancía y, en palabras de Raúl, sabían lo bueno que era yo.

La paranoia asociada con este negocio es impresionante y entendía con exactitud por lo que estaba pasando esta familia. Hace unas semanas yo estaba en una posición similar y ahora Tony y Héctor tenían el placer de ocupar esa silla: uno en prisión y el otro escondido quién sabe dónde.

—¿Y qué tal si cambiaron de equipo, arrestaron al esposo y están trabajando con los federales?

Tenía que preguntar. Hubiera sido sospechoso no hacerlo.

Raúl contestó honestamente:

—Bueno, no sé, puedes tener razón, Rome. Pero ¿no es algo que podrías averiguar?

Arranqué el auto y Raúl se relajó en su asiento por primera vez. Empezó a jugar con las ventanas, arriba y abajo, con el aire acondicionado y con el radio. Estaba de regreso en su mundo, sin preocupaciones, en su propio asteroide en un recorrido por el espacio. Su curiosidad infantil siempre me impresionaba y supongo que por eso le tenía cierto aprecio. Era como un huérfano perdido y confundido en un bosque maldito. Raúl no estaba hecho para este trabajo, pero en lugar de reconocer esto e internarlo en una clínica de rehabilitación, el idiota de su hermano Héctor había solapado a Raúl mientras construía su imperio.

Si las estrellas se alineaban y esta familia era quien Raúl decía que era, me aseguraría de que le dieran crédito por el dato inicial. Tal vez este caso sería el inicio de su nueva vida.

Pero antes de llevar esta información a Ramona, necesitaba verificarla. Necesitaba conocer a estas personas.

Me estacioné a una cuadra de la casa de «Ciudad Nefasta», con una visión clara del frente y del costado de la propiedad. Abrí las persianas de la ventana trasera polarizada; así podía ver sin que me vieran. Tomé una de las sillas plegables y mis binoculares.

La casa al estilo ranchero se situaba al final de una cuadra horrible. Era una parte en declive del vecindario Ciudad Nacional y muchas de las casas reflejaban este proceso. Aceras rotas, autos inservibles en patios descuidados, muchos muebles en las entradas, tenis en los cables de electricidad, grafitis en los costados de las casas. Pero una casa sobresalía, y era la que observaba.

No estaba en mejor condición que las otras, pero parecía una fortaleza. Una cerca de metal de dos y medio metros de alto, nueva, protegía el amplio terreno. Tenía una puerta eléctrica que dejaba al descubierto un estacionamiento doble en el costado de la casa, lleno de pasto entre las grietas del cemento. Había un pequeño pedazo de tierra al frente, que en algún momento debió ser el jardín; ahora estaba lleno de juguetes. Estos tipos no rentaban la casa por su belleza, ni tampoco estaban interesados en la fachada, en la pintura o, hasta donde pude averiguar con mis binoculares, en la decoración de interiores. Pero el detalle que hacía que esta casa sobresaliera era su sistema de seguridad: cámaras de última tecnología colgaban a ambos lados de la casa, sobre la puerta y en un árbol, la cual tenía una vista clara de la calle.

Vigilé la propiedad durante tres días, a diferentes horas y desde distintos lugares, fuera del alcance de esas cámaras. Una mujer de unos sesenta años iba y venía sin ningún tipo de patrón, siempre en su Mercedes de hacía tres años y siempre en la compañía de un hombre que parecía árabe. Asumí que esta mujer era Sylvia, la que Raúl había llamado la matriarca de la familia. El hombre sólo podía ser su chofer.

El adolescente que se había acercado a Raúl se iba alrededor de las diez de la mañana y regresaba a las cuatro de la tarde. ¿Tendría trabajo? En ocasiones excepcionales, una hermosa mujer, de piel apiñonada, pómulos fuertes y pelo negro, se sentaba en el callejón y vigilaba a un niño mientras jugaba en el jardín. Siempre se vestía a la moda y usaba joyería fina.

Esta mujer no encajaba en el vecindario. De hecho, lucía cansada, como derrotada por sus circunstancias.

En mi entrenamiento como informante encubierto, había aprendido que lo que no sucede a veces dice más que lo que sucede. En esta cuadra llena de maleantes y con autos estacionados en doble fila, con los radios a todo volumen, noté que nadie le dirigía la palabra a esta hermosa mujer, ni siquiera la veían. Claramente, tenía relación con la matriarca y todos lo sabían. Y, como supe después, la matriarca era escalofriante.

Al siguiente día, fui a Ramona y le expliqué la situación a Tim Dowling. Necesitaba que el grupo de Alianza se sumara a este golpe y también necesitaba saber que no había otro equipo que vigilara a esta familia. Tim hizo unas cuantas llamadas y confirmó que no.

Me dio luz verde, pero pude ver que estaba nervioso de que tuviera mi primera misión solo. Si algo me sucedía, lo culparían a él.

Por otro lado, yo tenía fe en que podíamos atrapar a estos narcotraficantes. Conocer a familias como ésta había sido el centro de mi existencia durante los diez años anteriores; mi habilidad para conseguir nuevos compradores y vendedores hizo de la operación de Tony lo que era: una de las mayores redes de contrabando de los Estados Unidos.

Tim también se vio obligado a preguntarme si necesitaba una «sombra» que me siguiera, un agente que me cubriera la espalda. Eso era lo último que quería, en especial con el problema que tenía esta familia. De entrada, iban a sospechar muchísimo de mí. Si se sentían amenazados, este trato no se concretaría y tal vez me dejarían con una bala en la cabeza.

Le dije a Tim que una sombra era más un riesgo que otra cosa. La cuestión con los primeros encuentros es que siempre es un juego, dos perros que se huelen mutuamente. Lo que yo tenía de mi lado era el pedigrí: buscaban venderle a alguien de confianza. No me matarían en nuestro primer encuentro. ¿Cuál sería el punto?

Sonreí.

—No —dije—. Esperarán a que les lleve una bolsa llena de billetes de cien… *entonces* me matarán.

Tim contuvo la risa.

—Es tiempo de que pienses en mudarte —dijo.

Asentí.

—Le diré a Inez. Aunque los Beltrán no saben dónde vivo, sé que un buen investigador privado puede encontrarme. Créeme, después de lo que pasó, no me gusta la idea de que Tony envíe a alguien a mi casa.

No sé si fue mi insistencia de no tener una sombra o mi sinceridad sobre el miedo que sentía por mi familia, pero al final Tim me confesó algo:

—Tenemos personas que vigilan tu casa —dijo. Nunca las había visto, pero ahí estaban—. Te hubiera dicho, pero sabía que eso podría hacer enojar a Inez y francamente no tuvimos opción.

Era tiempo de ganarme mi lugar, terminar mi trabajo con ellos y mudarme con mi familia a una vida más segura y tranquila.

Raúl llamó al chico y le dijo que yo estaba interesado. Nos reuniríamos en la casa de Ciudad Nacional la siguiente tarde. Estaba nervioso de llevar a Raúl por lo que Sylvia, o quien sea que fuera el líder de esta organización, pensaría de nuestro mediador adicto y de casi 60 kilos. Pero ¿qué opción tenía? Raúl tenía que ser sacrificado.

Reina de Corazones,
el Señor de los Cielos

INEZ ME AYUDABA A ELEGIR LA ROPA Y LAS JOYAS PARA EL encuentro que Raúl había pactado con el chico para discutir con Sylvia nuestro posible negocio. Al principio, Inez estaba preocupada por la operación, pero sabía que yo estaba en mi elemento. Escogió el traje Brooks Brothers gris a rayas con solapas anchas y un par de zapatos Gucci de cuero negro.

Todo en este negocio depende de las primeras impresiones y necesitaba encontrar una forma de impresionarlos, a pesar de Raúl. Tenía que exudar lujo porque me revisarían desde el cinturón hasta la billetera, pasando por mi llavero. La ropa debía estar acorde con mi reputación como el distribuidor americano de los Beltrán.

Estaba preparado. Más allá de mi traje de 4 mil dólares y mis accesorios, llevaba un Rolex Daytona de platino, un anillo —también de platino— en el meñique con un diamante de tres quilates, un brazalete de oro sólido y, como guiño

ROMAN CARIBE • ROBERT CEA

para estos mexicanos *piadosos*, un rosario de oro puro con tres cruces tapizadas de diamantes. Esta última parte de mi joyería la dejé un poco cubierta justo por debajo del tercer botón de mi camisa.

Este encuentro era un montaje, un juego del gato y el ratón. Si era muy ostentoso, corría el riesgo de humillarlos; si era discreto, tal vez creerían que no era tan rico como ellos esperaban. La atención al detalle y ver cómo la hermosa mujer en el búnker se vestía me ayudaron a ajustar el nivel de mi disfraz.

Inez me miró y sonrió.

—Eres o un hombre de mundo —dijo— o un narcotraficante… Nunca te vistas así para las juntas de la escuela.

Nos abrazamos y quitó el polvo del brazo de mi traje. Me dijo que no era la misma persona que hace un mes. La verdad *sí* me sentía transformado. Ya no vivía con miedo de la siguiente rabieta de Tony o de las consecuencias de la lujosa vida de Héctor. Mis miedos eran otros. Y sin embargo, tenía más confianza en mí mismo que nunca porque sabía que las personas que me apoyaban en verdad arriesgarían sus vidas por mí.

—Siempre te tuve fe —dijo Inez—. ¿Me llamas antes y después?

Le prometí que lo haría y la besé una última vez.

Raúl y yo nos encontramos en un parque de diversiones en Ciudad Nacional. Giró, orgulloso de cómo lucía. Le pedí que se arreglara, lo que para él significaba ponerse un saco dos tallas más grande que la suya, con su camiseta negra y sus jeans viejos.

De camino a la casa, puse las reglas. Raúl sólo estaba ahí para presentarme a Sylvia o a cualquiera que nos recibiera. Una vez dentro, solamente yo hablaría. Él encontraría alguna excusa para irse y dejarnos negociar.

Parecía decepcionado.

—Pero, Rome, hombre, yo soy quien planeó esto. ¿No parecerá extraño que simplemente me vaya?

—No, de hecho, parecerá exactamente lo que tiene que parecer. Escucha, Raúl, esta gente sabe quién soy. También conocen a Tony y a tu hermano, pero a ti no. Y ya están bastante nerviosos con esta reunión.

No era un secreto que Raúl se drogaba, y me rompió el corazón tener que decírselo, pero si pensaban que mi compañero tenía un problema de adicción, podrían cancelar todo el asunto.

Bajó la cabeza y me pregunté si se estaba dando cuenta de en qué había terminado su vida, de que había desperdiciado todas las oportunidades que le dieron.

—Entiendo —dijo.

Bajó el espejo del copiloto y se miró dura y largamente. Se frotó el rostro con los puños y trató de poner un poco de color en su pálida cara . Como no funcionó, empezó a abofetearse con fuerza y continuó haciéndolo hasta que lo detuve.

—Te ves bien, Raúl. No pienses demasiado esto. Somos amigos, tú y yo, conocidos de tu hermano, que es mi compañero. Si te preguntan sobre Tony, respondes que no los has visto, que tú sólo eres mi chofer. Y diles que no te he dicho nada de esto por tu seguridad.

Asintió.

—No voy a estorbar, Rome.

No quería decirle esto, pero sentí que era necesario:

—Llámame «Roman», siempre el nombre completo. «Rome» hace pensar que somos más cercanos.

Llegué a las puertas eléctricas, que se abrieron para nosotros. Estacioné el auto atrás de dos Mercedes viejos pero en buen estado, lo que sugería algo de riqueza. Antes de bajarnos, tomé a Raúl de la pierna y lo vi una última vez. Cubrí mi boca con la mano, pues asumí que las cámaras podrían hacer un acercamiento a mi boca en ese momento, y le dije:

—¿Estamos bien, hermano?

Me sonrió como si nada hubiera pasado.

—No voy a estorbar, Roman.

Lo pronunció bien. Sin jerga callejera, sin *ebonics,* sin *slang.* Era como si hubiera un ventrílocuo en el asiento trasero.

La puerta principal de la casa se abrió y un adolescente, que se presentó a sí mismo como Estefan, salió. Los dos nos acercamos al mismo tiempo y saludó brevemente a Raúl y luego sacudió con vigor mi mano.

—Es un verdadero honor conocerlo, señor Roman —dijo con un marcado acento mexicano—. Gracias por ver a mi familia hoy.

Me reí.

—Mira, Estefan, los únicos que me llaman señor Roman son mi esposa y mis hijos. Tú puedes decirme Roman.

No entendió la broma y asintió, después nos escoltó dentro de la casa. Por primera vez en una misión, sentí sudor correr por mi espalda. Pensé si había sido un error no traer un arma a pesar de que sabía la falta de respeto (y lo peligroso) que eso hubiera sido. Cuando le conté de la operación a Tim, yo estaba seguro de que esta familia no me lastimaría en la primera junta. Ahora me preguntaba qué haría si algo salía mal y la terrible verdad era que nada: estaba atrapado.

El interior de la casa no era diferente al exterior, excepto por una horrenda combinación de colores en cada pared: verde limón, amarillo, lavanda y azul. El recibidor en el que entré estaba lleno de muebles que parecían salidos de un camión de los sesenta, con cubiertas de plástico incluidas. Lámparas de colores colgaban del techo con gruesas cadenas color café. Había flores de plástico y crucifijos por todos lados.

Una mujer, que reconocí como Sylvia, entró a la habitación. Vestía un colorido Fendi que no sería sexy sin importar quién lo usara; en Sylvia se veía particularmente mal. Nos vimos a los ojos y sentí el más extraño escalofrío recorrerme la espalda, como si estuviera tocando mi alma, devorando mis secretos, aprendiendo todo sobre mí.

Le sonreí lo mejor que pude y le dije que estaba encantado de conocerla.

Su cara tenía tantas operaciones estéticas que parecía que se iba a romper si sonreía un poco más.

En un acento parecido al de su hijo, Sylvia me dijo que el placer era suyo:

—He escuchado muchas cosas buenas de ti —dijo. Sólo después de que soltó mi mano, notó a mi acompañante—. ¿Y tú eres...?

Por suerte, Estefan interrumpió; con toda probabilidad estaba tan preocupado como yo por Raúl. En español, dijo:

—Es el compañero de Roman, Raúl.

Explicó cuál era nuestra relación con Héctor y bajó la voz.

—Él no se va a entrometer entre tú y Roman; sólo está aquí para la presentación.

Sylvia miró con ojos malvados a su hijo, giró hacia Raúl y le ofreció la mano. En el momento en que Raúl la tocó, ella la retiró rápidamente. Me vio en silencio y en su mirada lo dijo todo.

Raúl entendió la indirecta y carraspeó.

—Bueno, te dejo hacer lo tuyo, Roman.

Raúl hizo algo que me impresionó. Señaló un sillón y, en perfecto español, le preguntó a Sylvia:

—Señora, ¿estaría bien si me siento en uno de esos sillones o prefiere que espere afuera en el auto?

Sylvia pensó un buen rato. Luego, con un gesto desanimado, señaló el sillón y le susurró algo a Estefan, quien se sentó en un extremo del mueble.

Seguí a Sylvia por un pasillo largo. Mientras caminábamos, me dijo:

—Un hombre como tú, ¿por qué te involucras con… con ese insecto que acaba de entrar contigo?

Era la pregunta que más temía, porque, a pesar de que estaba preparado, aunque me hubiera levantado a mitad de la noche pensando en ella, no podía contestarla de manera convincente. Mis nervios se erizaron. Antes de que pudiera hacer otra cosa, le di la respuesta que había preparado. Lo conservaba porque era el hermano de mi compañero. Era tonto, pero inofensivo y, sobre todo, leal. Y nosotros, como cualquiera, necesitábamos movernos: era nuestro chofer.

Suspiré resignado y analicé la habitación a la que nos había llevado Sylvia. Ella me sorprendió viendo una estatuilla de Jesús que colgaba sobre una chimenea.

—Mira —dije—. Estaría tan desconfiado como tú si lo hubieras llevado a nuestra primera de muchas, espero, reuniones, porque he escuchado muchas cosas buenas de ti y de nuestros primos allá en el sur.

Se detuvo y me miró directamente a los ojos. Asintió y puso su brazo alrededor de mi cintura.

En ese momento, supe que la había conquistado.

—Hay algunas personas interesantes que estarás feliz de conocer —dijo.

Cuando sonreía, generaba un tipo de calor, como si fuera a lanzarse sobre mí con sus grande ojos color capuchino. Aunque me aterraba la forma en que me estaba analizando, hice lo posible para sonreírle de vuelta. La dejé fantasear todo lo que quisiera si es que eso nos llevaría al siguiente paso en los negocios. Tenía que trabajar.

Entramos a un comedor bastante amplio; en el centro, había un enorme comedor de nogal cubierto de la vajilla más extravagante: platos soperos, cálices para el vino y la platería antigua más fina que haya visto. Era como si esperaran a la reina de Inglaterra.

El techo alto y los candelabros de todo tipo y tamaño le daban a la habitación una sensación gótica. Estaba impresionado por lo bien que comunicaba las intenciones de Sylvia. Ahí fue cuando me di cuenta de que la habitación estaba iluminada sólo por velas y que la abundancia de ellas había elevado la temperatura por lo menos diez grados. Justo en el momento en el que necesitaba aparentar compostura para conocer a sus asociados, saqué mi pañuelo y me sequé el sudor de mi cuello y mi rostro.

Sí, tenía calor, pero también por primera vez ese día estaba verdaderamente aterrorizado. Todos en el negocio de las drogas conocen las historias de canibalismo de la familia Fuentes, sobre los poderes que les dicen a sus empleados que obtuvieron al comer un corazón humano fresco. Mientras sudaba en esta habitación aislada dentro de la casa de Sylvia —bajo lo que parecía un escudo de armas con un hombre encapuchado que portaba unas hoces cubiertas de sangre—, me pregunté si no había cometido un error al pensar que tenía a Sylvia en la palma de mi mano. Si hubiera decidido matarme en ese instante, no habría forma de saber, desde afuera de la casa, qué me había sucedido, no habría nada que alertara a mis compañeros que estaban fuera; nada, hasta que fuera demasiado tarde.

Una televisión enorme pasaba un partido de futbol mexicano. Al final de la enorme mesa, estaban sentados tres hombres, hipnotizados por el juego; apenas nos notaron a Sylvia y a mí. Ella esperó un momento y, como no se giraron para vernos, empezó a golpear un plato con un tenedor. Los hombres voltearon. Parecían sorprendidos de verme sentado al lado de ella en la cabecera de la mesa.

Sylvia me presentó a los hombres. Su esposo, Miguel, era un hombre tranquilo de casi setenta, con un cuerpo fornido y ojos saltones que evidenciaban alguna enfermedad de la tiroides. Los otros eran Robbie (quien vestía una camisa morada), el sobrino de Miguel, y Joaquín, que no entendí quién era. Le pregunté a Robbie qué traía puesto y hablamos de moda. Parecía entusiasmado con la conversación. Me preguntaba si había notado que, cada que quería reír, se me cortaba la voz.

No mencionaron el propósito de esta reunión y, al principio, les seguí la corriente. Aparte de mantenerme vivo, mi intención era analizar a estos hombres —y a Sylvia— para confirmar si ella o alguno de ellos era el líder de este extraño y poderoso clan. Una vez que conociera mi objetivo, podría terminar el trabajo.

Pero en cuanto el partido de futbol entró en la recta final y los cinco hablamos de nimiedades, pude ver que necesitaba tomar la iniciativa.

—De nuevo, es un placer conocerlos, caballeros —dije—. Saben que trabajo con Tony y con Héctor —noté que Miguel y Robbie se miraron mutuamente. Era una pequeñísima comunicación no verbal—. Estamos juntos desde 1985 y...

Robbie me interrumpió

—Con todo respeto, Roman —dijo—, pero vamos a esperar a que todos estén sentados en la mesa para hablar de negocios.

Asentí.

Sylvia trajo platos con comida; tras ella, venía la mujer que había visto en el patio delantero, quien también cargaba platos.

Pronto, todos devorábamos nuestra comida.

El ambiente estaba demasiado tranquilo. En lo único en lo que podía pensar era en lo lento que se desenvolvía esta reunión. Me pregunté qué estarían pensando mis sombras allá fuera. Tim me había convencido de que los necesitaba, pero ¿qué podrían ver —o hacer— desde fuera? ¿Cancelarían esta operación e irrumpirían en la casa si no salía?

Traté de congraciarme con la familia.

—Tengo que preguntar —dije—. ¿Encienden todas estas velas y candelabros cada noche antes de cenar o sólo para ocasiones especiales como ésta?

Al principio, permanecieron en silencio. Luego, Robbie empezó a reír. Después Sylvia y Joaquín lo siguieron. Miguel, me di cuenta, era un caso perdido.

—No, es sólo para invitados especiales —dijo Sylvia, calmándose.

El hombre a su lado sugirió que pasáramos al siglo veinte y encendiéramos algunas luces.

—¿Alguno de ustedes se ha lastimado en estas cenas? —pregunté—. ¿Se incendió alguna vez la ropa de alguien, tal vez un peinado?

Sylvia continuó riendo.

—Roman, te prometo que no habrá más velas la siguiente ocasión que vengas a cenar. ¿Qué te parece?

Hice la mejor sonrisa que pude. Por dentro, se sintió como una mueca.

—Ahora que todos estamos aquí —dije—, me preguntaba si podríamos hablar de la posibilidad de hacer negocios juntos.

Sylvia dejó de sonreír. Dijo:

—Bueno, considerando que nosotros te llamamos, ¿por qué no nos dejas decirte la razón por la que Estefan te buscó?

Asentí.

—Por supuesto.

Sylvia dirigió la conversación. Parecía verdad que ella era la matriarca de esta organización. Por supuesto, tenía el coraje y la facilidad de palabra para ello.

—Sabemos quién eres y de qué es capaz tu organización aquí en América —dijo—. También sabemos que estás involucrado con los hermanos Beltrán —hizo una pequeña pausa—, con quienes nuestra conexión en México no se lleva muy bien, y por eso queremos saber si eso sería un problema.

Puse mis manos sobre la mesa como para pensar esto bien. Dije que trabajar con ellos dependía de qué tipo de negocio haríamos.

—Aunque tengo que decir que he oído cosas muy buenas de ustedes —añadí—. De otra manera, no estaría aquí sentado.

Sylvia preguntó.

—¿Y qué has oído?

—Tu yerno, Savior, fue arrestado en lo que parece un operativo de la DEA. Supe que tus clientes…

—Alguien lo delató —Joaquín me interrumpió. Casi se levantaba de su silla—. Alguien de una organización rival. Alguien a quien vamos a visitar pronto.

Se me heló la sangre. ¿Estaba aquí porque buscaban información? ¿Estefan habría usado a Raúl para hacerme entrar a esta fortaleza? Esto parecía una situación mucho más peligrosa que un primer encuentro entre compradores, en el cual creía que nunca me matarían.

—Con todo respeto —dije con la voz más firme que pude—, pero ¿insinúas que yo o *alguien* de mi gente tiene *algo* que ver con el arresto de Savior?

Joaquín contestó rápidamente, más furioso todavía.

—No estoy insinuando nada, lo estoy diciendo. Alguien lo delató con la policía, pero te aseguro que si pensáramos que fuiste tú, no estarías sentado aquí, disfrutando de nuestra hospitalidad.

Ahora Robbie, quien antes había estado viendo el partido, colocó las manos sobre la mesa. Era su turno para hablar.

—Roman, no tenemos idea de cómo lo atrapó la policía, pero lo hicieron. Fue muy extraño, porque así como es segura tu organización, la nuestra es igual; te lo garantizo. Así que no. Ésa no es la razón por la que estás aquí. Estás aquí porque no podemos confiar en nadie. Y a pesar de que no los conocemos ni a ti ni a tus compañeros, Tony y Héctor, sabemos mucho de *ustedes*. Sabemos que han trabajado con los hermanos por muchos años y que, aparte de algunos decomisos, que por mala fortuna son riesgos que debemos correr, no te han encarcelado durante ese tiempo. Y que los choferes que han sido arrestados, hasta donde sabemos, todos han tenido apoyo financiero y no han hablado con la policía. Para nosotros, eso significa lealtad y un buen juicio empresarial.

Imposible como parecía, no sabían del arresto de Tony. Pero podrían enterarse cualquier día. Tenía que cerrar este trato lo más pronto posible.

—¿Qué puedo hacer por ustedes? —pregunté.

Sylvia iba a intervenir pero Miguel aclaró su garganta y levantó la mano para hablar. Su voz era sólo un poco más fuerte que un susurro, hablaba tan bajo que tuve que inclinar mi cabeza para oírlo con claridad. Dijo:

—No estamos seguros todavía. Pero, como te imaginas, no podemos confiar en nadie de nuestra organización ni tampoco en nuestros clientes, porque alguien entregó a mi hijo a la policía.

Joaquín aplaudió sonoramente, como si fuera a golpear algo a menos que ocupara sus manos.

—Todo esto son estupideces —dijo—. Nadie en nuestra organización nos delató; fue la competencia.

Cuando dijo la palabra «competencia» me señaló de forma velada con la mano. Éste era el verdadero Joaquín.

Quité la cara servilleta de mi regazo, la coloqué sobre la mesa y me levanté como si fuera a decirle a mis anfitriones que la reunión se había terminado. En el mercado negro, donde es protocolo defenderte de acusaciones así, era la única jugada que tenía.

Miguel golpeó la mesa con su enorme mano. Todos en la habitación, incluido yo, nos quedamos quietos. Joaquín se reclinó en su silla, con la cara roja, y escuchó.

Con calma, Miguel me pidió que olvidara esa pequeña rabieta.

—No estamos aquí para hacer acusaciones estúpidas —añadió.

Miré a Joaquín con furia.

¿Para qué estábamos aquí, entonces? Miguel me dijo que tenían un exceso de material. Sabían que yo trabajaba con los hermanos, pero tal vez podrían ofrecerme un mejor trato, uno que quedara entre nosotros.

La ironía de la situación era demasiada. Estaban en la misma posición que Tony y Héctor hace unas semanas: con cocaína que tenían que vender porque no confiaban en nadie, ni en sus clientes ni en nadie de su organización. Todos vivíamos en el mismo laberinto de engaños.

Porque, verás, una vez que los cárteles entregaban el material, ya fuera un gramo o una tonelada, era tuyo, te pertenecía, y tenías sólo unos días para pagar por él. Si no pagabas el día acordado, no había negociaciones: alguien moría. Otra semana pasaba, alguien más moría. Y así hasta que se liquidara la cuenta o hasta que la organización y sus familiares fueran eliminados por completo.

Eran leyes duras y expeditas y su propósito era mantener el orden. Perder una tonelada de cocaína era insignificante para los *padrinos* de los cárteles, así que si una organización de *dealers* era erradicada y los *padrinos* no recuperaban su dinero, no llorarían por él. La lección que los otros *dealers* aprendían de este derramamiento de sangre era más valiosa que la pérdida monetaria. Todos entendían estas reglas y las seguían, a menos, por supuesto, que estuvieran en la poco envidiable posición de Miguel, con un montón de cocaína y en necesidad de alguien en quien pudiera confiar.

Había muchas organizaciones, pero yo estaba seguro de que acudieron a mí por mi reputación de ser justo y, ante todo, honesto. Podían confiar en nosotros. Pero, de nuevo, estaban en juego muchas vidas y mucho dinero, así que tenían que estar ciento por ciento seguros de que yo era de fiar, principalmente por las vidas de los que estaban en esta habitación. Porque si yo decidía robarles la droga y huir, en especial con el conocimiento que ahora tenía —si no podían vender el material, no podrían vengarse ni de mí ni de mi familia—, pronto estarían muertos.

El chico subió por las escaleras y nos informó que Raúl se había ido en autobús. Me sentí aliviado de que no causó ningún alboroto y que ese riesgo se había eliminado.

—¿De qué tipo de trato estamos hablando? —dije.

Miguel había investigado.

—Le estás pagando a los hermanos casi diecisiete mil dólares por tabique. Si todo esto resulta bien y nos compras al mayoreo, estamos dispuestos a venderte cada tabique por quince mil y en consignación para demostrarte cuánto confiamos en ti.

Era una oferta muy generosa

—Cuando dices *mayoreo*, ¿a qué te refieres? —pregunté.

Me contestó rápidamente. Cincuenta kilos o más serían quince mil por kilo. Cualquier orden más pequeña que eso, serían dieciséis mil el tabique.

—Ambos sabemos que no vas a encontrar un mejor trato... en ningún lado.

Asentí; fingí que pensaba en las cuentas. La ligereza con la que ignoraban —o pretendían ignorar— la masacre que iba a traer este trato me recordó todo el dolor que había causado mientras trabajaba en el negocio de la droga y por qué necesitábamos tanto de los policías antinarcóticos, como mis nuevos compañeros, que luchaban contra la violencia de la droga en todo el país. La repercusión sangrienta de este negocio sería ineludible porque si realmente íbamos a modificar la relación de Tony y la mía con los Beltrán, ellos se enterarían de la razón. Cada persona en esta habitación continuó con su cena; cada uno sabía que los cuerpos iban a apilarse a ambos lados del río Grande a causa de lo que estábamos por hacer.

Conté hasta diez, luego dije:

—Estos números son muy generosos y los hermanos nunca podrían igualarlos. Estoy bastante seguro de que algunos de mis amigos van a pensar lo mismo. Pero también estoy seguro de que entienden que esto es una situación muy delicada.

Miguel contestó:

—Éste es un negocio muy competido. La gente siempre está buscando mercancía más barata. Es muy... —se detuvo un segundo para encontrar la palabra correcta— *efímero*. Las organizaciones siempre se están moviendo de un primo a otro. En realidad no creerás que quieran una guerra acá en Estados Unidos por perder un distribuidor, ¿o sí?

Parecía un mentiroso convincente. Si no pensaba que los Beltrán matarían para conservarnos —o, en venganza, por perdernos—, entonces no tenía idea de qué tanto habíamos traficado Tony y yo.

Por fortuna, nada de eso importaba. Miguel había resuelto mi problema y, si era lo suficientemente estúpido como para creer su mentira o creía que yo lo era y le creía, ¿por qué contradecirlo?

Sonreí y dije:

—Necesito hablar con mis compañeros. ¿Cuánto tiempo tengo para darles una respuesta?

Miguel me miró por varios segundos. De repente, sentí los ojos de todos sobre mí. ¿Me perdí de algo? ¿Respondí muy rápido?

Miguel dejó de verme de manera extraña y asintió. Luego miró a Sylvia, quien también afirmó con la cabeza. Había tantos posibles significados en ese movimiento de cabeza. ¿No confiaba en mí o pensaba que era una mala idea o qué podían perder?

Miguel dijo que me confirmarían la fecha. Se levantó con lentitud; eso indicó que la reunión había terminado. Nos dimos la mano. Después, me despedí del resto de la familia.

Antes de salir, noté que Lourdes, la hermosa mujer del patio delantero, me miraba; esta vez, con fijeza. Lucía desesperada. Me sentí triste por ella y peor por su pequeño hijo.

Esa noche, Raúl me llamó; su voz temblaba de manera incontrolable.

—Algo pasó —dijo.

—¿Le dijiste algo a Estefan que pusiera en riesgo la reunión? ¿Qué le dijiste?

—No, no. Sólo estuve ahí con él unos minutos antes de que pasara eso y me fui. Me aburrí un poco y le dije al chico que necesitaba orinar. Me indicó el baño al final del pasillo, cerca del comedor donde ustedes estaban.

Dudó.

Empecé a impacientarme.

—¿Cuál es el problema Raúl? Dime.

Me respondió groseramente; la primera vez.

—Dame un *segundo*, hombre.

Lo escuchaba respirar.

—¿Viste el tatuaje en el cuello de esa mujer, en el lado derecho? —dijo.

Pensé un momento.

—Estuve a su lado izquierdo durante la cena —dije— y su cabello, no, una bufanda le cubría el cuello.

—Bueno, no vi la bufanda. No, hombre, tenía dos, entrelazados, lo cual no es bueno. Uno era la Reina de Corazones.

Estaba confundido.

—Así que ¿le gusta jugar a las cartas o se cree un tipo de reina del amor?

—¿No sabes lo que representa? Ésa es la marca del cártel Fuentes.

Era cierto: cada cártel tenía una marca para hacerle saber a los compradores de dónde venía la mercancía; pero eso no me asustó.

—Bueno, sabíamos que estaba haciendo trato con los Fuentes. Eso me lo dijo ella allá adentro.

Raúl me recordó que no cualquiera puede hacerse ese tatuaje, sólo los consanguíneos a los miembros de la familia Fuentes, los cabecillas y asesinos en la organización.

Razoné sobre esta información. Sylvia era más que una *dealer* y ellos eran más que un distribuidor del clan Fuentes.

—Eso no es todo —dijo Raúl.

—¿Qué? ¿Tenía una svástica en el seno izquierdo?

—Peor —dijo—. Tenía también otro tatuaje unido al de la Reina de Corazones, la Santa Muerte, la madre de la muerte. Ya sabes, el esqueleto con una manta negra y con una corona de rosas.

Había escuchado de pandillas mexicanas que le rendían tributo a la sacerdotisa de la muerte. Era un ícono basado en magia negra y santería a quien le rezaban y le ofrecían dinero, e incluso sacrificios humanos, a cambio de un golpe o un transporte sin incidentes.

Raúl dijo:

—Eso quiere decir que es practicante, ella es la sacerdotisa de la muerte… ¿Sabes? No sé si quiero involucrarme con estas personas.

Si realmente se retiraba de este trato, podría dejar de preocuparme por si estorbaba; sería un gran avance para el caso.

Le dije que si estaba preocupado por esto, no tenía que hacer nada. Había acordado el encuentro, así que si hacía un trato con ellos, le daría una comisión de las ganancias.

—Está bien —dijo, pero su voz todavía sonaba nerviosa.

Tuve problemas para dormir esa noche, pero por primera vez en meses no era a causa de la preocupación, sino de la emoción. Si podía cerrar un trato con esta familia, comprarles poca cantidad al principio, cincuenta kilos a la semana, y, después de ganarme su confianza, destruirlos con un solo golpe, por fin tendría mi boleto para una vida mejor, protegido por la policía. No sólo me libraría de mis cargos de narcotráfico, sino que probaría que si me daban la oportunidad, podría ser el informante confidencial que derribara a los operadores más importantes y que hiciera los decomisos más grandes.

La preparación

LLEGUÉ A RAMONA A LAS NUEVE, UNA HORA ANTES DE LO que habíamos quedado y, como de costumbre, todos estaban ya ahí. No podía esperar a decirles acerca de la oportunidad que teníamos de ir directo contra la cabeza del cártel Fuentes. Era algo que nunca habrían logrado ellos solos, no sin alguien cercano a los líderes. Tener un acceso como el que yo tenía con Sylvia, uno que trabajara directamente con los Fuentes, alguien que fuera su consanguíneo, era una oportunidad única en la vida.

Entré al tráiler y estos agentes estaban sepultados bajo sus típicas montañas de papeles. Me pregunté con cuántos otros como *yo* trabajaban al mismo tiempo. Después de mi reunión con Sylvia, me sentí una superestrella. Pero ahora sólo me sentía un número: C.S. 96.

Tim Dowling giró hacia mí:

—Bueno, Roman, dijiste que tenías algo grande. Cuéntanos.

—Sí —dije—. Vamos a ponerlo en los registros. Creo que les va a gustar.

Usé el pizarrón blanco para anotar toda la información que había memorizado. La dirección, lo que vestían, el exterior y el interior de la casa, si vi armas o drogas en el lugar, los nombres y actitudes de todos y, según lo que pude entender, la jerarquía de la organización. Las conversaciones que tuvimos, incluso las miradas suspicaces entre ellos. Les dije todo.

El silencio llenó la habitación.

Entonces, Pete Davis, siempre escéptico, empezó a reírse:

—Los tipos como tú vienen todo el tiempo con historias como ésa. Déjame preguntarte algo: ¿también estaba ahí Pablo Escobar? —Aplaudió y se rio más fuerte esta vez—. ¿Sabes cuántos informantes confidenciales nos dicen tonterías como esa todos los días? Tipos que han estado en el programa por mucho tiempo.

Siempre se requería mucho para convencerlo, y algunas veces me preguntaba si su función ahí no era ser una especie de detector de mentiras psicológico, algo como un juego de «policía malo» que sólo ellos entendían. A diferencia de la operación contra Tony, Davis parecía tener aliados esta vez. Ninguno de los otros me creyó realmente.

Aunque estuviera cansado y enojado, sabía que era muy difícil que entendieran lo lejos que había llevado la operación de Tony y qué tan comprometido estaba con hacer algo de bien después de estar unido a un hombre violento en un trabajo violento durante tantos años. No iba a caer sin dar una última gran pelea. Tenía que proponerles mi caso y esperar que vieran más allá de sus fracasos anteriores y que de una maldita vez confiaran en mí.

—Escuchen, chicos, ¿de verdad creen que quiero estar atrapado en esta montaña por dos años, con decomisos de unos cuantos kilos al mes, sólo para que sus jefes estén contentos con un volumen constante? Cuando entré aquí, les dije que buscaba golpes grandes; y los he conseguido. También les dije que si algo es cierto, significa que he hecho mi trabajo y resultará en una pista real. Y ésta es una pista tan legítima como cualquier otra que haya encontrado. Estas personas actúan tan rápido porque están en verdad desesperadas. Es sólo autopreservación: si esta familia no vende la droga que tienen en consignación, los matarán. No pueden confiar ni en su organización ni en sus clientes, no hasta que solucionen esto.

—¿Por qué tú, Roman? Hay muchos otros distribuidores —dijo Al.

—Los *dealers* como el que yo era son, en esencia, los brazos armados de los cárteles acá en América. Y la gente habla. A falta de una mejor descripción, todos los cárteles saben quiénes son los buenos y quiénes los malos. Saben que Tony es el músculo, que yo soy el tipo que mantiene los engranajes bien aceitados. ¿Hay muchos como yo? No, pero sí hay algunos, y si yo no entro en este negocio y trabajo con ellos lo más pronto posible, rápido van a tener que buscar al siguiente tipo como yo, porque se les acaba el tiempo.

Esperé. Por supuesto, Mike Capella sonreía. Sospeché que estaba convencido desde que mencioné cincuenta kilos por semana. Lentamente, Al y Tim asintieron. Desde mi perspectiva, eran tres de cuatro, una decisión unánime.

Tim dijo:

—Está bien, Roman, pero no puedes hacer esto solo. Con algo así, necesitamos a otro hombre que te acompañe. Para corroboración y para grabar sonido y video.

Pensé sobre esto. La camioneta de Inez, que ya tenía instalado un sistema de vigilancia, sería perfecta para este trabajo.

—Está bien, pero van a revisar a quien sea que lleve conmigo —dije—. Van a pedir una licencia vigente, incluso pasaporte, y estarán satisfechos. Asumo que saben que todos los cárteles tienen a exfederales en sus filas.

Tim asintió.

—No hay problema —miró a Davis y después de un rato, sonrió—. No te preocupes, no serás tú el encubierto —después, miró a Mike Capella.

Y eso fue todo. Mike Capella se convirtió en Joey «Bing» Boningo, mi contacto en la mafia de Nueva York y Detroit, un alias que había usado antes y que, si era rastreado, podía ser relacionado con personas en la comunidad narcotraficante. Ahí era conocido como un negociante serio y, lo mejor, nunca había sido sospechoso.

Al me miró.

—¿Cuál es el siguiente movimiento, Roman?

—Esperamos a que me llamen. Son lo que en el negocio llamamos *vendedores motivados*.

Inez salió, se colocó frente a mí y me bloqueó el sol. Cuando abrí los ojos, allí estaba ella, completamente maquillada de payaso. Era difícil leer su rostro detrás de todo ese maquillaje blanco, de la sonrisa roja y acentuada y de las cejas rojas y arqueadas, de la enorme peluca y, por supuesto, de la nariz de goma también roja. Si me la hubiera encontrado en la calle, habría sonreído, ofrecería una disculpa y seguiría mi camino.

Sus zapatos rojos y sus abombados pantalones le colgaban de forma imposible.

Inez giró, como si fuera una niña al enseñar su vestido de primera comunión.

—¿Cómo me veo?

Reí.

—Como un payaso sexualmente confundido.

—¿De qué hablas? Me tomó una semana encontrar este atuendo y el maquillaje. Doscientos cincuenta dólares en la tienda de disfraces.

—A los niños les va a encantar —concedí—. ¿Dónde será ese acto extravagante y a qué hora comienzas?

Miró su reloj falso, del tamaño de un salsero.

—A la vaca y media y un cuarto después de sus cajones. También conocida como *ahora*.

Se levantó y retrocedió.

—Voy a cruzar la calle y vendrás conmigo, ¿sí? Te están esperando.

No me encantaba la idea de una parrillada con mis demasiado curiosos vecinos para contarles cómo iba la «constructora». Por mi Jaguar, tendría que decir que de maravilla. Necesitaba que los vecinos creyeran en la vida que les había contado: que era dueño de una constructora de casas que trabajaba de San Diego a San Francisco. También, que recientemente había invertido en el transporte de comida hacia la costa oeste en camiones refrigerados que había comprado, lo que no era mentira aunque no eran exactamente carnes y papas lo que transportaba. Algunas veces había llevado uno de esos camiones a casa para mantener las apariencias y les decía que poco a poco iba a dejar el negocio de la construcción.

—Sí, Bozo, ahí estaré para la primera parte.

—Antes —dijo—. No voy a estar sola en esa fiesta toda la noche y con este disfraz —de nuevo miró el reloj falso, que era un motivo muy gracioso para romper el hielo—. Tienes exactamente media hora y después vengo por ti. Y no quieres que un payaso enojado te persiga.

Cuando se fue, dormité en mi silla; desperté veinte minutos después, pero me levanté cansado, con los ojos rojos y secos. Parpadeé y esperaba ver a Inez, con los brazos cruzados, golpeando el suelo con un enorme zapado mientras me esperaba para cruzar la calle.

Pero la sombra sobre mí era más grande que cualquier persona; de hecho, eran tres frente a mí.

Me enderecé rápidamente y, cuando mis ojos se acostumbraron a la luz, Miguel, Robbie y Joaquín estaban enfrente de mi silla. No sonreían; sólo me miraban fijamente. Parecía que mi corazón iba a salirse del pecho. ¿Me había vuelto tan descuidado o sólo había hecho negocios más allá de lo que podía manejar? Me pregunté si también me habían seguido a la base de Ramona.

¿Vinieron aquí porque descubrieron que Tony estaba en la cárcel? La situación se había salido de control. No tenía idea de qué sabían de mí y qué no.

Tragué saliva.

—Los esperaba ayer, chicos —dije con tranquilidad—; tal vez antes.

—Lindo vecindario.

Miguel miró la piscina y los espectaculares viñedos que se extendían tras mi propiedad; miró los jardines y los rosales, la bugambilia que cubría el techo de la casa de la piscina. La estudió y, luego, a mí otra vez.

Sentí que se cerraba mi garganta. En lo único que podía pensar era en Inez y en los niños. Tenía que sacar a estos hombres de aquí antes de que regresara. Aunque de manera injusta había puesto a mi familia en riesgo durante los diez años que estuve en el negocio de narcotráfico, nunca antes —aparte de la intrusión de Raúl, la cual inició este caso— el trabajo había llegado a mi puerta.

Necesitaba acercarme a una pistola en caso de lo peor, pero mi arma estaba en la casa de la piscina.

—¿Tienes algún lugar donde podamos hablar tranquilos? —preguntó Miguel—. ¿Sin que nos interrumpan?

Miré mi reloj.

—Hay una fiesta de cumpleaños del hijo de mi vecino al otro lado de la calle, así que no tengo mucho tiempo. Si hubiera sabido que venían, habría cambiado mis planes. ¿Nos podemos reunir en, digamos, una hora? Sólo necesito hacer acto de presencia allá.

Miguel no estaba escuchando. En lugar de eso, se dirigió muy confiado a la casa de la piscina.

—Negocios antes que placer, ¿no? —dijo Miguel con su ominosa voz. Al menos eligió el lugar donde estaba mi arma.

No podía creer que, después de todos los esfuerzos que Inez y yo habíamos puesto en nuestra familia, después de que por fin tuve la oportunidad de lavar mis pecados y hacer de las calles un lugar más seguro, nuestras vidas podrían acabar con un disparo del arma de Miguel.

Hice lo mejor que pude para permanecer tranquilo. Señalé los sillones que estaban dentro de la casa de la piscina, enfrente de las puertas de cristal. Inez nos vería las espaldas; con suerte, me notaría a mí, frente a ellos y hablando. Podía decirle que se alejara con gestos. Años atrás, habíamos acordado señas para eso. Si yo decía algo fuera de lo común, ella daría una excusa, tomaría a los niños y se iría. Pero nunca imaginé qué haría si eso sucediera en nuestra casa.

Tomaron asiento y yo me senté en el lado del sillón que tenía un compartimento secreto con mi arma.

Miguel no perdió el tiempo.

—Queremos trabajar contigo, pero queremos saber un par de cosas.

Aunque tenía que estar alerta con estos peligrosos hombres hasta que entendiera la situación, empecé a relajarme.

—Primero que nada —dijo Miguel—, ¿qué dijeron tus compañeros? ¿Están de acuerdo? Segundo, ¿nos puedes garantizar la compra de cincuenta o más kilos a la semana? Tercero, necesitamos saber cómo y a dónde va el material y, cuarto, quiénes son tus repartidores. Necesitamos investigarlos.

Parecía una venta segura. Quería hacer este trato lo más grande posible.

—Esas son buenas noticias —dije, pero suspiré con fuerza—. No es una buena semana para nosotros, en realidad, pero es un gran momento para este negocio. Uno de nuestros cargamentos, uno grande, fue confiscado. Ya nos encargamos financieramente del repartidor y también le pagamos a su familia; tiene el mejor abogado que pudimos conseguir, así que no estamos en riesgo.

Miró al suelo, no sé si pensativo o enojado.

—Les digo esto —aclaré— para ser tan transparente como espero que ustedes sean conmigo. Así es como quiero que iniciemos este trato, sin tonterías.

Miguel reflexionó un momento.

—¿Y por qué, como dices, es un gran momento?

Sin siquiera preguntar si podía fumar, Joaquín sacó un puro, mordió la punta y la escupió en el piso de mosaico. Mi sangre hirvió y concentré todo lo que tenía de energía en respirar profundamente. Entonces, en el piso, a la derecha del sofá, vi un cenicero. Con calma, fui por él y al mismo tiempo abrí el compartimento secreto del sillón; traje el cenicero y se lo entregué a Joaquín. Antes de eso, tomé la punta ensalivada del cigarro y la puse ahí.

Lo recibió sin mirarme ni decir palabra.

Me recliné en mi asiento, crucé las piernas y, después de contar hasta cinco en voz baja, le contesté a Miguel:

—Ahora es un gran momento porque Héctor y Tony, mis compañeros, quieren pasar desapercibidos un rato. Yo no. Este decomiso fue un golpe de suerte de un policía de pueblo, no un operativo organizado. Y lo mejor es que Tony les dijo a los hermanos que íbamos a cerrar por el momento el negocio mientras las cosas se calmaban.

Los tres hombres se miraron; asintieron. Primer obstáculo superado.

—¿Y el transporte del material? ¿El peso? —preguntó Miguel.

—Sin problemas podemos comprar cincuenta a la semana; de hecho, quizá doblemos esa cantidad en cuanto se sientan cómodos con la forma de trabajo...

Preguntó rápidamente:

—¿Y cómo transportan los paquetes?

Sonreí, pero no con altanería. No, tenía que exudar seguridad de una manera que significara orgullo de un trabajo que hasta hace poco había realizado y que había mantenido durante diez años, excepto por mi pequeña incursión por el estado más fortificado: el maldito Utah.

—Muevo el material a través de una compañía de mi propiedad: camiones refrigerados. Tenemos contratos legales de venta de comida congelada en la costa este. La mitad de estos camiones se llena con comida, la otra mitad es mercancía embalada en los mismos empaques y cajas que los congelados. Nunca nos han atrapado con *este* método de transporte.

Estaba satisfecho con el transcurso de la conversación, pero todavía estaba asustado por mi familia. Necesitaba terminar con esto antes de que regresaran.

—Escucha —le dije a Miguel—, me dedico a hacer dinero —moví mi mano en un gesto grandilocuente—. Me gusta lo que tengo y vivo una vida muy cómoda, fuera del radar y con un perfil bajo. Quiero hacer dinero contigo. Y no me gusta quedarme quieto; siempre me expando.

Por primera vez, vi una ligera reacción positiva de Miguel: sonreía. Era una pequeñísima sonrisa, tal vez sólo una mueca, pero ahí estaba.

Miguel se palmeó ligeramente las rodillas y dijo:

—Está bien. Conozcamos a tu repartidor. Si es tan bueno y no tiene antecedentes, como dices, entonces tenemos un trato. Mañana. ¿Conoces el IHOP cerca de mi casa?

Necesitaba acelerar esto.

—Lo conozco bien. ¿A las 10:30 les queda bien?

Por primera vez, Joaquín abrió la boca:

—En la mañana, ¿cierto? Queremos que esto sea rápido.

Miguel giró hacia el *dandy* y lo miró de una forma que haría detener un reloj. Me recordó a la escena de la película clásica de 1972, *El padrino*, cuando Sonny habla en una reunión sin esperar su turno.

—Sí, mañana a las 10:30 a.m. Nos vemos en el estacionamiento.

Miguel aceptó, se levantó y entonces sucedió. Fue como si un asteroide salvaje hubiera caído en la casa de la piscina: mi hermosa mujer «Bozo» caminaba feliz hacia nosotros; sus ojos no estaban sobre mí sino sobre las espaldas de estos tres que ahora bloqueaban mi vista de ella. Siguió caminando hacia la casa de la piscina, pero ahora sin estar tan feliz.

Era el horror con el que había soñado tantas veces y ahora sucedía en realidad.

Con un susurro, les dije a los hombres que ella no sabía de mis negocios, que me siguieran el juego.

Inez abrió con cuidado las puertas de cristal y, al unísono, los tres hombres giraron para ver quién había entrado y de qué demonios estaba yo hablando. A pesar de la pintura en su cara, noté el terror inmediato en sus ojos cuando vio estas caras y la forma en que vestían estos hombres.

Necesitaba deshacer esta situación a cualquier costo, regresar en el tiempo y desanudar cualquier número de factores que habían llevado a este momento.

—Chicos, ésta es mi esposa, Inez. Cariño, sé que estoy retrasado para la fiesta pero estos caballeros están en el negocio de la comida congelada y estábamos discutiendo la posibilidad de atender sus necesidades.

Me acerqué a ella y la abracé.

Bromeó sobre su ropa.

—Usualmente sólo me visto así para ocasiones especiales, cuando tengo trabajo. Los niños dan *muy* buenas propinas.

Inez rio y noté que Miguel le sonreía.

Cada uno de ellos la saludó de mano, un poco recelosos del disfraz de payaso.

Miguel parecía ser el más sorprendido por la visita.

—Es un placer conocerla —dijo—. Perdone la interrupción. Estamos todos juntos hoy, lo cual es inusual porque viajamos mucho, así que decidimos venir sin avisar. Obviamente, fue de muy mala educación. Por favor, déjenos compensarle; los invito a usted y a Roman a cenar a mi casa.

Inez aceptó de la mejor manera posible, dadas las circunstancias.

Miguel volvió a reír.

—Así que, Roman, nos vemos mañana a las 10:30 a.m.

—Así es: 10:30 a.m.

Los tres salieron tan tranquilos como habían entrado.

Los miramos irse y, una vez que la cerca estuvo cerrada, Inez me fulminó con una mirada que nunca había visto.

Empezó a llorar, se quitaba el maquillaje que tanto tardó en ponerse cada que quería limpiarse las lágrimas. Me acerqué a ella, la tomé entre mis brazos; ella sollozaba y temblaba sin control. La senté en el sillón.

—¿Por qué los trajiste a la casa? ¿Cómo te atreves a hacernos esto? ¡Ahora saben dónde vivimos! —dijo mientras trataba de recuperar el aliento—. Ese viejo, sus ojos, sus ojos... —empezó a sollozar cada vez más fuerte—. Nunca debí permitir que me involucraras en este negocio, a mí, a mi familia.

Por años, me había preguntado cómo controlaba Inez su rabia contra el trabajo en que me había metido, sin importar los beneficios financieros. A veces se mostraba inconforme cuando, en los noticieros, pasaban notas de violencia relacionada con drogas, por ejemplo, pero nunca había perdido la paciencia enfrente de mí. Ahora, veía que esas emociones siempre habían estado ahí, dormidas a causa de que la situación parecía fuera de control.

Nos sentamos, yo la abrazaba; ella, indiferente a mis caricias, inamovible. No estaba buscando mi consuelo, sólo trataba de entender qué había sucedido. Dejó de sollozar y se quedó quieta; de nuevo, ocultó esos sentimientos que había mantenido enterrados durante tanto tiempo. ¿Había perdido mi única oportunidad de mostrarle a Inez que mi nuevo trabajo sería mejor para nosotros, libre de las sombras de personajes como Tony y Héctor?

¿Qué podía decirle? No tenía excusa para lo que acababa de suceder. Más allá de mi irresponsabilidad de no cuidar los procedimientos de contrainteligencia, también había ignorado esta tormenta porque estaba absorto en un mundo de dinero, dinero y más dinero. El autodesprecio de Inez era aparentemente una consecuencia de mis terribles decisiones de vida. Ella había cursado años de escuela nocturna para convertirse en una asistente médica y, a pesar de mí, estaba a punto de realizar su sueño. Y yo todavía la arrastraba a este lodoso abismo donde su seguridad estaba comprometida.

La miré entrar mecánicamente a la casa. Sabía que se me acababa el tiempo. Ella estaba sola: lidiaba sin ayuda de nadie con sus demonios y con este desastre de hombre que, de alguna manera u otra, amaba. En ese momento me di cuenta de lo bajo que la había llevado, lo mal que debía sentirse: toda la riqueza que la rodeaba había sido arrebatada de los pobres y los necesitados, la misma gente que ella atendía en la clínica médica del centro. Ella quería terminar con este camino de desesperación que veía cada día y cuando miraba a su esposo, debía notar que ese hombre extendía hasta el infinito el camino.

Me senté a oscuras en la casa de la piscina y el mismo sentimiento que tuve en la cárcel en Sevier regresó.

Tenía que concentrarme en el primer reto delante de mí. Justo ahora, tenía que lograr este golpe para liquidar mi deuda y salir de esta vida. Una vez que le demostrara a Inez el bien que podría hacer, esperaba ganarme su confianza otra vez. Si la perdía, simplemente moriría. Pero, lo más importante, quería que ella tomara el lugar que le correspondía en la vida. Que estuviera orgullosa de sus logros, que entendiera que yo ya no era parte del problema, sino tal vez una solución a este caos del que fui cómplice por tanto tiempo.

Fui a uno de mis otros «escondites» en la casa de la piscina, una caja fuerte oculta en una pared falsa junto a la chimenea; quité un mosaico y tomé el celular que me dieron los federales. Le marqué a Tim Dowling; contestó al primer tono.

Le dije mi código para alertarlo. Durante diez minutos, le conté lo que había pasado.

—Roman, necesito que te calmes —dijo—. Por supuesto que iban a descubrir dónde vives. Estoy seguro de que tienen cinco equipos en diferentes cuadras, todos con radios para comunicarse y seguirte a tu casa.

Ésta fue la primera vez que me di cuenta de que ser un informante confidencial no iba a ser sencillo. Había muchas posibilidades serias en este trabajo que había tomado tan a la ligera.

—Roman, déjame preguntarte algo. Si estos nuevos compañeros de negocios quisieran comprarte material a ti, ¿no habrías hecho exactamente lo mismo?

Tenía razón. Los habría seguido durante semanas y, si todo parecía normal, enviaría a alguien a investigarlos.

Le dije a Tim de la reunión al siguiente día y nos enlazó en una teleconferencia con Mike Capella para discutirla. Mike parecía emocionado y listo para empezar. Nos pusimos de acuerdo en una regla de seguridad: mientras estuviera solo con la familia de Sylvia, si algo parecía extraño, les diría que tenía que usar el baño y, una vez solo, pediría refuerzos. Davis, Tim y Al Harding estarían cerca en caso de que algo saliera mal.

Tim dijo:

—Roman, tienen que estar dentro de tu camioneta cuando te hagan la oferta. Una vez que los tengamos grabados, tendremos al menos el primer cargo por conspiración para vender una sustancia controlada, así vamos a poder intervenir sus teléfonos y espiar sus llamadas en esa casa del horror —Tim carraspeó—. Lo más importante es que les digas que le compraste la camioneta a Boningo. Ingéniatelas.

No entendía.

—¿Qué importa de dónde saqué la camioneta?

Me puso contento saber por qué importaba, ya que ahora mis colegas consideraban mi futuro como agente encubierto. Necesitábamos que pensaran que la camioneta era de Joey porque si la operación era exitosa, el único sospechoso sería Joey Bing. Si los grabábamos en *mi* camioneta, asumirían que yo los había filmado. Pero si la había conseguido por Bing, bueno, era posible que ellos creyeran que yo también había caído en la trampa. Él había instalado los micrófonos y las cámaras para atraparme a mí y a cualquiera con quien negociara.

—¿Preguntas? —dijo Tim—. Roman, ¿estás bien? Si tienes objeciones o estás nervioso acerca de todo esto, es momento de que hables.

Contesté que no.

Pero la verdad es que estaba muy ansioso y tenía una gran objeción. No sobre la operación, sino sobre mi familia. La pregunta de cómo exactamente —y qué tanto— nos iban a proteger los federales había empezado a preocuparme.

Cuando regresé a casa después de la reunión con Tim y Mike, noté que la puerta del baño estaba cerrada, lo que significaba *prohibido*; Inez necesitaba espacio. No iba a entrar en su único santuario después de lo que había sucedido anoche. Crucé la calle y me disculpé con los vecinos por haberme perdido gran parte de la fiesta.

Más tarde, los niños se fueron a dormir.

Entonces, me metí en la cama. Inez roncaba muy fuerte; sin duda, justificaba las decisiones de su vida en un mundo de sueños. Rogaba que escogiera quedarse conmigo, incluso si la carrera que ahora intentaba como informante fuera riesgosa. Esperaba que mi trabajo con la DEA la ayudara a perdonarme los diez años que pasé con Tony.

No tenía sentido seguir fingiendo que dormía, así que me levanté, agarré mi arma del escondite en la chimenea, le dejé a Inez una nota, donde le decía que usaría su camioneta, que regresaría en la tarde y me fui.

Me pregunté cuántas personas me estarían siguiendo mientras salía de mi vecindario. A qué hora habían llegado o si nunca se habían ido. Era un sentimiento terrible saber que estaba siendo vigilado durante la noche por hombres sin alma, hombres que mataban por deporte en las más horribles formas. Peor era saber que, si uno de ellos me seguía, significaba que otros se quedarían en la casa por si la reunión salía mal. Las imágenes del regreso a casa y de encontrar una sangrienta escena del crimen, hecha para parecer que un robo había salido demasiado mal, me atormentaban. Sinapsis eléctricas provocaban estas imágenes, una orgía de sangre y desmembramientos. Eran como las fotos de asesinatos que había visto en Sevier, aunque las brutales imágenes que veía ahora eran de mi esposa muerta; giraban frente a mí como un proyector Kodachrome.

Tenía que distraerme. Necesitaba controlar mis emociones, someterlas de alguna manera, enterrarlas en alguna parte de mi inconsciente y encerrarlas hasta que terminara con esto. Si iba a sobrevivir los siguientes días, o lo que tomara este caso, tenía que convertirme en dos personas distintas, porque en el momento en el que confundiera estas dos vidas, cometería un error que no terminaría bien.

Tenía tres horas y media extra y, como asumí que un número de sicarios me seguía y se comunicaban todos mis movimientos, no intenté perderlos. ¿Para qué? Sabía que ahí estaban, que mi propio equipo los vigilaba y que pronto se esconderían de nosotros.

La noche anterior había repasado minuciosamente los detalles de mi nueva misión.

Fui a un restaurante por comida para llevar: pedí café y un rol de mantequilla, compré el periódico, pagué por todo y regresé a la camioneta. Me estacioné y, tranquilo, caminé por el parque, donde había una maravillosa vista de un lago artificial con cisnes y patos, rodeado de magníficos árboles endémicos. El despejado cielo azul estaba lleno de más cisnes, estorninos y gorriones. Cualquiera que me siguiera vería a un hombre que disfrutaba de su día en ropa y joyería lujosas. Me tomé mi tiempo para comer y para leer cada página del periódico. Terminé y, satisfecho, salí del parque; ni una sola vez usé mi teléfono. Quería mostrarles que vivía una buena vida. Que, si querían, podían unírseme.

Seguí con las labores más cotidianas que se me ocurrieron. Fui al sastre, pagué la tintorería y lenta y meticulosamente colgué mi ropa dentro de la camioneta. Manejé al Quick Lube más cercano y cambié el aceite de mi auto. Me pregunté cómo estarían mis vigilantes, amontonados en sus coches descuidados y llenos de humo de cigarro.

Después de cuarenta y cinco minutos de leer todas las revistas disponibles, estaba listo. Me dirigí al IHOP.

Sorprendentemente, el estacionamiento estaba casi vacío. Busqué algún auto sospechoso o cualquiera de los vehículos que había visto en casa de Miguel mientras la espiaba; nada. Revisé mi reloj, diez veintisiete; tenían tres minutos para llegar.

¿Estaban asustados? Y si lo estaban, ¿Inez estaría a salvo?

Necesitaba calmarme. Razoné que estaban siendo precavidos, como si las circunstancias fueran al revés. Deberían estar observándome para descubrir si había alguien que hacía lo mismo que ellos a mí. Por supuesto que sí había, pero mis chicos se habían posicionado y escondido desde hacía más de cinco horas.

Después lo vi: el enorme y negro BMW 750, uno de los autos que estaban en la casa de Miguel. Se estacionó lentamente, evitando los agujeros en el pavimento en la entrada. Las ventanas estaban polarizadas por lo que no pude ver quién iba en el coche. Como esperaba, se dirigieron directamente hacia mi camioneta familiar, a pesar de que no les había dicho que iba a llegar en ella.

Cubrí mi boca como si estuviera rascándome la nariz y, con voz clara, dije a la grabadora el modelo del auto, la hora, el número de la placa y, una vez que se abrieron las puertas del BMW, quiénes habían llegado. Eran Miguel, Robbie y Joaquín.

Miguel vestía igual que en nuestro último encuentro; Robbie se había cambiado, su ropa tenía nombres de marca y lucía un par de mocasines italianos. Joaquín traía una camisa azul con lo que parecía un traje gris y botas turquesa de piel de cocodrilo. Si Tony empezara una marca de ropa, Joaquín sería su vocero.

A propósito dejé el asiento del piloto y salí por una de las puertas traseras de la camioneta; me aseguré de dejarla bien abierta para que todos pudieran ver el interior.

Los hombres cerraron sus puertas y se acercaron. Esperé.

—Es un poco menos elegante que tus otras extravagantes opciones, ¿no? —preguntó Miguel. Luego, miró dentro y sonrió—. *Dios mío* —dijo.

Los otros dos hombres se pusieron a su lado y también se asomaron; pude ver que Joaquín estaba impresionado.

—También tiene un tanque extra de gasolina —dije—. Sólo presiono el botón de combustible auxiliar y puede andar casi mil kilómetros sin parar —traté de mantenerlos concentrados en los lujos—. Fue un regado de, créanlo o no, mi chico Joey Bing —continué—. El repartidor que van a conocer, si el maldito llega a tiempo. Este tipo no es puntual, pero hazle ganar un poco de dinero y verás que es muy generoso.

Les conté la historia de cómo me había conseguido la camioneta después de que tuve a mi tercer hijo; en realidad era para mi esposa e hijos, pero me gustaba mucho usarla por placer y para trabajar, a causa de lo discreta que era por afuera.

—Imagina que eres un policía. ¿Vas a perder el tiempo y detener esta camioneta de mamá o, digamos —dudé, miré el lote vacío y finalmente señalé el hermoso auto de narcotraficante en el que llegaron—, este auto?

Raúl asintió levemente.

—¿Dónde está tu compañero? —preguntó Miguel—. El tiempo es dinero y un lujo que no podemos malgastar, ¿*sabe*?

Revisé mi reloj.

—Si Bing fuera del tipo de los que se casan —dije—, llegaría tarde a su propia boda. Pero sabe que éste es un negocio importante. Tengamos un poco de paciencia.

Me di cuenta de mi error en el momento en que dije eso. No había hablado sobre la historia de Bing ni con él ni con los otros compañeros. Después de mencionar la procedencia de la camioneta, debí haber cambiado la conversación lo más pronto posible. Todo lo que tenía que pasar es que él llegara con un anillo de compromiso y estaba arruinado.

Abrí por completo la puerta de la camioneta.

—¿Quieren verla con detalle? Estas cosas son increíbles si quieres matar el tiempo.

Miguel y Robbie introdujeron la cabeza. Joaquín estaba preocupado por el tiempo y por dónde y cuándo iba a llegar mi compañero. Ninguno de ellos quería ser el primero en entrar a la camioneta.

Así que fui yo quien entró primero. Sabía que lo que dijeran sería escuchado y grabado en una estación cercana, pero quería que fuera en video, uno nítido para el jurado que estos hombres enfrentarían. Señalé los asientos delanteros, que estaban justo frente a las cámaras, y se sentaron. Joaquín decidió quedarse fuera. Ninguna parte de él sospechaba que, una vez que «Bing» llegara, Joaquín tendría que entrar, lo quisiera o no, para ir a la estación.

Hablé sobre detalles de los agregados de la camioneta, pero pude notar que se impacientaban. Como si fuera una señal, escuché el rugido de lo que sonaba como un *muscle car* de los setenta. Un Ferrari rojo, convertible, se dirigió hacia la camioneta. Con una maniobra precisa, el conductor cambió la velocidad y, con una vuelta en *U*, se estacionó en paralelo, a sólo unos metros de Joaquín, y salió Joey Bing.

Le tomó un momento recuperar la coordinación, pero cuando lo hizo, Joaquín abrió su chaqueta y mostró una .45 automática que tenía escondida en la cintura.

Sin perder un segundo, Mike —que había cambiado su apariencia de una manera tan drástica que no lo habría reconocido en la calle—, en un gesto no agresivo, tomó debajo de su asiento una ametralladora MAC-10, con un cargador modificado.

—Tú tienes la tuya; yo tengo la mía —dijo.

La sostuvo en su mano, con el dedo en el gatillo. Joaquín cerró su chaqueta, Mike colocó el arma en su auto y sacó una bolsa. La transformación de Mike era impresionante. Vestía unos anteojos de sol Persol, negros; su cabello, grueso, largo negro, terminaba en una cola de caballo. Su camisa ajustada revelaba músculos, así como antebrazos tatuados, que no había notado antes. Miré si tenía anillo de compromiso y, por suerte, no.

—¡Bing, hermano! —dije—. ¡Tarde como de costumbre!

Mike se acercó a la puerta de la camioneta, se colocó al lado de Joaquín y esperó a que entrara.

—Bueno, ¿nos vamos a quedar aquí parados como si fuera un duelo —preguntó— o vamos a hacer negocios?

Mike podía ser muy persuasivo y había llevado su disfraz a otro nivel: lucía exactamente como un *dealer* con el que Miguel podría identificarse. Sólo después supe que Mike pasó la mitad de la noche revisando fotos de los asociados del cártel Fuentes.

Joaquín miró a Miguel, quien le indicó con la cabeza que entrara en la camioneta. Mike lo siguió y cerró la puerta. Se sentó a mi lado mientras sostenía una bolsa pesada.

Lo agarré juguetonamente por el hombro y lo presenté como un viejo amigo.

Mike saludó a todos de mano. Estaba en un papel fácil de seguir: muy emocionado de enseñarme lo que había en la bolsa, pero también mostrarles a esos hombres que eran insignificantes en relación con la enorme empresa que llevábamos, tranquilo sin ser irrespetuoso.

Mike me miró y luego a los hombres en la camioneta, luego de nuevo a mí y me dijo en una comunicación no verbal: *¿es seguro?* Asentí.

—Son de confiar, Bing.

Sonrió y abrió la bolsa lo suficiente para que todos pudiéramos verla: fajos de billetes, sobre todo de veinte, asegurados con cintas moradas, como las que se usan para amarrar los brócolis o los espárragos. Vi el brillo ambicioso en la mirada de Miguel, uno que había visto miles de veces antes y que, en mis dos décadas de informante —que apenas iniciaban—, vería miles de veces más.

Tomé la bolsa, la cerré y la puse en la parte trasera de la camioneta, como si fuera algo muy normal.

—Buen trabajo, Bing. Lo dividimos en la noche —miré a Miguel y continué—. Perdón por la tardanza. Vamos al grano, hermano.

Para nuestra absoluta sorpresa, Miguel no pidió ningún papeleo para revisar a Mike. En su lugar, sólo le dijo que era un gusto conocerlo y que yo había dicho que transportaba el material en paquetes congelados.

De pronto, Mike se puso serio y reflexivo, pensaba en la distribución.

—Tenemos una bodega con camiones refrigerados legales, así que si nos detienen, los documentos son tan legítimos que las básculas de… —Mike se detuvo y me miró—. Ya les explicaste cómo es el transporte, ¿no?

—Lo hizo, lo hizo —dijo Miguel—. Lo que me interesa saber es… —buscó la expresión correcta—, en estos camiones, digamos uno, por ejemplo, ¿cuántos tabiques caben sin, ya sabes, superar la carga cuando los pesen?

Era una pregunta que haría alguien informado: cada ciertos kilómetros, todos los camiones eran pesados en básculas por muchas razones y los pesos debían coincidir con los documentos. Muchos repartidores doblaban la carga para aumentar sus ganancias, pero si los atrapaban, los multaban fuertemente y los conductores perdían sus licencias y, por tanto, se acaba su carrera como repartidores. ¿Estaba subestimando a Miguel al pensar que Bing y yo podíamos engañarlo?

Mike le explicó que el peso no era un problema para él. Sus camiones podían cargar hasta diez toneladas —y tenía los permisos para transportar esa cantidad—, pero no podría cargar un camión con cuatro toneladas de producto y casi 500 kilos de comida congelada.

—Necesitamos distribuirlo apropiadamente, porque estos tipos a veces *sí* revisan los camiones. Usualmente, la relación es cuatro de comida por una de material.

—¿Cuántos camiones tienes? —preguntó Miguel. Cuando Mike le contestó que cincuenta, pude ver que hacía las cuentas en su cabeza.

Analicé a los acompañantes de Miguel, que dejaban que la conversación fluyera. Joaquín parecía contento de ser parte de la decoración, pero por alguna razón, yo sentía que Robbie era el líder de esta mesa y que estaba listo para interrumpir a Miguel.

—Está bien —dijo Miguel—. ¿Podrías comprar cincuenta o más esta semana y ver cómo sigue esto?

Ahora miraba directamente a Mike; sin duda, trataba de medir la fuerza de la cadena de mando. Mike era lo suficientemente listo como para no contestar. Se reclinó en su asiento, miró a Miguel y, después, como un soldado leal y como un amigo, esperó a que yo respondiera.

—Por supuesto —dije, con voz calmada—. Empezamos con cincuenta esta semana y, si les gusta cómo trabajamos, veremos a dónde lleva esto.

Negociamos los términos, muchos de los cuales eran idénticos a los que tenía Tony con los hermanos Beltrán: si detenían el transporte y no podíamos entregar el dinero, necesitaban el papeleo del arresto.

Miguel nos dio la mano y agregó:

—Una última cuestión, y la más importante, que no hemos discutido.

Aquí viene, pensé. El pasaporte de Mike, su licencia o muestras de sangre.

—Les entregamos la primera carga, digamos, el lunes —continuó—. ¿En cuánto tiempo nos pagarían esa carga?

—Bueno, el trato con los Beltrán siempre ha sido un mes; es el estándar en consignaciones —dije.

La temperatura bajó súbitamente dentro de la camioneta. Las sonrisas se esfumaron. Miguel se reclinó en su silla como si le hubieran dicho que el banco de Paraguay donde guardaba todo su dinero hubiera cerrado y no tuviera seguro para cubrir sus pérdidas. Estaba paralizado.

—¿Qué pasa, Miguel? —le pregunté

Hubo un silencio largo.

—¿Por qué crees que acudí a ti con mi negocio y con precios tan razonables? —dijo—. ¿Por qué crees que les estamos dando a ustedes, que no conocemos, un montón de coca en *consignación* como prueba de nuestra confianza? —una vez que empezó, no había forma de frenar su inercia—. ¿Crees que esto es un regalo porque hemos escuchado que eres un buen tipo? —Empezó a negar con la cabeza—. Acudimos a ti porque eres solvente y tienes el efectivo para mover rápido el material. Conoces nuestra situación y nos insultas así. ¿De qué demonios se trata todo esto?

Entrecerró los ojos y una vena enojada, pulsante, surgió en su frente.

Tenía que enmendar esto de manera delicada, sin parecer ansioso por perder este trato. Así que le contesté que lo sentía si lo había ofendido.

—No soy tonto, Miguel, y me doy cuenta de que éstos son los mejores precios que hay. Y el hecho de que confíes en nosotros sin ningún dinero por adelantado, bueno, ¿qué puedo decir? Sólo asumí que necesitabas una distribución confiable mientras encontrabas la fuga en tu organización.

Se enderezó en su asiento, me señaló con el dedo y subió el volumen de su voz todavía más.

—Sí, está eso, pero tenemos toneladas que les debemos a los Fuentes y se nos acaba el maldito tiempo. Si no puedes pagarnos rápido, entonces, estamos obligados a ir a otro lado.

Su dedo todavía me señalaba. Casi jadeaba. Estaba agradecido de que me diera tanta información: había implicado al cártel Fuentes frente a la cámara. En ese momento, estuve seguro de que este trío de narcotraficantes estaría pronto tras las rejas y que el cártel Fuentes pronto perdería a uno de sus mayores clientes. Estaba tan extasiado y aliviado que me preocupaba que una sonrisa sospechosa y loca se formara en mi rostro.

—Esta bien —dije, reclinándome en mi asiento—. Dejemos de evitar el maldito elefante en la habitación. Tú tienes un montón de material del que necesitas librarte y yo tengo los medios para mover más de cincuenta kilos a la semana y lo sabes. Dime cuánto tienes y cuál es tu fecha límite para pagar esa cocaína.

Quería usar la palabra *cocaína* en lugar de tabiques o producto o material porque sabía que en la Corte, dependiendo de qué tan buenos fueran los abogados y qué tan inepto el jurado, esos abogados podrían hacerles creer que hablábamos de chícharos y zanahorias congeladas.

Robbie tocó ligeramente la rodilla de Miguel. En español, le dijo que se calmara o le daría un ataque. Con su risa, disminuyó la tensión en la camioneta.

—Está bien. Necesitamos deshacernos de 220 kilos en un mes —dijo—. Pagarlos completamente.

—¿Entonces por qué hablamos de cincuenta acá y cincuenta por allá? No entiendo —dije.

Resultó que era una cuestión de confianza. Necesitaban saber que tenía la capacidad, que haríamos la primera entrega y que les regresaríamos el dinero en dos semanas. Después de eso, aumentarían las cantidades.

Ahora, si esto fuera la vida real y estuviera haciendo negocios con mi organización, podríamos distribuir y vender con facilidad 220 kilos en un mes, pero no sabía si el gobierno podía conseguir tal cantidad de dinero cuando fuera tiempo de pagar, es decir, si estaban dispuestos a ir por los 220 completos, un gran decomiso para un equipo de cuatro. Esta vez, miré a Mike porque sabía que él entendía exactamente mi dilema.

—Bueno, bueno… —balbuceé y noté que asentía con la cabeza.

Eran las mejores noticias que podría haberme dado. Si podíamos decomisar los 220 en una sola operación, sabía que sería suficiente para regresar a casa como un hombre libre, lejos de estos hombres peligrosos y en camino de empezar el negocio de reparar mi vida personal.

—Está bien —dije—. Conseguiremos los ochocientos mil en dos semanas, después de que tengamos en nuestro poder los tabiques.

Me pregunté si había manejado la situación de manera torpe y, por tanto, sospechosa.

Miguel se reclinó en su asiento, sacó un pañuelo de su bolsillo y secó su cara y su rostro de la misma manera que yo lo había hecho en la cena en su casa.

Todos se levantaron y sólo Robbie nos dio la mano a mí y a Mike. Dijo:

—Estoy seguro de que estaremos en contacto.

Miguel y Joaquín bajaron de la camioneta con sólo un adiós. Tenía la sensación de que no los vería otra vez hasta que estuvieran esposados en la oficina de la DEA en San Diego.

Morder el anzuelo

MIKE Y YO CERRAMOS LAS PUERTAS DE LA CAMIONETA, esperamos a que salieran del estacionamiento y a que estuvieran por lo menos a cinco cuadras de distancia antes de celebrar. Por dios, nos sentíamos con suerte.

—¿Cómo te hiciste los tatuajes tan rápido? —le pregunté—. ¿Y dónde conseguiste un vehículo tan elegante?

—Hermano, éstas no son ligas menores. ¡Éste es el gobierno de los Estados Unidos!

Nos abrazamos. Actuábamos como dos deportistas de preparatoria que habían encestado un tiro de tres puntos en el último momento y habían llevado a nuestro equipo a la final. Todavía no ganábamos el campeonato —en cualquier momento, Joaquín y Miguel podrían espantarse o ser asesinados por los Fuentes o enterarse del encierro de Tony—, pero, caray, nos sentíamos cerca de la victoria.

Necesitábamos ser cuidadosos ahora para no alertar a estos narcotraficantes. Tim me había pedido que no regresara a

Ramona, que me mantuviera alejado hasta que él me llamara. Probablemente me vigilaban.

El sentimiento que eso inspiraba —que cualquier cosa que hicieras para no dejar que tu trabajo interfiriera con tu vida personal, y que hicieras *todo* lo posible— es tal vez el más oscuro que tienes mientras eres un informante confidencial. Tomas medidas extremas: rentar estudios con entradas delanteras y traseras sólo para poder escapar hacia un auto que te espera afuera, pasar noches enteras en la carretera intentando perder el sedán negro que —seguramente— está lleno de una pandilla de narcotraficantes, en lugar de un padre cansado que regresa a casa del trabajo. No importa lo que hagas, el miedo permanece.

Fui hacia el compartimento de plástico que escondía el grabador de DVD, saqué el disco y se lo di a Mike. Sabíamos hacia dónde se dirigía esto. Pronto atraparíamos a estos tipos. A largo plazo, íbamos a subir por la jerarquía, escalaríamos, atraparíamos a los actores de este negocio de la droga, uno por uno hasta que llegáramos a la punta de la pirámide.

Miré cómo Joey Bing salió de la camioneta y se transformó sutilmente en Mike Capella. Mientras se subía a su auto, iba desapareciendo el hombre de gran confianza en sí mismo. Supuse que era el bajón de adrenalina con el que lidiaba en ese momento. Me di cuenta de que el trabajo de encubierto es una serie de altibajos extremos. De alguna manera, el trabajo es también una adicción: la mayoría del tiempo, increíblemente estimulante y, a veces, mejor que el sexo.

Con calma, regresé a mi casa. Me pregunté si Inez y los niños estarían ahí. Recientemente, la noté frustrada por lo mucho que este caso había influido en nuestras vidas.

Era agotador saber que no importaba qué tanto intentara cambiar mi vida, tal vez era demasiado tarde. Sí, Inez había permanecido conmigo en las buenas y en las malas de nuestro matrimonio, ¿pero eran ya demasiados los peligros de mi nuevo trabajo? ¿Era incapaz de dejarme cuando yo era más vulnerable, siguiendo los votos matrimoniales, o agradecida y comprensiva de la presión a la que estuve sometido todos esos años desde que acepté ser traficante para Tony y así ganar dinero para que no fuera desalojada de su departamento? Ella sabía que yo me oponía tan vehementemente como ella a las drogas y que si no hubiera tomado ese primer trabajo de mula, todos nosotros —incluidos dos niños pequeños, uno con necesidades especiales— no hubiéramos tenido a dónde ir. Inez nunca podría pedirle ayuda a su madre, quien apenas sobrevivía. Me preguntaba si acaso se sentía cómplice de mis actividades criminales al haberme permitido continuar incluso después de que me descubrió. Miró hacia otro lado porque le aseguraba que ése era *el último golpe, el último gran golpe*. Podía notar su mirada preocupada cada que sonaba el teléfono, como si tuviera miedo de quién le contestaría o qué terribles noticias le comunicarían.

Cuando llegué a casa, todos los autos estaban ahí. Dejé caer mi cabeza sobre el volante, exhalé fuertemente y agradecí a dios. Por favor, señor, que no esté esperando allá adentro, con las maletas hechas, sólo para darme el consuelo de despedirme de ella y de los niños.

La única luz en la casa venía de la enorme chimenea en la sala. Inez estaba de espaldas cuando entré. Estaba sentada en una mecedora y miraba el fuego crepitar mientras se mecía y alimentaba a nuestro hijo. Sin hacer ruido, me aproximé;

no quise interrumpir este hermoso momento, uno que quería recordar para siempre. Ella se mecía lentamente y noté su pequeña garganta moverse rítmicamente. Ambos estaban en paz, flotaban en armonía en una nube de unidad que sólo puede ser compartida entre una madre y su hijo.

Los miré, durante lo que pudo haber sido un minuto o diez; estaba cautivado. Entonces, Inez respiró lentamente y expiró con tranquilidad, como si hubiera recibido la misma nutrición y amor que nuestro bebé. Se levantó y, con cuidado, pasó a mi lado sin decir una palabra. La oí subir por las escaleras.

Más tarde esa noche, conversamos frente al crepitante fuego.

—Roman, te amo desde el primer momento en que te vi —dijo. Su voz era suave, cálida, pero lo que decía me hizo temer lo que seguiría—. Supe que quería pasar el resto de mi vida contigo. Lo supe en el momento en que puse los ojos en ti: ese chico se convertirá en el hombre con quien pasaré el resto de vida. Él va a cuidar a nuestra familia y hará lo que sea para que nos sintamos felices y amados. Te he amado casi por la mitad de mi vida —carraspeó—. En este momento, temo por ti. Y temo también por mí, pues sé lo que sería perderte. Si algo te pasara, estaría destrozada y no estoy segura de que pueda continuar. Tenemos una familia que no sólo me necesita a mí, también a ti.

Tenía un nudo en la garganta. Sabía que, si hablaba, empezaría a llorar, e Inez necesitaba que yo fuera fuerte por ella, como ella lo había sido por mí. Me acerqué a ella en el sofá y la abracé. La miré a los ojos y asentí.

Nos besamos tiernamente. Ella dijo:

—Ya no puedo vivir aquí, sabiendo que esos hombres conocen nuestra dirección. Cada vez que escucho un ruido, pienso que alguien está en la casa. Y estoy aquí sola, Roman, con los niños.

Asentí.

—Empacaremos mañana. También mañana pondremos a la venta la casa. Sin letreros afuera, lo haremos tranquilamente con un agente de bienes raíces. Pero mientras, pondremos lo que no necesitamos en una bodega y rentaremos un lugar lejos de aquí donde estés a salvo.

Aceptó y sonrió; nos volvimos a besar.

Nunca más podía haber más sorpresas como la de ayer. Me iba a asegurar de eso.

Mi celular sonó debajo de la almohada, donde siempre lo ponía. Éste era mi teléfono personal, el número que Miguel y sus amigos tenían. Me despertó tan pronto como oí la voz del otro lado:

—Roman, vamos, no puedes ganar dinero mientras estás en la cama. Si tomas en serio nuestra última conversación, tienes exactamente 45 minutos para llegar al 7-Eleven en el Bulevar Nacional; ¿sabes cuál?

Sonaba como si hubiera corrido veinte kilómetros, desayunado cereal, leído todos los periódicos y estuviera listo para conquistar el mundo.

Asentí, incluso aunque él no pudiera verme, porque todavía estaba un poco dormido.

—Roman, ¿estás ahí? Te quedan cuarenta y cuatro minutos y treinta segundos. Si no llegas, asumiré que no te tomaste en serio nuestro negocio y buscaremos a alguien más.

—Sí, um, sí, sí, conozco ese 7-Eleven, pero, hermano, literalmente me despertaste, ¿me das más tiempo?

—No.

Y colgó.

El 7-Eleven del que hablaba estaba en Ciudad Nacional, no muy lejos de su casa. Había hecho negocios ahí antes en muchas ocasiones con viejos y buenos clientes, pero trataba de mantenerme lejos de ese vecindario porque era tan peligroso que no quería estar ahí sin un arma o sin refuerzos. Me tomaría por lo menos treinta minutos llegar allá, eso suponiendo que no hubiera tránsito.

Llamé a Tim Dowling, quien no contestó, y le dejé un mensaje de voz y le conté a dónde me dirigía. No tenía más opción que hacer esto solo.

Desconocía el propósito de esta reunión. Puse el celular desechable en el lavabo del baño y, sin razón, puse el otro teléfono en el bolsillo de mi pijama mientras me preparaba.

No había tiempo para ducharme, así que me arreglé lo mejor que pude, tomé el celular que estaba en el lavabo y salí de la casa con exactamente treinta minutos para llegar.

Mientras manejaba, respetando apenas el reglamento de tránsito, me di cuenta de que, por las prisas, olvidé sacar mi otro teléfono del bolsillo de mi pijama y eso era un problema grande: era un desechable nuevo y el equipo todavía no tenía ese número. Así que, cuando Tim oyera mi mensaje en la mañana, no tendría forma de contactarme o yo a él en caso de que algo sucediera. Perdí mi única oportunidad de tener respaldo.

Al salir de la interestatal en mi Range Rover, la camioneta todo terreno se levantó en dos ruedas en el trébol de la carretera. Tuve que girar el volante hacia la izquierda, en un intento de mover el peso del vehículo en sentido contrario. El auto se asentó sobre los cuatro neumáticos y perdí el control. Di tumbos directo a una intersección en la que —gracias a dios— no venía nadie.

En la patrulla de caminos que vi cerca del estacionamiento del 7-Eleven, bastante cerca del BMW en el que yo sabía que estaban los narcotraficantes, vi a dos policías sacudir la cabeza.

Decidí ir yo hacia ellos en lugar de que ellos se acercaran a mí. Manejé hasta el 7-Eleven con la mano en alto, completamente avergonzado, y después tomé un lugar de estacionamiento.

A través de la bocina, uno de los policías, que se creía comediante, dijo:

—Conductor, ¿estuvo toda la noche de fiesta o todavía está medio dormido? Estacione su vehículo, permanezca dentro de él, abra la ventana del conductor, apague el motor y coloque ambas manos donde podamos verlas. Si necesita que le repita esto lentamente o en otro idioma, sólo suba y baje su mano como un pájaro, no se preocupe.

Oí que su compañero se reía justo antes de que el micrófono se apagara.

No otra vez, pensé al tiempo que las memorias de Sevier, Utah, me inundaban.

No estaba preocupado por meterme en problemas con la policía. Estaba preocupado de que mis asociados en el BMW se asustaran. Creí que se irían y me dejarían con este duo de comediantes uniformados y, por tanto, se llevarían con ellos la venta del siglo; iba a ser imposible explicarle esto al equipo. Sin embargo, el BMW no arrancó. Supuse que querían ver el show. Podía oír una canción de baile que salía de los parlantes *hi-fi* del BMW.

Imaginé que se divertían muchísimo mientras me sacaban del auto y me aplicaban diversas pruebas para descubrir si venía ebrio. Me hacían contar hacia atrás desde cien, poner el dedo en la nariz mientras estaba sobre una pierna, decir el alfabeto al revés, lo cual ni en mi mejor día sobrio podría hacer.

Luego de que los policías se divirtieron con su sirviente civil, se apiadaron de mí después de que les expliqué que me dirigía al norte para alcanzar a mi hermana antes de que tuviera a su primer hijo; yo, por supuesto, era el padrino. Y necesitaba con desesperación un café para el largo viaje. Me dieron una advertencia verbal y me dijeron que manejara bien a menos que quisiera que me conocieran como el «tío piernas de gelatina» por el resto de mi vida. Me dieron una palmada en la espalda, me felicitaron y siguieron su camino.

Nunca me habían fallado una buena mentira y mi poder de persuasión. Todavía confío en ellos a diario.

Mientras los policías se iban, tenía que fingir que entraba al 7-Eleven por uno de esos cafés enormes en caso de que estuvieran todavía vigilándome. Pasé junto al BMW y le guiñé al conductor para hacerle saber que saldría enseguida.

Creí que me iba a encontrar de nuevo con los tres chiflados y, caray, me sorprendí. Era Robbie, sin Miguel ni Joaquín.

Robbie estaba con un hombre joven, guapo, bien vestido, de unos veinte años que se parecía demasiado a él: su hijo. Robbie era la verdadera conexión con los Fuentes. Él había controlado todo desde el principio y, como sabría más tarde, estaba en los Estados Unidos para solucionar los problemas en los que Miguel se había metido.

Entré a la parte trasera del BMW. Robbie no trató de disimular su risa por la escena que acaba de suceder. Nos miró a mí y a su hijo:

—Oye, Junior, ése fue un episodio de la vida real de *Policías*. Hombre, creí que iban a revisar tu auto; si hubieran encontrado un arma no estaríamos teniendo esta conversación —señaló con el pulgar al joven a su lado—. Éste es mi hijo, Junior.

—Sí, eso fue condenadamente hilarante —dije con sarcasmo. Miré al chico en el asiento del copiloto, le extendí la mano—. Soy Roman Caribe. Un placer conocerte. Espero que eso no te haya parecido tan gracioso como a tu padre.

El chico se quedó mirando mi mano, después miró a su padre, quien asintió. Sólo entonces, el obediente mininarcotraficante me saludó.

Este caso se hacía cada vez más terrible. Primero, me había topado con la realidad de Lourdes, la joven madre que estuvo presente durante la primera reunión, que en cualquier caso legal le podrían imputar algún cargo de conspiración, su hijo entraría al sistema, pues con toda seguridad sus padres eran indocumentados. Era una rueda de hámster de desesperación de la que me alegraba estar fuera, aunque no podía evitar entristecerme a causa de la opresiva burocracia y del infierno que serían las casas sustitutas para ese niño.

Robbie fue al grano:

—Bueno, me gustó la forma en que trataste con esos *pincha imbeciles*. Confío en ti, así que nuestro trato permanece igual, pero no quiero que esa *familia idiota* sepa hasta dónde llega nuestro negocio.

Robbie se giró y me dio la mano.

—Antes que nada, bienvenido a la familia. Mi familia.

—¿A qué familia idiota te refieres?

—¿A quién crees? ¿Cómo se dice? —se giró hacia Junior y, en español, le preguntó—. ¿Qué caricatura era, esa con el gran…?

Robbie puso sus manos alrededor de sus ojos como si fueran gafas.

Junior dijo:

—Mister Magoo.

—Y no hay que olvidarnos del otro, Joaquín. Para él no tengo descripción. Ése hace que me hierva la sangre, es raro.

Junior lo describió por él:

—*Puta*.

—Ah, sí, sin duda, hijo —Robbie rio.

Éste era un hombre distinto al que yo había conocido hace unos días. Tenía mucha más confianza y un sentido del humor grotesco. No quería parecer confundido, así que lo dejé creer que siempre supe quién era.

—Esperaba que te comunicaras conmigo —dije.

—Sí, supuse que te diste cuenta, pero tenía que dejar que esos cabezas huecas jugaran sus jueguitos. Estaban tratando de crear contactos aquí y no pueden poner *dos pesos* juntos. Aunque Sylvia es una mujer encantadora, no iba a poder evitar que el idiota de su marido o el *puta* de Joaquín arruinaran nuestro negocio. Por eso te busqué y no a Tony ni a ese cerdo de Héctor.

Sonreí.

—No quiero ser grosero —dijo—. Ya sabes… —suspiró larga y hondamente—. ¿Cómo lo digo? —dijo—. Todos sabemos de su pequeño problema con los hermanos. Estuvo bien que Tony pagara la deuda, pero yo no soy tan magnánimo. Así que contigo es con quien haré negocios. No Tony, y definitivamente no Héctor —dejó de sonreír y se puso serio—. ¿Tienes algún problema con eso?

Me pregunté si acaso se había enterado del arresto de Tony y por eso me había llamado de urgencia en la noche, si ésta era su manera de descubrirme en la mentira.

Contesté que no había problema. No tenía más opción que seguirle el juego.

Continuó:

—Tony es un desastre y va a provocar que te arresten o te asesinen. Y Héctor, ese maldito ambicioso estúpido, también va a hacer que te arresten o asesinen, si es que no lo matan a él primero. ¿Quieres estar a bordo de ese barco que se hunde o quieres independizarte y, en lugar de tomar una parte de las ganancias, llevártelas todas? —asintió ligeramente con la cabeza mientras bajaba la voz y me vendía su idea—. Creo que has estado esperando desde hace mucho a que yo viniera y te ayudara a tomar estas decisiones.

Me miró fijamente; una sonrisa de oreja a oreja revelaba una fila de dientes blancos y deslumbrantes.

Robbie era agresivo, inteligente y un vendedor genial. Pero si aceptaba con facilidad, sería sospechoso que le tuviera tan poco miedo a Tony, de quien Robbie todavía pensaba que estaba en el negocio y que era una feroz máquina de matar.

—Lo que me pides es complicado —dije—. Pero concuerdo contigo que podría ser el mejor plan. Hemos tenido problemas, Tony y yo. Es tiempo de moverse.

Estaba tratando de darme un poco de margen en caso de que se supiera que Tony estaba encerrado y Héctor, huyendo.

Robbie y yo negociamos las condiciones: no haría tratos más que conmigo y aplicaban las mismas reglas: si perdíamos algo del producto en la distribución, aun así debíamos pagar.

—Tengo pensado darte mucha cantidad —dijo Robbie—. Después de los 220 kilos, hay más toneladas. La pregunta es si eres tan solvente como para pagar una tonelada de coca perdida.

Sonreí.

—Robbie —dije—. Has visto mi casa.

—Esta bien —contestó—. Ahora, eso de sesenta aquí y sesenta allá es una tontería. Te voy a dar los 220 kilos en consignación. Una maldita muestra de confianza, ¿no?

—Totalmente —dije.

—Bien —aplaudió, emocionado—. ¿Por qué no te subes en tu auto y me sigues? Quiero enseñarte algo que creo que te va a gustar, una sorpresa. No, no, sé que esto te va a gustar. ¿Verdad, Junior?

Junior asintió, inexpresivo.

Miré a Robbie. ¿Qué más podría haber en esta reunión y en esta conversación? Todo lo que necesitaba era darme el día, la hora y el lugar para recoger la cocaína y listo. Pero no podía decir que no. ¿Era posible que me hubiera descubierto y todo esto era un acto para asesinarme? A donde quiera que me llevara, al menos podía llamarle a Tim desde mi teléfono en el auto y hacerle saber a dónde me dirigía. Dejaría el celular en altavoz y le daría mis coordenadas exactas para que alguien me alcanzara.

—Te sigo —dije—. Pero si te pierdo, ¿hacia dónde vamos?

Estaba actuando rápidamente para ganar tiempo y averiguar el lugar exacto, a pesar de que seguramente Tim había recibido mi mensaje y había desplegado equipos en todo San Diego para encontrarme.

—No te quedes atrás —dijo Robbie sin duda ni emoción—. Ah, y me gustaría que mi hijo fuera contigo —sonrió—. Sólo en caso de que te pierdas.

Su extrañamente callado hijo y yo salimos del auto y subimos a la Range Rover; sentí que caminaba hacia la horca.

Junior no dijo mucho durante el viaje. O su papá le había enseñado muy bien o había algo realmente mal con este chico. Después de quince minutos de tratar de hacer conversación y de obtener alguna información de hacia dónde nos dirigíamos, me di por vencido.

Sin embargo, permanecí alerta por si alguien nos seguía. No había nadie, pero eso no significaba que no hubiera una docena de sicarios que me esperaban a donde nos dirigíamos. También me pregunté si mi silencioso compañero traía un arma, en caso de que yo decidiera desviarme o usar mi teléfono. Mi mayor miedo, como siempre a partir de este caso, era que los criminales, de alguna manera, hubieran descubierto que había cambiado de equipo y que estaba ayudando a construir un caso en su contra. Los miembros de los cárteles son listos y despiadados, no te hacen saber que la cuerda está alrededor de tu cuello hasta que te cuesta trabajo respirar y tu camisa está llena de sangre.

Nos incorporamos a la 101 en dirección al norte y manejamos durante una hora, luego fuimos por la 10 otros cuarenta minutos y llegamos a Ontario, California.

La ciudad estaba llena de casas prefabricadas, casas rodantes con un poco de mantenimiento, plazas comerciales al aire libre, pandillas de motociclistas enfrente de los bares y muchas granjas de lácteos. Era lo suficientemente agradable, aunque difícilmente un lugar en el que quisiera criar a mis hijos.

Al lugar al que llegamos era una casa que, sin pena ni gloria, estaba en un terreno en la esquina. *A esta gente le gustan las propiedades esquinadas*, pensé. Seguí a Robbie a través de una calle tan angosta que apenas cabía el bmw; peor la Range Rover. Con cuidado, lo seguí hasta el final, donde un estacionamiento de tres autos contrastaba con la minúscula casa: ocupaba la mayoría de lo que hubiera sido un jardín de tamaño decente.

Apenas había espacio para nuestros autos.

Robbie salió del suyo y Junior lo siguió rápidamente.

Sin decir nada, Robbie levantó los escalones detrás de la casa, sacó una llave y empezó a abrir una serie de cerraduras que aseguraban la puerta de acero fortificado. Tenía prisa para entrar, para *meterme* ahí. Abrió la puerta y chirrió. Me sentí un personaje de alguna película de horror. ¿En qué parte de esta casa estaría el hombre con impermeable y máscara de hockey?

Robbie se paró frente a la puerta y esperó que fuera con él. Sonreía. Junior se puso detrás de mí, demasiado cerca.

Empecé a sudar. Mentalmente, repasé todas las posibilidades que se me ocurrieron de cómo me habían descubierto, pero no había ninguna, así que no tuve opción más que entrar en esta guarida, a más de cientos de kilómetros de mi respaldo.

Ésta es la parte de ser un informante confidencial —o, para el caso, un agente encubierto— que, sin dudas, es atormentadora: caminar en la cuerda floja hacia lo desconocido, sin saber si tu fachada ha sido descubierta. Asesinarme hubiera sido fácil y, si así lo hubieran planeado, Robbie y su *mini-me* estarían en México días antes de que encontraran mi cuerpo, si es que lo encontraban.

Los cárteles mexicanos eran expertos en desaparecer cuerpos. Y desaparecerme explicaría el motivo de la llamada a las 6:45 de la mañana para decirme que tenía cuarenta y cinco minutos para encontrarme con él y que fuera imposible organizar a mi gente o a la policía.

A pesar de que cargaba con un cuchillo de bolsillo desde que me había prohibido usar pistolas, estúpidamente ni siquiera había hecho eso en la mañana. Se suponía que éste sería un simple encuentro en un lugar público y tuve que salir de mi casa con cero minutos de sobra.

No había forma de escapar de esto, porque lo último que quería era demostrar miedo. Dejé que Robbie me arrinconara. Le regalé una gran sonrisa y dije:

—Un viaje de dos horas. Más te vale que sea una buena sorpresa.

Robbie dijo:

—Oh, no te preocupes, te sorprenderás.

No eran las palabras que quería escuchar. Subí las escaleras.

Robbie me mostró la casa como si fuera un agente de bienes raíces y se la vendiera a unos recién casados. Lo seguí con

cautela, mientras trataba de lucir lo más tranquilo y controlado que podía.

Una vez dentro, se me heló la sangre.

La casa estaba vacía. No había muebles, cuadros, utensi-
lios, nada. Motas de polvo cruzaban en aire y por todos lados
había telarañas.

La planta inferior de esta minúscula casa era un solo espacio desde el que tenías la perspectiva completa del piso.
La cocina se separaba de la sala por una pequeña barra de
formica. No había nada en ese espacio vacío que insinuara
que alguien vivía ahí, menos que recibiera visitas; era el lugar
perfecto para asesinar a alguien.

Lo primero que hice fue buscar algo que pudiera usar
como arma. Pero sin muebles, la búsqueda fue inútil.

¡Wham!

Mini-me cerró la puerta trasera y yo casi salto fuera de mis
Gucci. Me giré hacia él, con las manos en alto. Cuando notó
esa absurda posición defensiva, sonrió.

—¿Es una maldita broma? —grité—. Así es como te dis-
paran. Esperé que con eso creyeran que iba armado.

Busqué en la sala por si había alguien escondido; también
busqué los signos más obvios de la muerte: plásticos exten-
didos en el suelo.

Robbie se dirigió a la sala y con la mano me indicó que
lo siguiera. Lo hice *lentamente*, muy atento de Junior tras
de mí. Una vez que estuvimos en la pequeña y vacía sala,
Robbie señaló una puerta entreabierta y me dirigió hacia
ella.

Me paré a la mitad de la habitación sin moverme; traté de
lucir aburrido e impaciente. Dije:

—Después de ti. Ésta es *tu* sorpresa. ¿Por qué arruinar la diversión?

Revisé rápidamente la habitación. La puerta frontal estaba tan fortificada como la trasera y varias llaves eran necesarias para abrirla desde dentro. Nunca había visto una casa con cerraduras así y decir que me dio mala espina es decir poco. Había una ventana justo a mi izquierda que miraba a una calle desolada. Concluí que si tomaba impulso, podría atravesarla, pero también podía fallar, terminar con la espalda rota y que me dieran el tiro de gracia, al estilo de los cárteles mexicanos. Era el único plan de escape que tenía.

Robbie levantó los hombros como si dijera *sí, como quieras*, avanzó hacia la puerta y con un ligero empujón la abrió. La habitación no tenía muebles y estaba oscura porque había sábanas pegadas con cinta sobre las ventanas. Apiladas descuidadamente, estaban unas cajas de mudanza.

Robbie rodeó la pila de cajas y abrió una. ¡*Ta-raaaán*!

No podía creer lo que veía. Instintivamente, retrocedí impresionado. Robbie introdujo su mano y sacó un kilo de cocaína. Noté el sello: la *Reina de corazones*. Ésta era realmente coca de los Fuentes y no tenerla empaquetada significaba que venía directamente de ellos. Había llegado a la punta de la pirámide.

Estaba sorprendido porque, desde que conocí a este clan, una pequeña voz en mi cabeza me recordaba lo que aprendí como distribuidor de Tony: que los *dealers* amaban sobreestimarse. Todos tienen una conexión a la coca o heroína más pura a través de «tíos» o «primos» al sur de la frontera.

De repente, todo me llegó enfocado y mi duda se desvaneció. Mis ojos se ajustaron a la falta de luz en la habitación y mis sentidos se agudizaron. Noté el olor rancio del moho y la nicotina, incluso percibí el aroma de los pisos de pino.

Robbie me acercó el kilo para que lo tomara, pero de ninguna manera iba a tocar uno solo de esos paquetes. Lo último que quería era dejar mis huellas digitales en esa droga o en cualquier parte de la casa.

Fingí estar emocionado —algo fácil en ese momento—. Dije:

—Sí, hermano. Lo veo. ¡Carajo! Tenías razón, estoy sorprendido. ¡Eres el maldito jefe!

Me alejé de él, como para ver las otras cajas; de nuevo, no era muy difícil aparentar emoción.

Otra nota mental: recuerda la dirección exacta porque, después de que encerremos a estos tipos, estoy seguro de que una casa cercana, con buena vista a ésta, sería rentada y un equipo de agentes, cámara en mano, podrían identificar a otros sospechosos en la guerra de las drogas.

Esto me sacó de mi emoción un momento, pues recordé a mi equipo. Con toda seguridad, estaban buscándome frenéticamente en ese momento. Estaba por completo fuera del radar, contrario a las órdenes que me había dado Tim Dowling desde el primer día. Si un vecino entrometido hubiera notado que dos autos lujosos entraban en esta casa abandonada y decidía llamar a la policía, estaría en serios problemas. Sí, le había dejado un mensaje a Tim, pero no le dije que iba rumbo a una casa llena de 4 millones de cocaína, y 4 millones sólo para mí. Una vez que esa cantidad se vendiera en la calle, estaríamos hablando de decenas de millones de dólares.

Tim o cualquiera del equipo podría concluir que les había mentido sobre una simple reunión y que mis verdaderos motivos eran ir a una casa de seguridad y cerrar un trato aparte con Robbie antes de encerrarlo: un «juego doble». Que yo tomaría la mitad de los kilos para mí y que tranquilamente regresaría con mis compañeros y atraparía a Robbie con la otra mitad de la cocaína. ¿Qué podría él decirles? «Por cierto, chicos, mi compañero se escapó con más o menos cien kilos. Deberían revisar abajo de su cama».

Estoy seguro de que otros informantes habían intentado esta maniobra antes y lo que menos quería era parecer sospechoso. Tenía que salir de ahí de inmediato y advertirles.

Robbie dijo:

—Está bien, todo está aquí. Dobla tus asientos, ponemos la mercancía sobre ellos y estoy seguro de que toda cabrá en tu camioneta. Llévala a tu bodega o a donde sea que la guarden y nos vemos en dos semanas.

Estaba sorprendido por lo poco cuidadoso que era este personaje para los negocios. En todos mis años, nunca había visto que alguien pusiera kilos así al descubierto sin ninguna seguridad, como si fueran bloques para pavimentar, comprados en el supermercado local de casa y jardín. Rozaba en la locura.

—Robbie, ¿estás mal de la cabeza? ¿Crees que voy a manejar dos horas hasta San Diego con 220 kilos de cocaína pura en mi auto *y* así, sin protección? ¿Qué crees que es esto, *T. J. Hooker*, y que si me detiene la policía sólo les doy un kilo y ellos me escoltarán a la casa de seguridad? Esto es ridículo, hombre. Así no es como hago negocios.

Robbie se levantó de inmediato y se acercó a mí.

—¿Ridículo? ¿Qué es esto?, ¿una especie de broma? No me gustan las malditas bromas.

Siguió acercándose.

Levanté las manos, con las palmas abiertas en un gesto de respeto hacia él. Le daba la espalda a la sala y Junior no estaba dentro de mi visión periférica.

—No, no, no. Todo lo que estoy diciendo es que si me llevo estos kilos y me detiene una patrulla en la carretera o un novato aburrido, sería el arresto más ridículo de cualquier estación de policía donde me encierren. No sólo me condenarían a treinta años, sino que sería el más grande idiota por conducir un auto lleno de cocaína en pleno día. Necesito hablar con mi compañero y preparar bien esto. Tomarlo ahora, para mí, es muy peligroso.

Robbie me preguntó calmadamente:

—¿En cuánto tiempo tendrías listo eso?

—Llamaré a Bing para que lo prepare todo.

Robbie asintió y me señaló.

—Ahora tenemos un trato —señaló de nuevo la habitación—. Esto es tuyo, no mío. No te puedes retractar ahora. Ten tu teléfono a la mano y nos vemos mañana. Temprano, ¿sabe?

—Entendido —dije.

—Vamos a mover el material a Oxnard pronto, ¿sabías? Allá haremos la transferencia.

Oxnard era otro vecindario rudo a una hora y media de camino de donde nos encontrábamos en ese momento. Héctor y Raúl habían vivido en ese sitio durante un tiempo y eso me ponía un poco nervioso, en especial porque tenían parientes allá.

—Entendido —dije.

Robbie asintió lentamente, con la mirada fija en mí. Supe que repasaba un millón de posibilidades en su cabeza.

Le dije lo mucho que significaba para mí que hiciera esto, que nuestro primer trato fuera en consignación. Era una verdadera muestra de respeto para mí y para mi negocio. Puse mi brazo sobre sus hombros y reí.

—Tú y yo, hombre, vamos a hacer muy buenos negocios juntos.

Nos dimos la mano de nuevo y después me dirigí a Junior, quien presenció toda la charada de una nueva amistad y patronazgo. Le extendí la mano y él la tomó, esta vez sin pedirle permiso a su padre.

El operativo

EL CORAZÓN SE ME SALÍA DEL PECHO. NUNCA HABÍA TOMADO drogas «duras», pero la euforia y la vehemencia que experimentaba debían de ser similares al de un tipo que consumiera cocaína pura o metanfetamina. Sudaba; en realidad, temblaba. Es increíble que los químicos que tu cerebro segrega puedan producir este viaje natural.

Me urgía irme de ahí. Necesitaba llamar a Tim de inmediato, pero no estaba pensando claramente porque estaba lleno de adrenalina. Necesitaba alejarme de Robbie. Me pregunté quién estaría esperando fuera de la casa en un puesto fijo y quién más me seguiría después.

Llegué a un centro comercial grande y me dirigí a su enorme estacionamiento, la manera más sencilla de perder a alguien, esconderte o descubrir si te siguen.

Esperé hasta que fuera seguro y llamé a Tim. No estaba feliz.

Estaba muy nervioso como para defenderme mientras me reprendía. Me informó que había organizado a cada agente y policía disponible para buscar mi Range Rover.

Una vez que se calmó y que pude hablar con coherencia, le conté de lo que había ocurrido durante la mañana.

—Un momento —dijo. Dudó, como si no lo creyera—. ¿En verdad *viste* toda esa droga?

Como sabían que la justicia es lenta —muy—, Tim y Al habían planeado su trabajo según ese conocimiento. Necesitábamos una orden de cateo para la casa y un equipo que nos ayudara con la compra.

Tim y Al tenían muy poco tiempo para organizar equipos conjuntos con la DEA de Oxnard y, después, coordinarse con los grupos de alianza esa misma tarde. El plan inicial era que nuestro equipo y cualquier otro agente que pudieran conseguir de la oficina de San Diego pasaran la noche en un motel cercano a Oxnard, y que todos esperarían hasta que yo recibiera la llamada y me dijeran dónde sería la entrega.

Tim me dijo que me fuera a casa, que empacara y que nos viéramos en el hotel, una vez que supieran en cuál. Antes de terminar la llamada, suspiró y dijo:

—Mira, Roman, lo hiciste bien hoy, pero no vuelvas a perder de vista el celular de la compañía. Y más allá de eso, ¿por qué estás usando una línea abierta? Eso es estúpido y descuidado. Ah, y hubiera estado bien tener ese número. ¿En qué diablos estabas pensando?

Tenía razón en todo y yo no tenía excusas. Actué con base en la adrenalina y la desesperación. Desesperado por asegurarme que este caso no fuera arruinado por los errores de alguien más. Desesperado por terminar con esta parte de mi vida.

—¿Ya empezaste a empacar?

—No, pero Inez y yo ya lo hablamos.

—Necesitas sacar de ahí a tu mujer y a tus hijos ahora. Esto debió haber pasado justo después de que encerramos a Tony. Ahora es imperativo. Deja que una compañía de mudanza lo haga. Lo siento, hombre, pero es por protocolo. Saben dónde vives y mañana después del arresto, aunque te atrapen con ellos, van a sospechar. Tu casa es segura, por ahora, pero estos tipos no dudarán en matar agentes federales para llegar hasta ti…

Le llamé a Inez rumbo a la casa y le dije que necesitábamos empacar. Ella entendió de inmediato la gravedad de la situación.

—Pensémoslo como si fuera un viaje —dije—. Vamos a tener que convencernos que esto son vacaciones, si queremos persuadir a los niños.

Refunfuñó.

—Podemos ir a donde quieras —dije.

Ella dijo:

—A cualquier lado menos México.

Nos hospedamos en un hotel bastante amplio y lujoso en Camarillo, en el corazón del condado Ventura, California, a un par de ciudades de Oxnard y justo a medio camino entre Santa Bárbara y Los Ángeles.

Como esto era técnicamente un caso de la DEA, Al Harding era el líder de esta operación. Como estación de mando usamos una de las suites, con dos recámaras grandes, una sala y una cocina pequeña. También sería el centro de comunicaciones, en el cual todo lo que fuera dicho durante la transacción sería escuchado a través del micrófono de Mike Capella. Al lado, había un cuarto del mismo tamaño, lleno de agentes que estarían descansando y actualizando a los agentes que llegaran de las oficinas de San Diego, Aduanas y a los detectives locales. Era una concentración bulliciosa. A los únicos que conocía era a mis compañeros y ellos estaban ocupados compartiendo historias de guerra con amigos que no habían visto en años.

Mi parte del plan era sencilla o, al menos, debía serla. Una vez que recibiera la llamada, le diría a Robbie que necesitaba hora y media para llegar al lugar acordado. Una vez que supiera dónde se llevaría a cabo el negocio, Al dispondría a sus agentes, todos vestidos de civiles y en autos normales —desde camionetas de mamá a chatarras de diez años de antigüedad— porque nadie debía destacar cuando se posicionaran cerca del «set» o del punto de entrega. Una vez que yo tuviera las drogas, debía conducir, perder a cualquiera que me siguiera, encontrar un lugar tranquilo y estacionar el auto. Detrás de mí, Al explicaba:

—Si todo sale de acuerdo con el plan —la frase no me gustaba—, un equipo de refuerzo que te estará siguiendo se estacionará junto a ti y se llevará la cocaína, y seguirá la cadena de mando.

Sería arrestado, esposado y llevado a la oficina de la DEA en Oxnard para ser procesado junto con Robbie; ahí podría vigilarlo y escuchar si nos daba más pistas para adentrarnos todavía más en el clan Fuentes.

Me encontré a mí mismo, sentado en una esquina y mirando a estos agentes convivir. Mike se sentó junto a mí y abrió dos latas de soda. Me entregó una y brindamos.

—Todo esto, todo esto eres tú, nene. Después de mañana, tu primer arresto, serás, para siempre, uno de nosotros. ¿Qué se siente estar del lado de la ley, para variar?

Me di cuenta de que todos parecían estar en una reunión, ninguno parecía preocupado si esto se volvía un tiroteo al día siguiente. Dije:

—Se siente bien, Mike, muy bien.

Chocamos las latas y bebimos.

—Déjame preguntarte algo, Mike. Es algo que he querido saber desde el primer día que nos conocimos. ¿Por qué me aceptaste desde el principio? Sabías quién era yo, me habías seguido por casi dos años. Y claramente algunos de tus colegas no estaban muy felices de trabajar conmigo.

—He estado en esto durante mucho tiempo, hombre. Tanto que, de hecho, mi filosofía es ésta: todos estamos en guerra y somos nosotros contra un ejército más grande, más fuerte y, muchas veces, más listo. Si tienes suerte de capturar un soldado del bando opuesto, que levanta una bandera blanca, trabajas con él. Sé tu historia. Todos la sabemos. Podías haber ganado tu caso en Utah, pero dijiste, al diablo, estoy harto y me voy al otro equipo. ¿Qué me dice esto? Que al menos intentas hacer lo correcto, ayudar a nuestros soldados a ganar. ¿Por qué alguien le negaría la ayuda a un combatiente que sabe mucho más que nosotros de la fuerza contra la que peleamos?

Brindamos de nuevo cuando Al Harding nos llamó de inmediato a la habitación. Todos estos policías y agentes tenían los ojos puestos en él. Al me miró y me pidió que me levantara. Lo hice y me presenté sólo como C.S. 96 y les dije que haría la primera conexión. Noté que los hombres susurraban. El misterio de mi estancia en ese lugar se había resuelto.

Al explicó cómo Mike y yo cerraríamos el trato y, entonces, el operativo iniciaría.

Era justo después de media noche que me fui a la cama; en realidad, estaba muy emocionado como para dormir. Llamé a Inez y le dije cómo había transcurrido la tarde. Ella estaba exhausta de empacar y de mudarse con los niños a un hotel en Santa Mónica; se quedó dormida a la mitad de nuestra conversación. La escuché respirar, con el ocasional ronquido que, hasta el día de hoy, niega hacer cuando duerme. Por fin, colgué y traté, en vano, de conciliar el sueño.

No sabía qué tan temprano llamaría Robbie; podría ser desde las primeras horas de la mañana hasta las primeras de la tarde. Era astuto y podría intentar despertarme muy temprano, como lo hizo la última vez, para sacarme de balance o para evitar que organizara gente. Dormir estaba fuera de mis planes.

Mi miedo más grande era saber que Robbie nunca llegaría solo a una reunión como ésta. Tendría refuerzos que lo vigilarían sólo en caso de que yo decidiera traicionarlo y le metiera una bala en la cabeza para irme con toda la droga. ¿Qué pasaría cuando tuviera toda la coca y vieran que Robbie era abatido? Asumirían que yo era parte de eso y vendrían por mí; dispararían primero y preguntarían después.

Esto fue en lo único que pensé durante cinco horas.

* * *

El teléfono sonó y yo me levanté como si alguien hubiera abierto la puerta con una patada, disparando sin control.

—¿Hola?

—Mi hermano, casi cuelgo, creí por un segundo que te estabas arrepintiendo de nuestro trato.

De nuevo, Robbie sonaba como si hubiera estado despierto desde hacía horas, listo para iniciar.

—¿En serio? ¿Por qué haría eso? ¿Estás bromeando? Éste es uno de muchos, compañero.

—*Bien, bien* —dijo—. ¿Conoces Oxnard?

—Sí, lo conozco bien. ¿Qué persona en mi posición no conoce Oxnard? —reí.

—Ok. ¿Qué tanto conoces el área cercana?

—Mucho.

—Bien, ¿conoces una ciudad pequeña que se llama Camarillo?

Estaba de pie y mis rodillas casi se doblan. De todas las ciudades que pudo elegir, escogió *la misma que nosotros* habíamos elegido para nuestra base de operaciones.

¿Qué pasaría si él ya estaba en la ciudad? ¿Qué sucedería si estábamos en el *mismo hotel*? Esto era muy, muy malo. Había por lo menos diez agentes de la DEA y de Aduanas en este hotel; carajo, la mitad de ellos podrían estar abajo en el restaurante en ese mismo momento, hablando del operativo de hoy, con Robbie en la mesa contigua, tomando una mimosa entre bocados de huevos benedictinos.

Controlé mi respiración.

—Sí, es una ciudad hermosa. La conozco bien.

—Bueno, ¿conoces el camino de Santa Rosa?

—Sí.

Quedamos de vernos en un McDonald's ahí.

—No llegues tarde —dijo—. No queremos estar esperándote con un auto lleno de mi producto más fino en espera que algún policía ridículo vaya a husmear.

Se rio de su broma.

Me reí con él.

—No, no queremos eso. Llegaré puntual. No te preocupes.

Colgó.

Había dicho «queremos», lo que significaba que no llegaría solo. Secretamente, deseaba que su compañero no fuera su hijo. Yo sabía cómo iba a resultar esto: rápido y violento y alguien con facilidad podría salir herido.

Tomé el teléfono del hotel y le di los detalles a Al. Él esperó a que terminara y luego me dijo que lo viera en su habitación lo más pronto posible. Iba a organizar al resto de los hombres y llamaría a los locales.

Nos reunimos en la habitación de Al. Ninguno de los agentes locales se veía emocionado por estar ahí tan temprano.

Mike se colocaba su «Kel» entre las piernas, un objeto pequeño de metal, rectangular y del ancho de dos pilas DD que transmitirían nuestra conversación a todos los equipos y a la base central en la habitación de Al.

—Los mexicanos son muy machos —dijo cuando me sorprendió viendo su incómodo método de grabación—. Si me van a catear, no se acercarán ni a mi pene ni a mis testículos.

La mayoría de los equipos salió a las 9 a.m. Al les ordenó que salieran separados, por diferentes puertas y en intervalos de dos minutos.

El lugar estaba, literalmente, a menos de unos tres kilómetros, así que tenían mucho tiempo para establecerse, todos en un área de dos manzanas alrededor del McDonald's. Había dos equipos de hombres y mujeres encubiertos que yo no conocía; fue una decisión inteligente que yo no supiera sus identidades, así no los reconocería de manera inconsciente en el restaurante de comida rápida. Su trabajo era entrar al McDonald's en intervalos separados, una pareja lo haría al cinco para las diez, y la segunda a las diez y cinco. Ordenarían comida; una pareja comería dentro del restaurante, la segunda se iría al estacionamiento, se sentaría en su auto y vigilaría. Si algo salía mal, tanto afuera como adentro, ellos eran mis refuerzos.

Estábamos listos. Mis cuatro compañeros de equipo y yo fuimos los últimos en salir. Tim puso una mano en mi hombro y dijo:

—Haz hecho esto un millón de veces, estoy seguro. La única diferencia ahora es que tienes un batallón de profesionales que te cuidan la espalda. Sólo haz lo que con normalidad harías en esta situación. Tomas los paquetes y te vas. No mires atrás, sólo conduce. El equipo de persecución está en dos lugares separados. Si vas hacia la izquierda, un equipo esperará a comprobar si te siguen y luego te alcanzará. Sólo estarás fuera de su vista por treinta segundos, así que no des vueltas bruscas en donde no puedan encontrarte. Es la misma situación si vas a la derecha. En cuanto entres a tu auto, márcame.

No había nada más qué decir. Mike me dio una palmada en el hombro y rio:

—Vamos, chicos, este tipo ha hecho esto más veces que nosotros. Él sabe qué hacer.

Llegué al McDonald's a las 9:50. A pesar de eso, el estacionamiento estaba a la mitad de su capacidad y no vi el auto de Robbie, lo que no significada nada, pues podrían haber llevado otro vehículo.

Me estacioné en la parte central, con espacio suficiente al lado de mi auto para que pudiera entrar. Si íbamos a pasar la carga entre los autos, sólo abriríamos la puerta. Nos sentamos en una mesa dentro del McDonald's y esperé a Robbie.

A las 9:58, alcé la vista y vi a Robbie parado frente a nosotros.

—¿Me puedo sentar? —preguntó

—¡Aquí estás, hermano! —dije, mientras lo saludaba de mano. Mike también le extendió el saludo y Robbie lo saludó; se sentó, comodísimo con la situación; otro día más en el paraíso, *pero no por mucho*.

—¿Todo bien? —pregunté.

Asintió.

—¿Hubo tránsito en el camino?

—Nos quedamos en mi apartamento de Los Ángeles —dijo Mike.

—Bien. ¿Tuvieron fiesta anoche? ¿Al estilo de las estrellas de cine?

Reí.

—La vida es una gran fiesta para mi hermano. Tiene una chica en cada ciudad.

—No realmente —dijo Mike—. Mantuvimos un bajo perfil anoche. Los negocios son *siempre* antes que el placer. Sin embargo, hoy en la noche voy a ver a dos bellezas en el Roxy.

Invitó a Robbie para que se uniera a la fiesta y se burló de mí por estar «atado» por el matrimonio.

—Hay tantos peces allá afuera. No sé cómo lo haces.

Mike palmeó la muñeca de Robbie. Era bueno: sé cercano y personal con él, invade su espacio como los viejos amigos lo harían o como los nuevos, que se harán viejos y prósperos contigo.

—Piénsalo, Robbie. No te vas a arrepentir.

Robbie sonreía.

—Tal vez te tome la palabra.

—Así que, ¿dónde está el paquete? —pregunté con tranquilidad.

Robbie me miró.

—*Paciencia, paciencia*, hermano. Ya viene.

—¿Quieres algo de comer, un café, un McMuffin de huevo? —pregunté.

Sus ojos estaban fijos en el estacionamiento cuando no me contestaba. Entonces, me miró.

—Bien. En dos semanas, dejas el dinero en casa de Sylvia. Ve por el paquete.

Estaba totalmente confundido, como Mike.

—¿Dónde está? —pregunté.

—En la Explorer negra, justo a lado de tu Rover. Las llaves están en el suelo. Una vez que lo dejes, regresa la camioneta aquí. No te preocupes, no tiene infracciones ni nada; no te van a detener. Deja las puertas sin seguro y las llaves abajo del tapete. La recogeremos esta noche. Ah, una cosa, contamos mal por treinta kilos, así que sólo hay ciento noventa, pero créeme, te voy a compensar en dos semanas. ¿Está bien, compañero?

Miraba la Explorer que mágicamente apareció junto a mi auto. Si el equipo había visto a la SUV estacionarse, después de oír nuestra conversación, ¿podrían estar siguiendo al tipo que la dejó? Tal vez no. El conductor, probablemente, estaría hasta la 101 en ese momento.

Robbie era listo, demasiado como para estar cerca de un auto lleno de droga.

Fingí emoción.

—Perfecto, *hermosa*, perfecto. Mike, ¿tomas la Rover y nos vemos en el almacén? —me levanté—. Los dejo, *playas*, que hablen de sus conquistas mientras *yo trabajo*. De seguro me enteraré mañana de cuántas chicas conquistaron. Diviértanse, locos. Recuerda, Mike, sin condón no hay diversión. ¡La pensión alimentaria en este estado es una piedra en el zapato!

Fue como si una toalla mojada me golpeara el rostro. Un escalofrío me recorrió la espalda mientras recordaba la fría realidad: un error podría costarme la vida. ¿Se habría dado cuenta de que me había referido a Joey con otro nombre? No podía creer que había puesto la vida de mi compañero en peligro, que hubiera cometido un error tan peligroso y tan primerizo.

Cerré mis ojos y giré para ver la reacción de Robbie, sin saber qué esperar. ¿Estaría con la mirada fija en mí, pensando en lo que yo había dicho, o lentamente sacaría su arma antes de que Mike sacara la suya?

Pero no dijo nada. O no escuchó mi error —lo cual era difícil de creer— o estaba muy tranquilo, fingiendo que no había oído y esperaba el momento justo para atacar.

Caminé al auto, tratando de mantener la calma. Me preocupaba que Mike y Robbie estuvieran discutiendo. Todavía no había agentes entrando al McDonald's.

Me acerqué a la suv. ¿Sería posible? ¿En verdad, podría haber 190 kilos de cocaína pura en esa camioneta? Casi no lo creía hasta que llegué a la parte trasera.

Me detuve; no podía comprender a cabalidad lo que estaba viendo.

Sí, había 190 tabiques blancos adentro, con el sello de la *Reina de corazones* en cada uno de ellos. Pero estaban en peor estado que en la casa de seguridad de Ontario.

Los habían puesto desordenados, sin una cobija o algo que los cubriera. Sólo un montón de tabiques blancos que un niño de diez años podía identificar si hubiera pasado por ahí. ¿Cómo diablos llegó hasta acá sin que lo detuvieran y qué valor necesitó el conductor de esta entrega? Esto implicaba que los empleados de Robbie, para él, eran insignificantes. Ahora aprendería qué tan insignificante era él para sus jefes al sur de la frontera.

Hice lo que me dijeron: entré al auto, encontré las llaves y, mientras espiaba qué tan bien estaba Mike, salí del estacionamiento. Estaba nervioso, sobre todo si me detenía al lado de una patrulla; verían la mitad de Colombia apilada en una pequeña montaña. Me detendrían y sus dedos se posarían tensamente sobre los gatillos.

Salí y vi que Mike y Robbie caminaban con tranquilidad en dirección opuesta al estacionamiento. *Raro*, pensé, *pero al menos están hablando.*

La luz pasó a amarillo, pero ni loco iba a esperar en un semáforo en rojo. Ignoré por completo lo que Al me había dicho; aceleré lo más que pude en cuanto di una vuelta. ¿Por qué? Porque si los refuerzos de Robbie me estaban siguiendo, ellos se quedarían en el semáforo rojo y crearía una distancia que tanto necesitaba. Tomé el teléfono de la compañía y llamé a Al. Le pregunté nervioso:

—Al, ¿viste a alguien que me siguiera?

—Negativo, el auto que te sigue acaba de dar la vuelta y viene hacia ti por detrás.

Él podría estar calmado, pero yo no. Continué ignorando los semáforos, daba vueltas a la izquierda y a la derecha en un intento de perder a cualquiera que me siguiera. Al fin, vi una zona de construcción. Entré con velocidad, derrapé el auto y levanté una polvareda. Mis ojos se quedaron fijos en el asiento retrovisor, no apagué el motor, puse el pie sobre el freno y el otro sobre el acelerador. Si algo más que un montón de blancos con cabello corto y en minivans se acercaba a este sitio de construcción, aceleraría hasta el fondo y no pararía hasta que se me acabara la gasolina.

Le grité mi ubicación a Al. Él respondió que estaban a dos minutos.

—No es necesario que grites —me dijo.

Fueron los dos minutos más largos de mi vida.

Los vi, cinco autos viejos y horribles entraron a la zona de construcción. Suspiré aliviado. Los narcotraficantes no conducen autos tan malos.

El humo y el polvo me envolvieron, como si estuviera atrapado en una tormenta de arena en el Sahara. Los agentes bajaron de sus autos tan rápido como si hubieran encontrado una bomba bajo sus asientos, dejaron las puertas abiertas, más polvo envolvió a la suv, cada uno de ellos tenía una cámara, mientras otros gritaban órdenes en radios portátiles; era un completo y total caos.

Me ignoraron y se fijaron en el portaequipaje. Algunos agentes se acercaron y abrieron la puerta trasera como si fuera la única salida de un edificio en llamas.

Una vez que abrieron la puerta, fue como si todos vieran el Santo Grial. Al principio, nadie se movió; vi un montón de bocas abiertas, cabezas moverse y ojos parpadeantes. Algunos retrocedieron como si una bestia salvaje estuviera a punto de saltar sobre ellos y arrebatarles un miembro.

Durante lo que parecieron minutos, nadie se movió. Entonces, de manera gradual, escuché el sonido de las cámaras al activarse. Me pregunté cuántas veces habían estado estos pobres tipos en operativos como éste que resultaban ser un fraude.

De repente, todos empezaron a festejar, como si un torero hubiera derrotado al furioso toro.

Pete Davis fue uno de los primeros en acercarse; me dio un abrazo tan fuerte que sentí que quería enviarme al mismo hospital en el cual estuvo después de que, por mi culpa, estrellara su auto. Escuché que algunos huesos de mi espalda tronaban. Era un tipo enorme y fuerte y no escondía su entusiasmo. Me soltó y tuvo que alzar la voz sobre el griterío de los otros agentes.

—Amigo, te iba a apostar un mes de salario a que esto era sólo una visita del hada del kilo. ¡Gracias a dios que no lo hice!

Yo era el objetivo detrás de todos los halagos, pero por alguna razón no estaba emocionado; la euforia no me llenaba como debería y supuse que era porque estaba tan sorprendido como ellos, pero también porque había dejado a Mike en peligro. Había hecho mucho daño en mi vida y todavía dañar a alguien más podría hacer que perdiera la cabeza.

Por primera vez en diez años, podría salirme por completo del mundo de la droga. Había derribado a Tony y quemado todas mis relaciones. Y ahora era libre.

Sin embargo, no estaba satisfecho. Había descubierto que estaba hecho para este trabajo, la única forma de resarcirme por inundar las calles con droga. Este decomiso era sólo un grano en la enorme playa de cocaína y vidas arruinadas. Había muchísimo que podía hacer.

Pero le había prometido a Inez que después de pagar mi deuda con este operativo, me saldría del mundo de la droga. Ella recuperaría su vida y yo quería verla florecer, abrir sus alas para que hiciera todo el bien del que fuera capaz, sin que yo la detuviera.

Me esposaron cuando estuvimos a unas cuadras de la estación de la DEA en Oxnard. Miré a los pandilleros en las esquinas tomar órdenes de sus jefes, a las prostitutas que te harían un oral o tendrían sexo contigo por un poco de crack. A los niños con pañales, sucios y malnutridos, de no más de cuatro años, que corrían por las calles. ¿Dónde estaban sus padres? ¿En algún lugar, drogados, fumando, inhalando para olvidarse de sus vidas *con mi producto*? Yo era parte de una enfermedad que afectaba a todos los guetos del país, y a los blancos también.

Era un sentimiento horrible ver los edificios en ruinas. ¿Por un simple decomiso de 190 kilos de cocaína y el arresto de unos cuantos, todos pequeñísimos engranajes en una máquina enorme, me redimía? Sonaba ridículo.

Pete subió las escaleras conmigo en un edificio sin personalidad. Fui fichado y fotografiado. Me pusieron un micrófono y era mi turno de transmitir desde mi entrepierna, tal como Mike lo había hecho. Me habían dicho que *lo mantuviera hablando*, pues entre más lo hiciera *más se incriminaría*.

Una vez listo, le pedí a Pete que me golpeara un poco, lo aceptó felizmente. Me dolió muchísimo y dejó la marca que yo esperaba. Arranqué unos botones de mi camisa, como si me hubiera resistido al arresto. Una vez que mi disfraz estuvo completo, me arrojaron con rudeza en la misma celda que Robbie.

Cuando Robbie me vio, sus ojos se abrieron. Por un momento, nuestras miradas acusaron al otro. Nos culpábamos recíprocamente. Era exactamente lo que yo buscaba.

Dijo:

—¿Por qué me miras como si yo hubiera planeado esto? ¡Crees que soy un soplón, desgraciado!

—Tú me buscaste a mí, estúpido, y no al revés.

Se levantó y se acercó mucho a mí.

—Adivina quién estaba conmigo cuando me esposaron, maldito *puta*. Tu chico Joey Bing o como *realmente* se llame, y a ese maldito no lo esposaron. ¿Cómo carajo explicas eso?

En ese momento, me embarqué en una actuación digna de un premio Oscar, lleno de sospecha y sorpresa. Me alejé de él, con la mirada perdida, me senté a tumbos en una banca y caí rendido en ella. Miré el piso y sacudí la cabeza. Parecía que Robbie no me había escuchado llamarle «Mike» a Joey.

—¿No lo arrestaron? —casi me lo preguntaba a mí mismo—. Lo he visto inhalar la mitad de Bolivia. Ha matado gente antes, estoy seguro —lo miré desesperado—. ¿Viste si tenía alguna placa de policía? ¿Estás seguro de que no lo arrestaron?

—No vi nada —Robbie golpeó el piso de concreto con su puño—. No necesité ver una placa porque como quince tipos se abalanzaron sobre mí como perros que son. Y ahí sí vi un montón de placas y pistolas.

Me dio la espalda y se sentó con las piernas cruzadas en el suelo, como si hiciera yoga. Lo oí murmurar algo.

—¡Me usó, el maldito! Por años he transportado más droga con él que con nadie más y ambos la vendíamos. ¿Por qué no me arrestaron entonces? —maldije—. Deben haberlo convencido. Hemos pasado muchas cosas juntos, pero estuve de vacaciones una semana antes de que tú y yo nos conociéramos y no estaba trabajando con Joey.

—Ahora que me tienen —dijo Robbie—, ya hizo su trabajo.

Le dejé sus quince minutos de fama.

—Bueno, eres uno de los distribuidores principales de los Fuentes, tal vez también traten de convencernos de cambiar de equipo.

Escupió en el piso, muy cerca de mis pies.

—¿Y mi familia en México? Si digo algo de mi organización, familia o no, los asesinarán a todos y me enviarán piezas de cada uno en donde quiera que esté. Y déjame decirte algo. Lo que me pase a mí o a mi familia también te va a pasar a ti y a tu familia. Así que no te hagas ideas.

Cuando pareció más calmado y lúcido, le dije:

—¿Ya hiciste tu llamada?

Asintió.

—Llamé a mi gente en California. Un abogado viene en camino.

Eso era bueno. Sabía que los teléfonos estaban intervenidos y grababan no sólo lo que se decía, sino los lugares a donde eran hechas esas llamadas. Ahora tenían un número y la ubicación de la mano derecha de Robbie, junto con sus direcciones.

Había una cosa más que quería de Robbie e iba a ser peligroso obtenerla.

—Robbie —dije—. Esto está realmente mal, pero tiene solución. El único que sabe de nuestras conversaciones es Bing. Ningún policía te ha visto con coca.

—¿A qué te refieres? —Robbie era el tipo de hombre que le gusta estar al mando. Había visto eso mismo en mí y, por eso, no sólo había terminado en una prisión a miles de kilómetros de California, sino que estaría encerrado en ella lo que le quedara de vida a causa de su ambicioso y miserable estilo de vida.

—Es nuestra palabra contra la de él. Si esto va a juicio, haré que mi abogado desacredite a esa maldita rata.

En una voz más baja y conspiracional, dije:

—Tú sabes lo fácil que sería que uno de mis hombres matara a este pedazo de mierda. Me sorprendería que estuviera vivo mañana. Y ya di la orden. Sabe bien qué hacer y lo hará, porque, sin mí, este negocio se acabó. Conoce todo sobre Bing; dónde vive, dónde vive su novia, dónde están las casas de seguridad, todo. Justo en este momento hay un equipo que vigila todas las salidas de este edificio y esperan a que salga. Una vez que lo localicen, sus minutos están contados. Y sin él, tu caso no se sostiene; ni el mío.

Robbie levantó la mano para detenerme, como supuse que lo haría. Sacudió la cabeza.

—No, necesitamos hacer esto bien. Mi abogado es parte de nuestra familia. Cuando llegue aquí, le diré que llame a mi tío. Tenemos gente aquí que hará bien esto. Pero necesitan trabajar con alguien que conozca todos los movimientos de esta rata. Alguien de los tuyos.

Y así, Robbie se involucró en un crimen que era tan grave como el de los 190 kilos que ya enfrentaba: conspiración para asesinar a un informante federal o, en este caso, a un agente federal. Todo estaba grabado.

—Por mí está bien —dije y carraspeé—, mientras se haga rápido.

Acepté que él coordinara el asesinato, con esas palabras para que no hubiera malentendidos en la Corte. Iba a hacer que su abogado contactara a uno de mis hombres para que dirigiera el equipo asesino que mataría a Mike Capella, alias Joey Bing.

Al poco rato, fui trasladado a los cuarteles policiacos; Tim y Al me recogieron y me llevaron a una oficina, en donde conversaban con un hombre muy elegante, el cual presentaron como el agente especial a cargo Hutchinson. Hutchinson abrió un archivero y sacó un sobre con 40 mil dólares, una sorpresa total para mí. Una feliz, debo decir. Me habían dicho que me pagarían por mis servicios, pero el pago inicial era impresionante.

—Diez mil te ayudarán a mudarte temporalmente —dijo; su voz era brusca pero tranquila—. Los otros 30 mil son un pago parcial de los 120 mil que te vamos a dar por la información y ayuda en este caso. Personalmente, quiero agradecerte y si alguna vez decides hacer carrera en esto —me entregó una tarjeta elegante, con grabado, que sacó de una caja que estaba sobre su escritorio de nogal—, no dudes en llamarme.

Sé lo que debí decir: que nunca volverían a saber de mí. Este capítulo oscuro de mi vida por fin terminaba. Era hora de hacer algo más, de hacer lo correcto frente a mi familia y frente a dios. Eso era lo que Inez esperaba de mí, pero no podía decirlo.

Estoy seguro de que parecí un poco dudoso, incluso desconfiado, a pesar de que quería dejar la oportunidad abierta. Así que hice mi primera incursión en la política.

—Bueno, caballeros, desafortunadamente ésa es una conversación larga que debo tener con mi esposa. Ahora, mi intención es tratar de recuperar el tiempo perdido con mi familia. Diez años. Pero quiero agradecerles por esta oferta única, una segunda oportunidad en la vida, pero también por su confianza en mí.

Al quitó la mano de mi hombro y creo que en ese momento él, verdaderamente, entendió mi lucha, qué tan cerca estuve de perderlo todo.

¿Me preocupaba que me persiguieran por estos dos casos importantes, que fueron mi loca introducción al trabajo de infiltrado? Había poco de qué preocuparse, aunque como informate siempre te preocupas.

Tony fue sentenciado a diecisiete años en prisión y, conociéndolo, iba a morir allá adentro o iba a sumar más y más tiempo, así que consideré que estaría ahí de por vida. También, estaba sin fondos, embargado por el gobierno, demasiado en la bancarrota como para pagar un asesino que me buscara.

Héctor era buscado por los federales y con toda seguridad no volvería a aparecer hasta que lo capturaran. Si era inteligente con su dinero, lo cual era dudoso, podría permanecer oculto por el resto de su vida y vivir con comodidad; si no tentaba su suerte, estaría fuera del juego. Pero los Beltrán no iban a olvidar lo que les debía y estaba seguro de que eso lo atormentaría lo suficiente como para esconderse para siempre en algún agujero.

Para ese momento, tal vez Raúl supiera qué y quién era, pero era un peligro menor. Nunca lo volví a ver y algunas veces me preguntaba si seguía vivo, sobrio o si se había hundido todavía más.

Robbie, Miguel y Joaquín recibieron veinte años por delitos de narcotráfico: intención de vender, posesión, conspiración y muchos otros cargos. Si no se hubieran declarado culpables, estaríamos hablando de cadenas perpetuas sin posibilidad de libertad condicional. La abrumadora evidencia —sobre todo, el video en la camioneta— prácticamente los condenó por los cargos de conspiración. Sin embargo, Robbie —el entusiasta y listo capo— fue acusado con el extra de conspirar para asesinar a un agente federal, lo cual hizo que obtuviera condena de veinticinco años a perpetua.

Sylvia, su hijo y la hermosa —aunque inocente— criatura, Lourdes, no fueron acusados.

Aquí es cuando se pone interesante el asunto y por qué, sin importar qué tan cuidadoso seas al aceptar un caso, siempre debes cuidarte la espalda. Una vez que se hizo público a los acusados que Robbie había sido grabado en su celda, ya no era un misterio quién era el infiltrado. Sylvia, como se esperaba, puso una recompensa de 50 mil dólares por mi cabeza.

Esto no fue grabado ni nada; de otra manera, estaría sentada junto a su amado Miguel como acusada por conspirar para asesinar a un agente federal, *yo*. No, esto era estrictamente información de la calle. Cuando mis compañeros del grupo de Alianza —ahora del doble de tamaño a causa de los casos importantes que habían resuelto— la visitaron, le explicaron, en español e inglés, que si algo le sucedía a Roman Caribe, cualquier cosa, fuese ella o dios, o como ellos le llamaron «force majeure» —todo menos un rayo—, no terminaría en prisión, sino debajo de ella.

Me dijeron que recibió el mensaje claro como el agua.

Inez y yo teníamos diez días para decidir qué hacer. Si ella estaba por completo en contra de que continuara con este trabajo, era todo. Nos mudaríamos y empezaríamos de nuevo. Había empezado mis trámites para incluirnos en el programa de protección a testigos.

Durante nuestros días de vacaciones, fuimos a las islas Turcas y Caicos, a una playa privada y un *bungalow* en la isla principal, con un chef personal y sin nadie alrededor. Serían nuestras primeras vacaciones, aislados de todo el mundo, puesto que mi hija acababa de nacer. Después de esos diez días, o regresaría como civil o como un informate confidencial bajo las órdenes del sistema judicial de Estados Unidos.

III

C.S. 96

Que comience el juego

Durante diez perfectos días, Inez y yo no hicimos más que acostarnos en la suave arena blanca en nuestro *bungalow* privado, a diez metros del tibio y turquesa océano Atlántico. Diario, nos acostábamos, pedíamos servicio a la habitación y caminábamos diez pies hacia la playa, donde tomábamos el sol hasta que se ocultaba en el horizonte con una espectacular explosión de colores.

Los primeros días no discutimos lo que acababa de ocurrir. En lugar de eso, hablamos de nuestros hijos y *su* futuro. En dónde los criaríamos, a las escuelas que irían, todo mientras buscábamos el lugar con la mejor atención médica que necesitara nuestra hija. Hablamos de sus personalidades y de cómo creíamos que serían de adultos, lo que inevitablemente nos llevó al tema que estaba evitando, uno ineludible: cómo y cuándo les contaríamos de mi pasado.

Mis diez años como narcotraficante eran, sin duda, condenables. Los dos sabíamos eso e Inez consideró que algo de eso era su culpa, aunque aceptó que yo siempre actué en contra de lo que ella quería, incluso si mis intenciones no eran por completo egoístas. Ninguno de los dos quería mentirle a nuestros hijos, pero decidimos que eran demasiado jóvenes para entender. Porque, verás, desde el momento en que fueron capaces de sostener una conversación sencilla, los había sermoneado sobre la devastación que es ser adicto, cómo arruinaría no sólo sus vidas, sino las de aquellos a su alrededor. Era un círculo interminable de miseria que destruía la vida de las personas hasta que no quedaba de ellas más que un cascarón sin sueños, ni esperanzas. La ironía y la hipocresía eran tan densas que podían asfixiarte.

Inez y yo decidimos que decirles cualquier dato de mi pasado a nuestros hijos sólo podría afectarlos, desanimarlos y hacerlos desconfiados durante el resto de su vida, algo que ninguno de los dos podría soportar. Decidimos esperar hasta que crecieran para contarles ese horrible capítulo. Pero resultó que tuve que decírselo mucho antes.

Hacia el final de nuestras vacaciones, Inez se mostró sorpresivamente curiosa por el trabajo de un informante confidencial. Y, más importante, se preguntaba cómo podría mantenerme a mí y a nuestra familia a salvo de la gente que ponía tras las rejas.

Le expliqué todo lo que sabía, con base en los dos últimos casos, pero también lo que me habían explicado a mí. Trabajaría muy lejos de nuestra nueva casa, pero también del Inland Empire, San Diego, y de algunas partes de Los Ángeles y del condado de San Bernardino. La buena noticia era que podría trabajar en cualquier lugar que quisiera de los Estados Unidos, en sitios donde nadie me conociera, lo que atenuó la ansiedad de Inez. Para cualquier caso que eligiera, le expliqué, no sólo los oficiales a cargo investigarían a los malos, también yo lo haría antes de que iniciara a trabajar.

Mientras decía esto, yo brillaba como un árbol de Navidad e Inez lo sabía. No voy a decir mentiras, *yo* quería seguir. Por mi propia salud mental, muchas veces sentía la necesidad de seguir luchando con mi pasado, de alguna forma intentar enmendarme. La verdad era que detrás de la camaradería, de la emoción y la recompensa de deshacer organizaciones criminales, la verdadera razón por la que quería ser un informante confidencial era porque si no lo hacía, sentiría que me había salido con la mía y no tendría nada que decirle a dios cuando me encontrara con él.

Pero también había una parte de mí —una parte que deseaba que no existiera— que esperaba que Inez me dijera que esa vida era muy peligrosa para nosotros, que necesitaba dejarlo ir y relajarme. Una parte de mí buscaba a alguien que me perdonara por todo lo que había hecho, pero sin castigarme.

Inez me miró, con su cabeza recargada en una toalla.

—Necesitas hacer esto —dijo.

La vida como el C.S. 96

Después de desarticular buena parte del cártel Fuentes, corrió el rumor entre las agencias gubernamentales que yo había decidido trabajar como informante confidencial. No sólo no podía creer lo rápido que llegaron las llamadas y cuántas diferentes agencias y municipalidades de todo el país me conocían; también querían que aplicara mis habilidades para combatir el problema de las drogas en sus jurisdicciones.

Había muchísimo trabajo y estaba dispuesto a ayudar a erradicar el problema, del cual había sido parte principal. Quería acercarme lo más posible a la llama y, después, apagarla.

Rápidamente, me alisté en Aduanas, la DEA y la ATF, así como con muchas autoridades locales y municipales, colaboré con sus equipos de detectives antinarcóticos, aunque mantuve mi independencia, porque quería elegir mis casos. Esta libertad me dio la oportunidad única de perseguir a los peores, pero también me permitió trabajar en áreas donde pensaba que podía tener mayor influencia.

Nunca falté a mi promesa con Inez: que la seguridad sería prioritaria en mi carrera como informante. Sin embargo, este trabajo tiene grandes retos y exige muchos sacrificios personales y, lo más importante, de todos los que están cerca de él. De alguna manera, salimos ilesos de todo esto, pero hubo muchas veces en las cuales temí que la vida que había elegido nos destrozaría. Aquí dejo unos ejemplos y cómo aprendimos a lidiar con ellos.

La vida en casa

Después de encerrar a Tony y a Robbie, desestabilicé la operación de dos grandes cárteles mexicanos y la vida de mi familia cambió de manera radical. Para empezar, la primera mudanza tuvo un enorme impacto en todos nosotros. Mis hijos estaban en diferentes e importantes etapas de sus vidas, desde el más grande, que tenía nueve, hasta la más chica, de apenas cinco meses. Nos mudamos a un ambiente muy diferente, lejos de sus amigos y a una nueva escuela, de un día para otro. Esto fue duro incluso para Inez, quien pasó la mayor parte de su tiempo consolando a nuestros hijos y haciendo que se acoplaran a su nueva escuela. Inez tuvo que renunciar a una vida con la que estaba cómoda y feliz: nuestra casa soñada, sus amigos, vecinos, familia y su carrera de asistente médico. No decirle a nadie por qué o a dónde íbamos no sólo era difícil, sino vergonzoso, y no había forma de arrepentirse de esto o dar excusas porque, por nuestra seguridad, nadie podía saber a dónde nos mudaríamos.

Teníamos que vivir como fantasmas.

Para garantizar la integridad de la operación, incluso en nuestra siguiente casa, no podríamos convivir con nuestros vecinos, ni con nadie de la comunidad. Mantener a cualquiera de mi pasado fuera de mi vida era fundamental y eso quería decir que debía evitar que los vecinos se enteraran a qué me dedicaba.

Inez era una madre, una amiga y una vecina muy cariñosa, y aunque permaneció igual como esposa y madre, cuidando a nuestros hijos, pude ver que esta mudanza le robó algo. No estábamos en el programa de protección a testigos, pero casi.

De lo que no me di cuenta fue de cuánto me alejaría de mis hijos por convertirme en un informante confidencial.

Siempre he creído que el tiempo lo cura todo y en breve mis hijos se acostumbrarían a su nueva escuela y harían nuevos amigos, aunque ninguno podría ser invitado a nuestra casa y nunca dejábamos que fueran a la de alguien más; sería muy fácil que los secuestraran para chantajearme. No podía bajar la guardia, no hasta que mi coartada y mi nueva identidad fueran infalibles.

En lugar de la tropa de amigos que solíamos tener en casa, que jugaba desde Wiffle hasta futbol americano, Inez inscribió a los niños en actividades deportivas.

Mi hijo se convirtió en la estrella del equipo escolar de básquetbol, lo que le ganó su sobrenombre: «el pequeño Kobe». Traté de asistir a tantos juegos como fue posible, aunque nunca fui con Inez; el riesgo de que me relacionaran con ellos era demasiado. En lugar de eso, iba en otro auto y me escabullía dentro del auditorio justo antes de que empezara el juego, encontraba un lugar y veía desde lejos. Me dolía muchísimo verlo hacer una gran jugada y no poder saltar y celebrar con Inez como lo hacían los otros padres. Pero más allá de eso, lo que más me dolía era verlo encestar esos increíbles tiros de tres puntos y buscar la sonrisa de su padre entre el público. Trataba de mitigar esa decepción pidiéndole que, en casa, me contara jugada por jugada, pero no era lo mismo para él ni para cualesquiera de mis otros hijos. En las ceremonias de premiación, permanecía oculto en las sombras. Sólo puedo esperar que, cuando lean esto, entiendan cómo compartí su gloria desde lejos.

Inez nunca se quejó, pero podía ver que la preocupación la devoraba cada que yo salía por la puerta.

Trabajar desarmado

Uno de los grandes problemas que enfrenté al ser un informante confidencial fue mi seguridad y la de mi familia. La seguridad era lo más importante, incluso más que el sentimiento de redención o de sentirme en deuda con la sociedad. Una de las cosas que tuve que aceptar cuando entré a este trabajo, la que más me daba miedo, fue que me prohibieron cargar armas; era la ley y no había otra opción. Si me atrapaban con un arma, el trato que había logrado con la Fiscalía de los Estados Unidos se cancelaría y estaría como al inicio.

Sí, me arriesgué al principio cuando trabajé con el grupo de Alianza para derribar a Tony y al clan Fuente, pues siempre tenía un arma cerca en alguno de mis escondites. Pero me di cuenta de lo tonto que era eso, porque si Tony o alguien de mi pasado quería —o quiere— matarme, lo hará.

¿Cómo me mantenía a mí y a mi familia a salvo sin un arma? Tuve que aprender a confiar todavía más en el poder de la persuasión. Cada que conocía a un nuevo cliente, vestía ropa ajustada y me sentaba con las piernas cruzadas, así esa persona podía ver que no tenía armas escondidas. Esto de inmediato aligeraba la tensión.

A la mitad de la conversación, me quedaba callado, como si recordara algo muy importante. Entonces, analizaba al sujeto y, si parecía que ocultaba una pistola, levantaba las manos con un poco de urgencia y molestia y preguntaba.

—Perdóname, pero ¿vienes armado a nuestra primera reunión?

Una de dos cosas sucedía después. Si el cliente iba armado, se disculpaba y explicaba con prudencia agonizante que no lo había hecho de mala voluntad, que éste era un negocio de mucho peligro. Si resultaba así, me levantaba y le explicaba por qué yo nunca cargaba armas; todo bien ensayado, por supuesto. Hablaba decepcionado, como un padre que regaña a su hijo cuando miente.

—Las armas no sólo crean desconfianza, sino que si alguien en este negocio está armado en una primera reunión, la confianza que les he dado no es recíproca y eso es muy ofensivo.

Continuaba mi sermón diciendo que yo era, en primer lugar, un empresario, *no* un gánster y que tampoco trabajaba para gánsters. Que esta política me había permitido estar tanto tiempo en este negocio sin pisar la cárcel. Después, me iba.

Invariablemente, una hora después, el sujeto me llamaba, todavía disculpándose por faltarme al respeto, y garantizaba que en la siguiente reunión, «*si todavía estaba interesado en trabajar con él*», iría desarmado y que podría catearlo si así lo decidía. Una vez que recibía la llamada, sabía que lo tenía en mis manos, porque ahora me veía con otros ojos: un empresario pacífico, educado, uno que detestaba las armas y todo lo que implicaban.

La segunda posibilidad era más fácil; sonreían y me mostraban que también venían sin armas.

Convertirse en un buen informante confidencial significa convertirme por completo en el personaje y pensar en todas las posibilidades de que algo saliera mal y me descubrieran. Tenía que hacer que estos sujetos creyeran cada palabra que les dijera y que tenían necesariamente que trabajar conmigo.

Asumir el papel

Otro de los mayores problemas para la vida social de Inez y mía no se debía a la secrecía que uno debía mantener como informante confidencial, sino las mentiras que eso implicaba. No era tan sencillo como sólo no hablar de mi trabajo; tenía que insinuar que era un narcotraficante. E incluso así nunca podía estar totalmente protegido.

Usaba un Rolex Presidente de oro y diamantes, gruesas cadenas de oro y brazaletes, anillos de diamante, una camisa de seda Gucci, un traje Dolce and Gabbana también de seda, zapatos Prada de cuero de 3 mil dólares y un maletín Luis Vuitton. Así no era tan difícil adivinar cuál era mi ramo. La ironía de la situación era que cuando en realidad vivía esa vida, sólo vestía esas «señales» en reuniones con otros narcotraficantes o cuando salía con Tony y otros distribuidores grandes. Una vez en casa, en parte para no llamar la atención y en parte porque me gustaba más, vestía de manera normal.

Este guardarropa había ocasionado algunas situaciones incómodas. Por ejemplo, en una ocasión, al entrar a un restaurante con Inez, sucedió una escena al estilo *Scarface*. Ahí estaba yo —Tony Montana encarnado— y tengo que decir que me molestó más de lo que pensé que me molestaría: estar en exhibición como un mono enjaulado. Sólo pude imaginar cómo se sintió Inez, pero sonrió y caminó con su cabeza en alto.

Estábamos sentados e, incluso antes de que nos sirvieran agua, el *sommelier* se acercó a nuestra mesa, lo que nos dio a entender que ésta sería, probablemente, la comida más rápida que tendríamos jamás.

Ordenamos vino y tratamos de parecer gente normal, pero mi instinto me hizo mantener los ojos alerta por si algo en el restaurante resultaba sospechoso, sin importar que vivía con Inez muy apartado y lejos de los lugares donde solía trabajar. Pero uno nunca sabe. Veía que la gente nos observaba y cuando nuestras miradas se cruzaban, giraban hacia otro lado. También noté que algunos de los empleados se habían juntado y nos vigilaban de la misma manera que nos vigilaron a mí y a Tony en el Denny's hacía no mucho. Tardó quince minutos en que un *dealer* en el restaurante dejara de ser novedad, y entonces pasó.

Vi a una mujer, un poco mayor que Inez, caminar hacia nuestra mesa. Inez le daba la espalda y yo pude ver que dudaba si conocía a Inez o no. Cuando estuvo a un metro de nuestra mesa, alzó las manos nerviosamente e intentó hablar, aunque parecía que le costaba. Le sonreí para que se relajara. Rogué para que no conociera a Inez, pero me equivoqué.

Inez giró para ver a quién le sonreía yo y se reconocieron de inmediato. Esta mujer era una de las profesoras de Inez en el programa de asistente médico, el que dejó abruptamente cuando nos mudamos, y estoy seguro de que tenía millones de preguntas. También sabía que Inez buscaba alguna excusa para explicar por qué se había ido a mitad del año. Esto no era bueno, porque no habíamos contemplado ni qué decir ni qué hacer en una situación así. A partir de esa noche, enmendamos eso, y me alegra que lo arregláramos a tiempo, si no para ahorrarnos la vergüenza, sí para protegernos.

Una vez que la profesora reconoció a Inez, noté su decepción. Supe lo que pensaba: ¿cómo pudo Inez, esta brillante madre de cuatro, estar casada o, peor, tener una aventura con este obvio narcotraficante? ¿Era él la razón para haber abandonado tan abruptamente la escuela?

El lenguaje corporal de esta mujer era muy negativo e Inez se dio cuenta; tuvieron una conversación acartonada. Inez intentó presentarme pero la incomodidad de toda la situación la acorraló y no supo *cómo* hacerlo. ¿Debería usar su nombre real, porque ése era el nombre de casada que esta profesora conocía, o debería usar nuestros seudónimos? Inez se puso roja de vergüenza y estaba a punto de presentarme a mí mismo cuando Inez al fin dijo:

—Éste es mi esposo, Tony.

La mujer apenas si me extendió la mano para saludarme. Una vez que terminaron las presentaciones, a la profesora le urgía irse de la mesa. Inez se levantó, la abrazó y la mujer se encaminó a la salida.

Noté que Inez estaba muy molesta porque también sabía lo que esa mujer pensaba. Yo estaba avergonzado por los dos. Aunque intenté lo más que pude mejorar nuestra tarde, eso no iba a pasar. Inez apenas me habló durante la cena y no quiso postre; ahí me di cuenta de que mi esposa se estaba preparando para una conversación que tendríamos al ritmo que ella marcara.

Cuando estuvimos en el auto, me disculpé por ponerla en esa situación; ella no dijo nada, ni una sola palabra durante la hora que tardamos en regresar.

Cuando nos acercamos a la casa, por fin habló, y con la voz más triste, preguntó:

—¿Así va a ser durante el resto de nuestras vidas?

Era una pregunta difícil, pero no podía mentirle.

—Sí, Inez, probablemente.

—Te vistes así por una razón —dijo ella—, porque crees que te encontrarás con alguien que intentas arrestar, eso quiere decir que tal vez conoceré a algunas de estas personas, ¿cierto?

Asentí.

—Pero las posibilidades de que eso pase son mínimas, porque negocio con gente que nunca iría a un lugar como ése, y a propósito trabajo lejos en mis casos. Sólo me visto así para estar preparado.

Ella contestó rápidamente.

—¿No puedes usar ropa menos ridícula? Sabes a quién te pareces, ¿verdad?

Por supuesto que sabía. Ella asociaba todo el lujo y la seda con Tony, y saber que ella lo creía me dolió.

Continuó, ahora enojada:

—¿Y por qué me pones en esa situación? ¿Tienes idea de lo avergonzada que estoy?

No sabía qué decir para hacerla sentir mejor. Le dije que cuando saliéramos, me moderaría para que no fuera tan obvio. Ella asintió en silencio y entramos a la casa.

No salimos juntos durante muchísimo tiempo, otro daño colateral de mi trabajo.

Sin embargo, algo bueno salió de esa desastrosa cena. Me decidí por un solo seudónimo y empecé a construir la historia que usé durante el resto de mi carrera, una historia que Inez estudiaría y un nombre por el cual me llamaría cada que saliéramos.

Una vida de riesgo

Encontrarnos con la profesora de Inez no sería la última vez que yo o alguno de mis casos se pusiera en riesgo. En otras dos ocasiones, después del peligro, tuve que mudarme con mi familia. La última ocurrió 15 años *después* de que había desarticulado a una pandilla que vendía metanfetamina en el sur de Moreno Valley, California, una comunidad del Inland Empire. Y esa historia es un buen ejemplo de uno de los mayores peligros de ser un informante confidencial, uno que sólo se hace más grande con el tiempo: la posibilidad de encontrarte con alguien que pusiste tras las rejas.

Cuando buscaba casos, aprendí algunos trucos para hacerme notar. Por supuesto, los autos, la ropa, la joyería y la actitud combinados ya daban alguna pista. Los *dealers* reconocen a otros *dealers*; también saben identificar a los pesos pesados cuando los ven y yo lucía como uno.

Uno de mis trucos para atraer a estos tipos era traer cajas de cigarrillos libres de impuestos en el portaequipaje de mi auto —por parte de mis amigos federales de la ATF (el Departamento de Alcohol, Tabaco, Armas de Fuego y Explosivos)— y usarlos como carnada, lo cual me permitiría ir por lo que me interesaba: los peces grandes.

Como dije, no bebía ni fumaba, pero en ocasiones tenía que adoptar estos horribles hábitos para atraer más la atención sobre mí. Por alguna razón, los *dealers* menores amaban estar frente a bodegas o supermercados. Algunos de éstos estaban llenos de negocios ilegales, como juegos de apuestas y venta de cocaína, crack, meta, marihuana o heroína, dependiendo de las *necesidades* del vecindario. Siempre vigilaba estos supermercados, algunas veces todo el día, para asegurarme de que vendían más que pañales, leche o cerveza.

Después de vigilar una tienda durante unos días, averiguaba quién era quién en el vecindario, los vigías, los repartidores, los *dealers*; todos, hasta los tenientes y los que tomaban las decisiones.

Una vez que tenía esta información, iba a comprar pañales, cerveza o comida de bebé, cosas que me dieran razones para estar ahí a altas horas de la noche. Después de algunos de estos viajes a toda hora, los locales bajaban la guardia y saludaban, «Qué onda» o «El pequeño tiene hambre hoy», señalando los frascos de comida que compraba a las 11 de la noche.

Nunca apresuraba estos encuentros casuales, porque eran ocasiones extraordinarias para crear un vínculo. Tenía que esperar a que ellos tuvieran la iniciativa. Al ver todas mis señales y los diferentes y caros autos en los que llegaba, ellos sabían exactamente cuál era mi intención.

Paulatinamente, me detenía a conversar y les dosificaba mi historia: tenía una novia en el vecindario, acababa de dar a luz a nuestro hijo y estaba aquí para ayudarle durante un par de meses. Ésa era mi justificación para ser el nuevo del vecindario, y no alguien que nadie había visto y que salió de la nada, lo cual sería muy sospechoso. Todos creían esto porque querían hacerlo. En el barrio, el dinero los convence a todos, y si parece que tienes mucho, eres una presa o alguien con quien pueden hacer negocios.

Con el tiempo, cuando me volví un personaje recurrente en la tienda, inicié mi plan. Esperaría hasta que el tipo con mayor rango llegara y me presentaría.

Ese día en particular, saludé a todos y compré una cerveza. Una vez fuera, en lugar de irme en mi auto de lujo, me senté en un costado de mi coche, destapé la cerveza y esperé a que un *dealer* en específico viniera hacía mí, lo cual yo sabía que haría.

Su nombre era Devon: era un hombre grande, 1.90 metros, fácilmente pesaba 130 kilos y tenía veintitrés años en ese entonces. Mientras él admiraba todas las modificaciones que había hecho a mi auto, le enseñé el portaequipaje. Me aseguré de que las cajas de Marlboro light estuvieran a la vista.

Devon me preguntó por qué tenía tantas cajas de cigarrillos, yo sonreí, saqué una y señalé donde debía estar la etiqueta de los impuestos. No tenía. De inmediato entendió, rio y chocamos nuestros puños. Ahora él sabía que estaba en esta vida; lo que no sabía es que ya lo tenía en mis manos.

Después de un rato de trabajar a Devon —lo invité a almorzar y a cenar—, me dejó participar en su negocio: la meta era la droga preferida. También me dijo que el negocio estaba un poco mal porque era difícil conseguir efedrina para hacer la metanfetamina.

Efedrina, o «efe» como le dicen en las calles, es el precursor de esta droga y el ingrediente principal que hace que los usuarios puedan «seguir y seguir y seguir» drogados. Está presente en las medicinas para el resfriado como el Sudafed y desde que la DEA había descubierto esto, estaba prohibido que las tiendas, las farmacias y los distribuidores grandes le vendieran más de un paquete de medicina a una persona, con la esperanza de dificultar el proceso de hacer la droga. Todo el mundo buscaba a alguien que pudiera conseguir grandes volúmenes.

De forma muy causal, le conté a Devon que tenía un contacto en México, pero que no era mi negocio vender efe. Mi negocio era encontrar cocineros para hacer la meta y compradores a quienes venderles.

Yo sabía que hacía poco la Oficina del Sheriff de San Bernardino había arrestado a muchos cocineros en el desierto y grandes cantidades de efedrina sin procesar habían sido incautadas. Así que hice un trato con Devon: le conseguiría la efe y él conseguiría los cocineros y los clientes, lo cual hizo.

Esta operación duró seis meses y resultó ser el decomiso más grande de metanfetamina hasta la fecha en California. Encerramos a cuarenta y seis *dealers,* desarticulamos una docena de laboratorios de meta y atrapamos a sus cocineros; y a Devon, por supuesto.

Éste era uno de esos casos que, una vez que los iniciaba y que tenía a todos los posibles objetivos en la mira, empezaba a dejar poco a poco e introducía a otros agentes encubiertos que actuaban como mis empleados. Durante esos seis meses, sólo hice acto de presencia esporádica para guardar las apariencias de que todavía controlaba la operación. La jerarquía me permitió mantenerme aislado, por lo que una vez que todos fueron arrestados, los criminales asumirían que había dejado el estado o que había sido encerrado y acusado aparte.

Me equivoqué.

Me gustaría pensar que he hecho sutiles mis habilidades a tal punto que soy imperceptible; podrías sentarte en el mismo vagón de metro que yo, leerías esto y no sabrías junto a quién estás. Intento estar por completo aislado de mis objetivos. Pero no importa cuánto lo intente, siempre hay algo que me regresa a la realidad.

Hace tres años, algún tiempo después de nuestra segunda mudanza, Inez y yo celebrábamos que nuestro hijo había ganado un concurso estatal de atletismo. Estábamos los tres en un restaurante familiar al sur de California. Mientras pagaba la cuenta en el mostrador, a través de una vitrina de postres, noté que un hombre enorme me miraba. Recogí mi cambio y salí con mi esposa y mi hijo, yo iba enfrente para protegerlos de este hombre.

Las alarmas sonaban en mi cabeza. Ya llevaba algunos años como informante confidencial, así que conocía bien estos focos rojos. Con el rabillo del ojo, noté que el hombre se acercaba.

—Tómalo de la mano y ve hacia ese teléfono —le susurré a Inez al oído. Ésta era la señal que habíamos acordado años antes para este tipo de situaciones. Para ese entonces, Inez ya era una experta en el escape y la evasión, y supo que era el momento de llamar al 911.

Caminé dos pasos y giré rápidamente hacia ese hombre enorme, que ya estaba a un metro detrás de mí; estaba a la distancia para matarme —de dos a 5 metros— *si traía un arma.*

Ahí estaba él, tan grande como siempre, si no es que más.

Devon, del sur de Moreno Valley, me analizaba sin sonreír. Metí la mano en mi bolsillo para indicarle que estaba armado, lo cual era mentira. Nada había cambiado y los informantes confidenciales tenían prohibido cargar armas. Noté que Devon miró mi mano e instintivamente retrocedió. Sonrió.

—Roman, ¿eres tú?

Asumí que venía desarmado, así que sonreí de vuelta y le dije:

—Demonios, ¿Devon? ¿Cuánto ha pasado? ¿Veinte años? ¿Cómo estás?

Me dio la mano y nos saludamos.

—Sí, hombre, casi, creo. He estado bien. Sigo con mi esposa, los niños ya crecieron, tienen su propia vida. Ya sabes cómo es.

Asentí y fingí recordar todo sobre su vida personal, pero había habido tantos «Devon» en medio que era imposible.

Devon asintió de vuelta. Ahora era claro que no quería reanudar una vieja amistad, sino arreglar un error que lo había atormentado todos estos años. Una gota de sudor recorrió mi espalda. Necesitaba salir de esto, porque me estaba arriesgando y tenía que informarles a mis coordinadores de la DEA. Le di la mano y dije:

—Bueno, tengo que irme, me espera un largo camino. Nos estamos viendo, hombre. ¡Un gusto verte!

No supe si mi respiración tenía el ritmo normal.

Dejó de sonreír. Dijo:

—Sí, nos vemos pronto.

Diecisiete años de zigzaguear por el país, de derribar a tantos narcotraficantes y a sus pandillas como podía; eso era mi vida y me había convertido en el mejor. Era obvio que cientos de hombres, como Devon, querrían saber dónde vivía. No importa qué tan aislado estés, entre más gente pongas tras las rejas, por pura probabilidad, más estás en peligro cuando sales de tu casa.

Cuando subí al auto, llamé a mi coordinador y le informé que me había encontrado con un viejo enemigo. Esperé y vi a Devon subir a su auto; Inez anotó la matrícula, el modelo y el año, que también le informé al agente junto con el nombre de Devon y las fechas de su arresto lo mejor que me acordaba. El agente indicó que no me moviera y que esperara a que fueran por mí. Dijo:

—Enviaré dos equipos hacia allá. ¿Dónde estás?

Le di la dirección del restaurante y me contó que estaba juntando toda la información posible sobre Devon mientras hablábamos, incluido su número de celular. La tecnología se había vuelto un gran amigo en diecisiete años. En minutos, con el agente todavía en la línea, tres unidades de policía, con las armas desenfundadas, rodearon el auto de Devon. Todo esto sucedió justo frente a nosotros. El agente en la línea me dijo que Devon había hecho tres llamadas y mencionó los nombres de esas tres personas. Todos eran criminales conocidos, dos de los cuales habían sido encarcelados por asesinato. Devon llamó a sicarios para decirles dónde estaba yo y quizá estaba dándoles nuestra ubicación para saldar una cuenta pendiente.

Los policías lo arrestaron y lo llevaron a la comisaría para interrogarlo. No tenían una orden para escuchar sus llamadas, así que no había evidencia para mantenerlo detenido por los cargos de conspiración para asesinar a un agente federal. Aunque mi coordinador me aseguró que personalmente había visitado a Devon —lo había amenazado: si algo me sucedía, él se aseguraría que lo encerraran, fuera el responsable o no—, eso no cambió nada. Otra casa tuvo que ser vendida y mis hijos tuvieron que empezar otra vez.

Esa noche, mi hijo y mi hija fueron llevados a un hotel cerca de la oficina de la DEA al norte de San Diego. Los niños estaban molestos por la mudanza y lo que me rompió el corazón fue que se desquitaron con su madre. Era el momento de contarles en qué trabajaba, aunque no todo.

Los reuní alrededor de la cama.

Les expliqué que hacía mucho, había tomado malas decisiones y que terminé en un negocio ilícito, pero que con el tiempo —y con la ayuda de Inez y un poco de suerte—, salí de eso y empecé a ayudar a los federales a capturar criminales. Les recordé nuestra primera mudanza y les dije que fue en ese entonces cuando comencé a trabajar para el equipo correcto.

Les dije que uno de los hombres que había encerrado nos vio en el restaurante y que había contactado a otros criminales para decirles que yo estaba en el área.

Después de miles de preguntas, al fin se durmieron.

En dos semanas, nos mudamos, por tercera vez, y después de mi explicación, ni uno de mis hijos, ni Inez, se quejó. Tenía la sensación de que ellos se sentían parte de algo más grande que todos nosotros.

En busca de la absolución

En el momento en que tomé esos dos portafolios, allá en 1986, con trece kilos de marihuana, supe que mi vida no volvería a ser la misma. Era una de esas encrucijadas con las que nos encontramos y, si tenemos suerte —y somos lo suficientemente listos—, escogemos el camino correcto.

Yo elegí mal y mi vida se salió de control y destruyó a incontables personas —diezmó vecindarios enteros—, pero también modificó la forma en que mi esposa e hijos vivían *sus* vidas.

No puedo decir nada que cambie ese hecho, nada que pueda hacer que me obligue a ya no pensar qué tan diferentes habrían sido nuestras vidas si no hubiera hecho esos primeros trabajos de mula en Nueva York por 6 mil dólares. Durante muchos años de mi vida como informante confidencial, me aferré a la esperanza de que encerrar a criminales de altos vuelos y trabajar para detener el tráfico de drogas que había ayudado a crear calmarían la culpa, ese sentimiento de caer cada vez más profundo en el vacío. Pero resultó que nadie podía ayudarme a salir de este ciclo, ni los agentes, quienes sabían que algo andaba mal, ni Inez, que intentó de todo para alegrarme; intentos que se sumaron a la culpa que ya sentía yo, pues seguía haciéndola sufrir.

Entonces, a Inez se le ocurrió algo. Yo podía usar el dinero que había hecho en mi vida de narcotraficante para ayudar a nuestros amigos de la iglesia. Algunos de ellos apenas sobrevivían.

Al principio, fueron cosas pequeñas, como comprarles despensa cada semana; si no completaban la renta, yo la pagaba, y luego les compraba a sus hijos ropa para todo el año y, cuando iniciaba la escuela, también les compraba material escolar. Algunos me veían raro y se preguntaban de dónde sacaba el dinero, pero la mayoría agradecía la ayuda. Yo estaba feliz de saber que ayudaba a estas familias a no caer en la misma trampa que yo. Aunque nunca les di directamente dinero, convertí en mi responsabilidad hacer mejores sus vidas, en especial la de los niños. Una familia se convirtió en dos, luego en tres y el rumor se esparció en todas las iglesias de la comunidad. Antes de que me diera cuenta, ayudaba a más de treinta familias.

Sin embargo, esto no llenaba el vacío que todavía sentía en mi corazón.

Intenté esforzarme más y visitaba escuelas que estaban en medio de vecindarios infestados de droga. Muchos de los estudiantes no estaban interesados en la escuela y era obvio por qué. Estas escuelas parecían zonas de guerra, con edificios en pésimo estado. No estaban en mejor forma que las prisiones, infestadas de cucarachas y plagas, con goteras, paredes descuidadas, ventanas rotas, salones sin puertas y agujeros en los techos. Más allá de todo eso, no tenían programas deportivos ni actividades extracurriculares que los mantuvieran lejos de las calles.

Sabía que los niños de estos vecindarios jugarían un papel importante en nuestro futuro y que ellos podrían —y lo harían— elegir uno de dos caminos: el incorrecto, que significaba repetir mis errores, y lo único que podrían esperar sería librarse lo más pronto posible; y el correcto. Y si su escuela seguía viéndose como una prisión, en lugar de un espacio educativo, yo sabía que sería muy complejo que eligieran el camino correcto.

Así que empecé a donar, desde equipos deportivos hasta computadoras que ni siquiera las llamadas escuela de élite en los Estados Unidos tenían. Coordiné junto con las administraciones de la escuela que acudieran constructoras y exterminadores de plagas. Si hubieran sido otras escuelas del país, habría tenido muchos obstáculos y mis donaciones serían guardadas y administradas por el consejo escolar para cuando las creyeran necesarias, pero hay que darle crédito a estos directivos que reconocieron las necesidades que les describí y me ayudaron a superar las dificultades burocráticas.

Encargarme de estas familias y de las escuelas se convirtió en un trabajo de tiempo completo y el dinero que había ahorrado durante toda mi vida empezó a desaparecer. Y con él, mi miseria.

Estaba seguro de que Inez y yo sobreviviríamos bien. Ella se había graduado y era asistente médica; trabajaba en la clínica comunitaria de uno de esos vecindarios donde estaban las escuelas que ayudábamos. El dinero que ganaba no era ni por asomo lo que podría haber ganado si se dedicara a la práctica privada en un área de más dinero y con un médico distinto, pero creo que ella estaba, a su manera, purgando su propia condena. Para completar su salario, yo recibía el 10% de los casos que cerraba o el 10% de la suma total de las drogas que confiscaba en estos arrestos.

Sin embargo, a pesar de mis esfuerzos para ayudar a estas personas y del éxito que tenía como informante confidencial, a pesar de los premios y certificados que obtenía en ese trabajo, todavía no estaba en paz con la vida que había llevado. Al final del día, acostado en mi casa, no podía escapar del pensamiento asfixiante de que me había salido con la mía.

Inez es una persona muy espiritual y, al ver que mi vida no tenía un sentido profundo, insistió en que empezara a ir con más frecuencia a la iglesia y que buscara consejo ahí.

Fui a muchas iglesias distintas con ella, escuché a muchos pastores, pero siempre me resistí a sus sermones. Había sido el protegido de un hombre carismático antes —Tony—, alguien que me aseguró que me enseñaría una vida mejor, y alguna parte de mí con toda seguridad estaba preocupada de que pudiera pasar lo mismo. Los días se convirtieron en semanas, las semanas en meses, y mi depresión empezó a afectar mi vida profesional. Todos los casos que había tomado empeoraron. Pronto, ya sin trabajo para completar el ingreso de Inez, tuvimos dificultades económicas.

Estaba en el punto más bajo de mi vida, de nuevo en el mal camino y sin nadie a quien recurrir. Pero cuando tocas fondo, empiezas a ver tus errores y vi cómo mi terquedad hacia Inez me lastimaba. Así que decidí ir a la iglesia de nuevo, pero esta vez realmente escucharía a los pastores.

Y entones pasó.

Estaba sentado con Inez y los niños; oíamos a una aguerrida pastora. Me senté como ocho filas atrás, preocupado por lo que pensara la gente de mi ropa extravagante. Esperaba que no usaran mi apariencia como un arma contra Inez. La pastora levantó la mano y, sin advertencia, me señaló y dijo:

—Tú. Veo que tú vas a esparcir la palabra y vas a ayudar a mucha gente.

Continuó con su sermón. Y aunque nunca la había visto —y tampoco me explicaba esa confianza que tuvo en mí, pero me conmovió como nadie había podido—, de alguna manera sentí que ella conocía todo lo que yo estaba sufriendo. Fue como si me cayera un rayo: necesitaba abrir mi corazón a dios.

Y lo hice.

Al siguiente día, visité al pastor de la iglesia a la cual solía ir y me sinceré con él. Me explicó que nadie puede ganarse la salvación. Ésta era un regalo que nos fue dado al nacer y, una vez que uno se entrega a dios, uno entiende que no puede lavar sus pecados; un hombre, Cristo, ya lo hizo por nosotros. Y una vez que empiezas a imitar a dios en la Tierra al ayudar a los demás, encuentras la felicidad eterna.

El pastor me preguntó qué quería hacer; no supe.

—Piénsalo —dijo— y encontrarás tu camino.

Esa noche, mientras acostaba a mis hijos, me di cuenta de que quería ayudar a los niños, conocerlos y apoyarlos en lo que pudiera para que alcanzaran sus sueños, y decidí que convertirme en pastor era la mejor manera de ayudar a los niños de mi comunidad. Regresé con el pastor y le conté todo.

Resultó que tenía mucho que aprender. No puedes simplemente *decidir* un día que vas a convertirte en pastor o diácono de una iglesia. Incontables preguntas deben ser hechas y contestadas y no sólo de mi parte, sino de mi familia y de mis amigos, preguntas sobre mi moralidad, sobre mi carácter.

Me dediqué a constestar estas preguntas, estudié la Biblia y me preparé para el resto de mi vida. Muchos meses después, fui ordenado ministro.

Empecé lentamente, porque al principio no sabía cómo encontrar a los niños que necesitaban más ayuda, pero tenía cuatro discípulos pequeños para ayudarme: mis hijos. Ellos tenían amigos en la escuela, muchos de ellos con problemas, y les contaban sobre mí, que tal vez si yo hablara con sus padres, entenderían qué les molestaba.

Mi misión empezó con un niño y después creció a docenas de ellos y sus padres, que venían a mi casa dos o tres veces por semana para hablar sobre sus problemas. Hacíamos una lluvia de ideas sobre las posibles soluciones y leíamos la Biblia para inspirarnos. Después, discutíamos en un foro abierto y compartíamos la comida. Todos tenían que ayudar, ya fuera cortando vegetales, preparando la comida o preparando la mesa.

Algún día, cuando me retire de mi trabajo como informante confidencial, le diré a mi comunidad sobre el salvaje curso que tomó mi vida, cómo llevé a mi familia por un camino de desesperación y me perdí a mí mismo, cómo estuve codo a codo con asesinos y narcotraficantes y cómo, cuando las cosas se pusieron tan mal que me despertaba con miedo en medio de la noche, conocí a un sheriff que me enseñó la salida. Cómo había pasado más de dos décadas tratando de deshacer el daño que hice en una.

Cuando eso pase —cuando termine con mi trabajo y sea capaz de decirle al mundo quién soy realmente—, tendré que esconderme mucho más. Hasta entonces caminaré las calles que tú caminas, intentando ver sin ser visto, hacer lo mejor para unir las partes de mí que la vida de narcotraficante destrozó.

Apéndice

A quien corresponda:

Empecé a trabajar con XXXXX en marzo o abril de 1996 cuando era agente especial del Servicio de Aduanas de los Estados Unidos. XXXX trabajó como informante confidencial inicialmente en una organización de contrabando de drogas que estaba involucrada en el tráfico de narcóticos en la frontera internacional de San Diego, en el área de California. Los narcóticos se transportaban primero al área de Los Ángeles y después se distribuían al resto del país, principalmente a Detroit, Michigan y Nueva York.

XXXXX también trabajó en muchas otras investigaciones, a veces como especialista en el transporte de narcóticos y a veces como comprador o vendedor de éstos.

Durante los 13 años que trabajé con XXXX, estuvo involucrado en muchos casos y tuvo un papel importante en arrestos y en grandes decomisos de drogas. En algunas ocasiones, puso su propia seguridad en riesgo durante las investigaciones.

XXXXX siempre fue manejable, a diferencia de otros informantes confidenciales con los que trabajé, y nunca nos dio problemas a aquellos con los que laboraba. No sólo trabajaba bien con las agencias a las que ayudaba, sino que también ofrecía sus conocimientos sobre los distintos objetivos que investigábamos.

No sólo trabajó en mi agencia, sino que también se involucró en investigaciones de la DEA, en pesquisas de múltiples departamentos de policía local, y también tengo noticia de que trabajó con la ATF.

También estoy consciente de que XXXX continuó trabajando con otras agencias de la ley después de mi retiro en octubre de 2009 porque mantenemos un contacto más o menos regular.

XXXXXX
Agente especial supervisor
Agencia de Investigaciones de Seguridad Interior
Agencia de Aduanas (retirado)

Octubre 7, 2015

A quien corresponda:

Soy el detective Richard Fagan y acabo de retirarme del Departamento de Policía de Nueva York, de la División de Investigación del Crimen Organizado. Pasé los últimos veinte años de mi carrera en esta división, de los treinta y dos que estuve con el Departamento de Policía de Nueva York. Mis tareas y responsabilidades eran investigar, infiltrar y perseguir a los altos mandos del crimen organizado. En agosto de 2000, tuve la oportunidad de conocer al CS96. Me refiero a él así porque las regulaciones del Departamento me impiden poner su nombre real en cualquier lado donde se le pueda identificar de alguna manera. Tengo muchos años de experiencia con informantes confidenciales en lo relacionado con narcóticos, extorsión y asesinatos. Después de entrevistarme con el CS96, supe que estaba tratando con alguien muy diferente e inmediatamente llené el laborioso papeleo y la revisión de antecedentes para que se convirtiera en un informante registrado del Departamento. Le fue asignado un número y un nombre clave para las reuniones y para cualquier papeleo posterior. Desde ese día en adelante, colaboró con nosotros en muchos casos grandes de narcóticos. Fingía ser desde un tipo que hacía negocios en la calle hasta un distribuidor, comprador y vendedor de altos vuelos. Infiltró muchos grupos y organizaciones que habían sido imposibles de infiltrar en el pasado. Estos casos tuvieron mucho éxito y resultaron en decomisos millonarios en dinero y en drogas. Trabajaba solo o con alguno de nuestros agentes encubiertos.

Sus casos también resultaron en otros casos y en más decomisos, todos los cuales fueron muy exitosos. Pasé la mayor parte de mi carrera en operaciones encubiertas y, hasta la fecha, no conozco un infiltrado más competente o con más recursos que él, y probablemente no haya nadie mejor que él. A causa de esto, lo he recomendado a otras agencias tanto federales como locales, y ellos también han obtenido resultados maravillosos.

Detective en primer grado Richie Fagan (retirado) Departamento de Policía de Nueva York.

Agradecimientos

Roman Caribe

En primer lugar, quiero agradecer a mi SEÑOR. Mi camino fue peligroso hasta que ÉL cambió mi vida. Hoy, soy un hombre nuevo. Así como dice el SEÑOR en Salmos 23:2-3: «Junto a aguas de reposo me pastoreará. Confortará mi alma. Me guiará por sendas de justicia por amor de su nombre».

Agradezco a la DEA, al ICE, a la AFT, al FBI y a todos los departamentos de policía local y estatal en todo Estados Unidos con los que sido bendecido para trabajar con ellos. Gracias por darme la oportunidad de probarme a mí mismo.

Agradezco en especial al agente especial MD de la DEA y a Richie Fagan, detective en primer grado del Departamento de Policía de Nueva York, y a su compañero BG.

También quiero agradecer a Richard Abate, de 3 Arts Entertainment; eres el mejor agente literario del mundo.

¿Qué puedo decir de Robert Cea? Robert, te ha sido dado el don especial de la escritura. Gracias, hermano, por hacer que mi libro viera la luz. Y también a tu divertido y muy buen camarada David Goldberg, gracias.

También quiero mandar mis agradecimientos a Mauro Di-Preta, editor de Hachette Books, y a su asistente, David Lamb, por dejarme contar mi historia. Gracias por creer en mí.

A mi esposa y a mis hijos, gracias por su amor incondicional y su apoyo en las buenas y en las malas. Su fe me ha inspirado a ser el hombre que soy hoy. Sin ustedes, este libro nunca hubiera sido posible.

Robert Cea

Primero y antes que a nadie, quiero agradecer a «Roman Caribe» por tener fe y confiar en mis habilidades, gracias por dejarme grabar y escribir tu historia; es realmente impresionante. Fue una aventura increíble revivir tu camino y les agradezco a ti y a tu familia por la oportunidad. En verdad, eres un hombre muy valiente y, más allá de haberte redimido, te has convertido en un hombre que orgullosamente llamo mi amigo.

Este libro no hubiera sido posible sin el detective retirado Richie Fagan, del NYPD. Que me haya presentado a CS96 y que me haya ayudado y apoyado durante todo el proceso, es algo incalculable. Te agradezco por todo lo que me has ayudado a lograr. También agradezco a Richard Abate y a Rachel Kim, de 3 Arts Entertainment, por su increíble visión desde el principio; mi agradecimiento es infinito. También le estoy enormemente agradecido a Lisa, Micky y Liv por dejarme estar lejos de ellos mientras escribía este libro. Los amo profundamente a todos ustedes y les debo muchísimo. Me han hecho el hombre que soy hoy: un padre orgulloso. Otro agradecimiento va para David Lamb, de Hachette Books, cuyos sabios consejos e increíbles habilidades en la edición ayudaron a convertir este libro en algo que, creo, es muy especial. Eres un hombre muy talentoso, de nuevo, gracias por toda tu ayuda y toda tu sabiduría; espero trabajar contigo de nuevo. No puedo agradecer lo suficiente a Mauro DiPreta, de Hachette Books, por la oportunidad de trabajar con él una vez más. Su inspiración y liderazgo hicieron que el proceso fuera amigable y —sobre todo— divertido.

Te agradezco por todo el apoyo a través de los años y por tu fe hacia mí.

A Jeff y Dawn Cea, gracias por su apoyo en toda nuestra larga y amorosa historia juntos. Siempre han estado ahí para mí y el consuelo que me dan generosamente en toda ocasión es, bueno… no tengo palabras para expresar mi gratitud y amor hacia ustedes. A Dawn Dolce, tú también siempre me has apoyado y, aunque no nos vemos lo suficiente, siempre estás en mi cabeza; te amo profundamente. También quiero agradecer a Michael, Vincent y Dana, ustedes siempre me apoyan; los amo muchísimo. A Danny Gray, siempre estás en mi corazón y siempre serás mi boya en esta vida de oscuras tormentas. Nuestra amistad es tan fuerte como cuando nos conocimos hace años; te amo. A mi compañero de negocios y gran amigo, David Goldberg, ¿qué puedo decirte? Sin ti, soy sólo otro tipo con una idea, pero gracias a ti, convierto esas ideas en cientos de horas de televisión de calidad y en películas, así como en los libros que me has ayudado tan generosamente a escribir mientras diriges este barco. Siempre has estado a mi lado con palabras de inspiración o sermones que me ayudan a encontrar de nuevo el buen camino, mil gracias por tu amistad; nuestro compañerismo es incalculable. Gracias por estar siempre atento, día o noche, y por encargarte de nuestro negocio el año que estuve fuera y, lo más importante, gracias por ser el amigo más sincero y honesto que podría tener. Estoy orgulloso de que seas mi compañero, pero más de que seas mi amigo.

Memorias de un infiltrado de Roman Caribe y Robert Cea
se terminó de imprimir en junio de 2018
en los talleres de
Litográfica Ingramex, S.A. de C.V.
Centeno 162-1, Col. Granjas Esmeralda, C.P. 09810,
Ciudad de México.